英文ライセンス契約書の書き方
―その作成と交渉のポイント―
〔第2版〕

ケン インターナショナル コンサルティング CEO　中島憲三 著

発行　民事法研究会

第2版はしがき

　この本の初版を出版してからすでに15年が経過して，この本が主たる対象としている業界である医薬品業界もその間に大きな変遷がありました。初版を出版した頃においては，米国においてバイオベンチャーが出現して，ジェネンテックやバイオジェンやシータス等のバイオベンチャーが主に生理活性物質を医薬品にする研究開発を行っていました。日本の医薬品会社の多くが米国のバイオベンチャーが開発中の製品の獲得に動いたのもこの頃であったと思います。もちろん，日本においては，バイオベンチャーと呼ばれるような企業はいまだ存在していませんでした。

　その後，欧米の医薬品業界ではM&Aが盛んに行われるようになり，規模の拡大に走ったことはよく知られているところです。その背景としては，新規医薬品の開発に関して次第に規制強化が行われ，新製品の創生が極めて困難となり，1つの新製品を研究開発して製品化するのに膨大な時間と費用が掛かるようになったことから，規模の拡大によってこの肥大化していく研究開発費を賄う必要が生じてきたこともその一因であると考えられます。現在においては，1つの新規医薬品を上市するまでに10年～15年の歳月と数百億円単位の費用がかかると言われており，新製品が極めて出にくい状況となっています。しかし，一方においては，欧米においてはすでに膨大な数のバイオベンチャーが出現して，それらのバイオベンチャーの中には，創薬を事業目的とするところも多数存在し，大手医薬品会社は，この創薬系のバイオベンチャーが研究開発している新規医薬品を獲得するために，当該バイオベンチャーを買収したり，またはライセンス契約を締結して当該新規医薬品について製造販売権を獲得することが盛んに行われています。また，欧米のバイオベンチャーの中には，新しい創薬技術の開発や医薬品ターゲットの研究を行って，医薬品の研究開発に対して一定の製品，技術，サービス等を提供する研究支援型またはサービス提供型といわれるベンチャーも多数存在して

第2版 はしがき

います。医薬品の研究開発は，技術の多様化および複雑化等により欧米の巨大医薬品会社と言えども，これらの多様化および複雑化する技術をすべて社内で保有して研究開発を進めることは困難となっています。したがって，このような背景もあって，現在においては，医薬品会社とバイオベンチャーとの提携が盛んに行われるようになっています。

日本においても，この15年間において，医薬品業界に大きな変化が起きています。新規医薬品の研究開発における規制面での強化により，新規医薬品の創生が困難となっている点は日本においても欧米と変わりはありません。また，頻繁な薬価の改定によって市場規模の拡大が期待できなくなった日本市場から海外市場での展開を考えない限り，日本の医薬品会社も今後の大きな発展は期待できない状況となっています。さらに，M&Aによって巨大化した欧米の医薬品会社に対抗するためにも，また，日本の医薬品会社が海外展開を行うためにも，ある程度の規模の拡大は避けられない状況となり，日本の医薬品業界においてもM&Aが盛んに行われるようになっています。また，日本においても多くのバイオベンチャーが誕生しています。そのようなバイオベンチャーの中には，創薬を目指す創薬型バイオベンチャーもあれば，医薬品の研究開発等に対して各種の技術，製品，サービス等を提供する研究支援型またはサービス提供型バイオベンチャーもありますが，歴史の浅い日本のバイオベンチャーにおいては，残念ながら，現時点においては，その技術，サービスおよび製品において欧米のバイオベンチャーとは大きな差があると言えます。

このような状況において，日本の医薬品会社も日本のバイオベンチャーのみならず，海外の新規な医薬品ターゲットや創薬技術の導入は，自らの医薬品研究開発の強化・補完にとって極めて重要なものとなっていると言えます。自らの医薬品研究開発の強化・補完という意味では，海外の医薬品会社やバイオベンチャーからの新規医薬品の導入も従来と同様に極めて必要なものと

言えます。また，15年前とは変わって，日本の医薬品会社も自らの研究開発の成果として生まれてくる新規医薬品を海外の企業へライセンスすることが増えていることも事実であり，大変喜ばしいことです。これらの提携においてライセンス契約が主役となることは，すでによく知られていることです。

国際間のライセンス契約においては，現在，ビジネスの世界においてほとんど共通語となっている英語で作成されことになります。したがって，多くの人に英語でライセンス契約書を作成しかつ交渉を行う際の参考となるようにとの思いから，この本の初版を出版しましたが，この改訂版においては，初版の出版の後の15年間における英文ライセンス契約書の作成や交渉に影響を与えた判例や法律の改定をも反映されるように作成されています。同時に，医薬品業界でのビジネスの変化についても対応できるよう工夫された形となっています。

技術導出入が，今後においても医薬品業界およびバイオベンチャーにとって重要な戦略となることはすでに認識されている点だと思います。特に，バイオベンチャーにおいては，自らが研究開発によって生み出した製品，技術，サービス等を技術導出という形で第三者に広めていくことは，その存続がかかった極めて重要なものであると言えます。本書がライセンス契約を実際に英文で作成したり，交渉したりしている実務担当者のみならず，ライセンス契約などを理解し，企業としての決断を行う必要のある経営幹部の方々の多少なりとも参考になれば望外の喜びです。

また，初版の「はしがき」において，「……各種の契約書において，意図したことが簡潔に漏れなく盛り込まれた契約書を作成するには，先例を参考にすること，言い換えれば，先人の知恵をできるだけ多く活用することが賢明であり，そのためには，まず，できるだけ多くの異なった形式の契約条文例を収集し，利用しやすい形に整理しておき，契約書の作成に際しては，そ

第 2 版 はしがき

の中から自らの考えや意図に最も近い表現や文例を選び出し，それをベースに，自らのニーズに合うように追加または削除等によって必要な修正を加え，自らの考えや意図が簡潔にしてかつ十分に表現されたものを作成することである。そのような契約条文には，先人の多くの知恵と工夫が盛り込まれていると考えられるからである……」という趣旨のことを記載していました。本書は，もちろん，そのような趣旨に沿って書かれたものであると同時に，ライセンス契約の各条項についての解説を記載しています。本書においては，解説に適した文例を中心に掲載しており，したがって，契約条項の文例としては，比較的限られたものとなっています。契約条項の文例は多いほど利用価値が高いものと考えられることから，極めて多くの英文契約文例を集めた英文契約文例集を本書とは別に作成しました。当該英文契約文例集は，解説はついていませんが，ライセンス契約に限らず，共同研究契約，供給契約，製造委託契約等，各種の契約の英文契約文例を集めたものとなっており，本書と共にご利用いただければと思います。当該英文契約文例集は，合同会社ケンインターナショナルコンサルティングのホームページ (http://www.ken-international.com) の『KIC e-contract drafting』の欄において紹介されていますのでご参照ください。

　平成21年 3 月

　　　　　　　　　　　　合同会社 ケン インターナショナル コンサルティング
　　　　　　　　　　CEO　中 島 憲 三

英文ライセンス契約書の書き方
──その作成と交渉のポイント──

目　次

第 1 章　契約の形態 …………………………………………………… 1

第 1 節　契約書の言語 ……………………………………………… 1
第 2 節　実施権許諾契約における契約の形式 …………………… 2
第 3 節　説明条項（Recitals/Whereas Clauses）………………… 10

第 2 章　用語の定義および意味 ……………………………… 15

第 1 節　用語の定義 ………………………………………………… 16
　　a ）契約対象化合物 …………………………………………… 16
　　b ）契約対象製品 ……………………………………………… 17
　　c ）許諾対象特許 ……………………………………………… 18
　　d ）許諾対象商標 ……………………………………………… 20
　　e ）契約地域 …………………………………………………… 22
　　f ）正味販売高 ………………………………………………… 22
　　g ）子会社 ……………………………………………………… 30
　　h ）関係会社または関連会社 ………………………………… 31
　　i ）技術的情報 ………………………………………………… 32
　　j ）開　発 ……………………………………………………… 34
　　k ）有効クレーム ……………………………………………… 35
　　l ）第II相臨床試験 …………………………………………… 36
　　m）その他 ……………………………………………………… 37
第 2 節　英単語の意味 ……………………………………………… 38
　　a ）shall および will ………………………………………… 38

5

b）hereby，herein および hereto ……………………………39
　　　c）hereinafter および hereafter ………………………………39

第 3 章　実施権の許諾 …………………………………………40
第 1 節　許諾の形態・対象・期間・地域 ……………………………40

第 4 章　対価の支払い …………………………………………51
第 1 節　対価計算の対象・対価の支払い期間等 ……………………51
第 2 節　ロイヤルティの減額 …………………………………………59
第 3 節　ミニマムロイヤルティ ………………………………………70
第 4 節　最恵条項 ………………………………………………………76
第 5 節　ロイヤルティ報告および支払い方法 ………………………80
第 6 節　帳簿検査権 ……………………………………………………84

第 5 章　技術的情報の開示 ……………………………………87
第 1 節　実施権許諾者による技術的情報の開示 ……………………87
第 2 節　実施権者による技術的情報の開示 …………………………94
第 3 節　守秘義務 ……………………………………………………107
第 4 節　技術的情報の公表 …………………………………………120

第 6 章　契約対象製品に使用される商標 …………………124
第 1 節　許諾対象商標の使用，使用対象，使用期間，使用形態等 …124
第 2 節　許諾対象商標の維持 ………………………………………135
第 3 節　契約終了における商標の取扱い …………………………137

第 7 章　許諾対象特許および特許侵害 ……………………145
第 1 節　許諾対象特許に関する保障および保証 …………………145
第 2 節　許諾対象特許の維持 ………………………………………155

第 3 節　許諾対象特許の侵害 ……………………………………157

第 8 章　実施権許諾者および実施権者の各種の義務 …169

　第 1 節　製品開発 …………………………………………………169
　第 2 節　契約対象製品の販売 ……………………………………185
　第 3 節　品質管理 …………………………………………………197
　第 4 節　競合品の取扱禁止 ………………………………………203
　第 5 節　技術援助 …………………………………………………209
　第 6 節　ライセンサー表示 ………………………………………216
　第 7 節　製造および輸出等の禁止 ………………………………218
　第 8 節　製造物責任 ………………………………………………220

第 9 章　契約対象化合物等の供給および購入 ………234

　第 1 節　供給および購入 …………………………………………234
　第 2 節　供給価格 …………………………………………………239
　第 3 節　品　質 ……………………………………………………252
　第 4 節　購入予測・注文書の提出 ………………………………264
　第 5 節　供給不能 …………………………………………………270

第 10 章　契約期間および契約終了 ……………………………278

　第 1 節　契約期間 …………………………………………………279
　第 2 節　契約の解約 ………………………………………………284
　第 3 節　契約終了後の権利および義務 …………………………293

第 11 章　各種のリーガルクローズ ……………………………303

　第 1 節　不可抗力（Force Majeure）……………………………304
　第 2 節　通知（Notice）……………………………………………309
　第 3 節　準拠法（Governing Law）………………………………315

目　次

　　　第4節　譲渡性（Assignability） ……………………………319
　　　第5節　紛争解決（Dispute Resolution）および仲裁（Arbitration）…321
　　　第6節　完全合意（Entire Agreement） ………………………331
　　　第7節　その他のリーガルクローズ ……………………………334
　　　　　a）放　棄（Waiver） …………………………………334
　　　　　b）適法性（Legality） …………………………………335
　　　　　c）標　題（Captions or Titles） ………………………336
　　　　　d）言　語（Language） …………………………………337
　　　　　e）単複形の使用（Singular/Plural） ……………………338

・英文事項索引 ………………………………………………………339
・和文事項索引 ………………………………………………………348

第1章　契約の形態

　国際的な実施権許諾契約（この実施権許諾契約のことをライセンス契約，実施権契約等と言うこともあるが，本書では，以下特別な場合を除き，実施権許諾契約と言う）は，もちろん，国際取引に係わる契約である。国際取引に関する契約書において使用される言語としては，英語が現在最も広く使用されている。また，契約書の形式としては，英米法系の形が一般的に使用されている。したがって，国際取引に関する契約の一種である国際的な実施権許諾契約においても，英語を用いてかつ英米法系の契約書の形式で作成されるのが一般的である。本章では，国際的な実施権許諾契約において，英語が広く使用されている背景および英米法系の契約書の形式について概説する。

第1節　契約書の言語

　国際間で締結される実施権許諾契約，すなわち，国際的実施権許諾契約において，両当事者の母国語が異なる場合に，その実施権許諾契約書をいずれの当事者の言語をもって作成するかは両当事者にとって極めて重大な問題である。たとえば，一方の当事者が日本の法人や個人，他方当事者が外国の法人や個人というように，両方の当事者の母国語が互いに異なる場合，互いに自分が母国語としている言語で当該契約書を作成するよう希望するのは当然のことである。日本語で契約書を作成するのであれば，もちろん，日本側当事者にとって，その作成および解釈が容易になることは言うまでもないことである。相手側当事者にとって日本語で書かれた契約書を正確に理解することは極めて困難なことであると思われる。また，これとは反対に，当該国際的実施権許諾契約書が相手側当事者にとって母国語である，たとえば，ドイツ語，フランス語，英語またはスペイン語等で書かれるとすれば，それを正確に理解することは，日本側当事者にとってやはり困難なことである。それ

1

では，両当事者にとって公平を期するために，いずれの当事者にとっても母国語でない第三の言語で契約書を作成してはどうかということが考えられる。しかし，この場合においても，その第三の言語を何にするかが大きな問題であり，実際にはなかなか両者間で合意に達することが困難であるというのが実情である。このような場合，特に日本の法人または個人が一方の当事者となっている場合に，両者間の合意により最も一般的に使用されるのが今や国際ビジネス社会で国際的共通語として認知されている英語である。相手側当事者が英語を母国語としている場合，日本側当事者にとって不利であることはもちろんであるが，このような場合においても，国際的実施権許諾契約においては，英語が使用言語となることが極めて一般的となっている。したがって，英語での国際的実施権許諾契約の書き方について習熟することが極めて重要とされるゆえんである。

第2節 実施権許諾契約における契約の形式

　英文で作成される国際的実施権許諾契約においては，日本語で作成される日本の契約とその形式において異なっている。それは，英文契約書が一般に英米法系の国で使用されている契約書の形式で書かれるからである。英米法系の契約書は，たとえば，次のような形式からなっている。

(例)

LICENSE AGREEMENT

Made this xx day of yy, 200X by and between ABC Company, a corporation organized and existing pursuant to the laws of Japan and having its registered office at「address of ABC Company」(hereinafter referred to as "ABC") and XYZ Company, a corporation organized and existing pursuant to the laws of the State of New York, U.S.A. and having its principal office at「address of XYZ Company」(hereinafter referred to as "XYZ")

第 2 節　実施権許諾契約における契約の形式

WITNESSETH THAT

Whereas, ・・・・・・・・・・・・・

Whereas, ・・・・・・・・・・・・・
・・・・・・・・・・・・・・・・・・・・・・・・・・・・・
・・・・・・・・・・・・・・・・・・・・・・・・・・・・・・・・・・・・・

NOW THEREFORE the parties hereto hereby agree as follows：

Article　I

・・・・・・・・・・・・・・・・・・・・・・・・・・・・・・・・・・

・・・・・・・・・・・・・・・・・・・・・・・・・・・・・・・・・．

IN WITNESS WHEREOF, the parties hereto have caused this Agreement to be executed by their duly authorized officers or representatives on the day and year first above written.

For and on behalf of	For and on behalf of
ABC Company	XYZ Company
By（Signature）	By（Signature）
Name:	Name:
Title:	Title:

　　これは英米法系の国で使用される契約書形式の一例であるが，英文で作成される国際的実施権許諾契約書では，この形式が最も一般的である。この形式においては，最初の"LICENSE AGREEMENT made this xx day of yy,

3

第1章 契約の形態

200X by and between…………から始まり，最後の"IN WITNESSTH WHEREOF"の前までが，次のごとき一文からなるものある

"LICENSE AGREEMENT made this xx day‥‥WITNESSETH THAT…… ."

　すなわち，"WITNESSETH"は，"証する"とか"証明する"という意味の動詞であり，その主語は"LICENSE AGREEMENT"である。したがって，この契約文の形式では，「日本の法律に基づき設立され且つ現に存在し（ABCの所在地）に登録された事務所を有するABC会社とアメリカ合衆国ニューヨーク州の法律に基づき設立され且つ現に存在し（XYZの所在地）にその本社を有するXYZ会社との間で200X年yy月xx日に締結されたこの契約は，"WITNESSETH THATの"THAT"以下に記載されたことを証明する（または証する）」ということになる。そして，その末尾部分の"IN WITNESS WHEREOF…………first above written"は，「その証として，両当事者は，冒頭記載の年月日に両当事者によって正当に授権された役員または代表者をして本契約を締結せしめた。」ということになる。また，この契約文では，最初の"LICENSE AGREEMENT"から始まってIN WITNESS WHEREOFの前までが1つの文章であるから，その途中にピリオド（終止符）が存在することは理論的におかしいということになるが，実際には終止符が使用されている場合も多いようである。

　国際的実施権許諾契約を含めて，国際取引に使用される英米法系の契約書では，
　　（1）標題
　　（2）前文
　　（3）本体部
　　（4）最終部分
から構成されており，これにさらに必要に応じて，別表，付属表または付表

等が付されることになる。

　標題は，それによって契約内容または契約の種類を端的に表現するものである。したがって，実施権許諾契約においては，"LICENSE AGREEMENT"と標題を付されるのが一般的である。

　前文は，契約締結の日付および当事者に関する記載からなる導入部と一般に whereas clauses あるいは recitals と言われる説明条項の部分から成り立っている。この導入部に関して，実際の契約書においては，設立の準拠法の記載を省いた省略形が用いられることもある。日本では，法人の場合，その登録された本店所在地，すなわち，"registered office"を記載することになるが，外国法人の場合，特にアメリカ合衆国の法人の場合，登録上の所在地と実際の本社所在地が異なることも多いので，本社の所在地，すなわち，"principal office"または"principal place of business"を記することが多いようである。

　また，標題と導入部の記載に関して，前記の（例）は，最もオーソドックスな形式であるが，細部においては種々変化した形のものも実際に使用されている。たとえば，

LICENSE AGREEMENT
Made this xx day of yy, 200X by and between‥‥‥‥‥とする代わりに，

LICENSE AGREEMENT
THIS AGREEMENT, made this xx day of yy, 200X by and between‥‥‥‥と表現したり，また WITNESSETH THAT の THAT を省略したりすることもある。

さらに，NOW THEREFORE the parties hereto hereby agree as follows の部分については，次の例に示すような表現もしばしば用いられる。

（例）
"NOW, THEREFORE, the parties, intending to be legally bound, hereby agree as follows:"

（例）
"NOW THEREFORE it is hereby agreed as follows"

　契約締結の日に関しては，実際に契約が署名された日が，たとえば2008年5月3日である場合には，最初の例に記載された this xx day of yy, 200X は，this 3rd day of May, 2008と記載されるが，実際に契約書に署名された日と異なる日を契約書の日付としたい場合，すなわち，実際に契約書の署名がなされたのが2008年5月1日であるにもかかわらず，契約書の日付を2008年4月1日としたい場合には，次のようにする。

LICENSE AGREEMENT

Made as of April 1st, 2008 by and between‥‥‥‥

　すなわち，"as of" を挿入して表現する。この表現では，「2008年4月1日付で締結された」というような意味となる。

　説明条項は，"whereas" の単語で始まることから "whereas clauses" とも呼ばれる。この説明条項に相当するものは，日本の契約書の形式では一般には存在せず，英米法系の契約書に特徴的なものであり，説明条項において両当事者が当該契約を締結するに至った経緯や契約の目的等を記載する。なお，この説明条項の詳細な説明は，本章の第3節「説明条項」を参照していただきたい。

本体部分は，実施権許諾契約においては，許諾される権利の内容，履行すべき義務の内容，履行に問題がある場合の処置，紛争の処理等に関する条項を含む。なお，本体部分の詳細な説明は，第2章以下を参照していただきたい。

契約の最終部分は，末尾文言および署名からなっているが，契約を捺印証書とする場合は，さらに捺印が加わることになる。

末尾文言は，最初の（例）ですでに述べたように，「その証として，両当事者は，本契約を冒頭記載の年月日に両当事者によって正当に授権された役員または代表者をして本契約を署名せしめた」ということになる。この場合，署名者は，この（例）で示されているように，必ずしも"President"（社長）である必要はなく，契約当事者である法人によって正当に授権された者，すなわち，当該法人において代表権を有する者あるいは代理権を有する者であればよいことになる。しかし，この（例）は，両当事者が法人の場合であり，当事者の一方が法人で他方当事者が個人（自然人）の場合には，もちろん，末尾文言も変わる。たとえば，

"IN WITNESS WHEREOF, the parties hereto have caused this Agreement to be duly executed on the day and year first above written.

For and on behalf of
ABC Company
By (Signature)   By (Signature)
Title: David Moran
Name:

の形式となる。

7

すなわち，"For and on behalf of ABC Company"は，ABC Companyを代表してあるいは代理してと言う意味である。したがって，たとえば，個人のMike Johnsonの代理人として個人のJohn Smithが署名する場合には，

For and on behalf of Mike Johnson

By（Signature）
John Smith

ということになる。

また，Attest（副署）する場合もあるが，副署がなければ契約が有効に成立しないということはない。しかし，実際上は，Attestがよくなされるようである。最初の（例）において，Attestがなされる場合には，次のようになる。

IN WITNESS WHEREOF the parties hereto have caused this Agreement to be executed by their duly authorized officers or representatives on the day and year first above written.

Attest	For and on behalf of ABC Company
By（Signature）	By（Signature）
Title:_____	Title:_____
Name:_____	Name:_____

第2節　実施権許諾契約における契約の形式

Attest   For and on behalf of
                                XYZ Company

By（Signature）   By（Signature）
Title:_____   Title:_____
Name:_____   Name:_____

　Attest（副署）する人も，この例にあるようにその氏名およびタイトルを記載することになるが，Corporate Secretary が副署する場合が多いようである。しかし，その本来の意味は，契約書の署名がその署名欄に記載された者によって正当に署名されたものであることを証明するものであることから，署名者の署名に実際に立ち会った人または契約書の署名欄に記載の署名者が正当に署名したものであることを証明できる人が Attest するのが一般的である。したがって，実際においては，当該契約書の代表者や代理人による署名に立ち会った人が Attest する場合が多いようである。

　今までに示された例文は，すべて WITNESSETH が動詞であり，契約書全体が1つの文章として構成されている場合であるが，契約書全休が必ずしも1つの文章として構成されず"WITNESSETH THAT"が省略された次のような形式が使用されることもある。

（例）

AGREEMENT

THIS AGREEMENT is made this xx day of yy, 200X between ABC COMPANY, a corporation organized and existing under the laws of Japan and having its registered office at「address of ABC COMPANY」(hereinafter referred to as "ABC") and XYZ COMPANY, a corporation organized and existing under the laws of the State of New York, U. S. A. and having its principal place of business at

9

「address of XYZ COMPANY」（hereinafter referred to as "XYZ"）：

WHEREAS, ……………………

WHEREAS, ……………………

………………………………
………………………………

NOW THEREFORE IT IS HEREBY AGREED AS FOLLOWS:
………………………………
………………………………

第3節　説明条項（Recitals/Whereas clauses）

　すでに前節「実施権許諾契約における契約の形式」において述べたように英米法系の契約書形式では，契約締結の日および当事者に関する記載の後に，whereasで始まる文章（これをWhereas clausesあるいはRicitalsと言う）が続くが，このWhereas clausesの後の"NOW THEREFORE it is …………as follows"までを一般に序章（preamble）という。

　Whereas clausesは，両当事者の合意事項を記したものではないので，この部分の記載が両当事者を拘束することはない。しかし，ここでは，両当事者がその契約を締結するに至った経緯が一般に記載されるので，契約の本文においてその解釈に疑義が生じた場合には，このWhereas clausesの記載がその本文解釈において参考とされることがある。したがって，このWhereas clausesでは，当該契約を締結するに至った経緯等を正確に記載するようにすべきである。さらに，禁反言（Estoppel by representation）の法理　……　相手方がその記載を基にあるいはその記載を信頼して行動した

第 3 節　説明条項（Recitals/Whereas clauses）

ときは，その記載をした者は，それ以後自分の言ったことが虚偽であったと申し立て，これに代わって客観的真実を主張することはできない……により，この Whereas clauses に記載された事項が真実または事実でないとしても，これに反する主張を訴訟においてできないことがある。

また，Whereas clauses が両当事者の合意事項を記したものでないことは，この Whereas clauses の後に，"NOW THEREFORE the parties hereto hereby agree as follows" なる文章がくることからも明らかである。

この Whereas clauses のいくつかの例を下記に示す。

(例)
"Whereas, ABC has patents and patent applications in Japan relating to the compound generically known as penicillin which is useful as antibiotics;

Whereas, XYZ wishes to obtain certain rights to make, use and sell penicillin under such patents and patent applications of ABC in Japan and ABC is willing to meet such wishes of XYZ, under the terms and conditions hereinafter contained"

「ABC は，抗菌剤として有用な一般にペニシリンとして知られている化合物に関する特許および特許出願を日本で有している，

本契約の以下に記載された諸条件の下で，XYZ は，ABC の有する日本でのかかる特許および特許出願に基づきペニシリンを製造，使用および販売する為の一定の権利を得たいと希望しているし，また，ABC は，かかる XYZ の希望に沿うことを希望している。」

(例)

第1章　契約の形態

"Whereas, ABC has invented and developed through its research activities a new compound having its internal code number ABC 101;

Whereas, XYZ has already evaluated ABC 101 under the secrecy agreement executed between ABC and XYZ on May 15, 2008;

Whereas, XYZ has manifested ABC its definite interest in obtaining from ABC certain rights to make, use and sell ABC 101 in Japan; and

Whereas, ABC represents it has the right to grant such rights and is willing to grant to XYZ such rights in Japan, under the terms and conditions hereinafter appearing,"

「ABCは，社内コード番号がABC101である新しい化合物をその研究活動から発明し且つ開発した，

XYZは，ABCおよびXYZ間の2008年5月15日付の秘密保持契約の下でABC101をすでに評価した，

XYZは，ABC101を日本で製造，使用および販売する為の一定の権利を取得することに強い興味がある旨をすでにABCに伝えた，

ABCは，本契約の以下に規定された諸条件の下で，かかる権利を許諾する権利を有し，さらに，かかる権利をXYZに日本で許諾することを希望している旨表明する。」

(例)

"Whereas, ABC has the patents and patent applications in Japan relating to the

第3節 説明条項 (Recitals/Whereas clauses)

orally active new penicillin compound and has developed the technical information relating to the manufacture, use and sale of said compound as pharmaceutical preparations for human use ;

Whereas, XYZ had the opportunity, under the secrecy agreement dated May 15, 2008 between the parties, of evaluating the certain documentations provided by ABC on said compound and of carrying out certain tests with samples of said compound also provided by ABC ;

Whereas, XYZ desires to obtain exclusive license to make, use and sell said compound as pharmaceutical preparations for human use in Japan under said technical information and patents and patent applications of ABC; and

Whereas, ABC is willing to grant to XYZ such exclusive license in Japan, under the terms and conditions hereinafter set forth."

「ABCは，経口的に有効な新しいペニシリン系化合物に関する特許および特許出願を日本で有しており，且つ当該化合物の人体用医薬品製剤としての製造，使用および販売に関する技術的情報を開発した，

XYZは，両当事者間の2008年5月15日付の秘密保持契約の下で，ABCから提供された前記化合物に関する書類を評価し，また同様にABCから提供された前記化合物のサンプルでもって一定のテストを行なった，

XYZは，ABCの有する前記技術的情報並びに特許および特許出願に基づき前記化合物を人体用医薬品製剤として日本で製造，使用および販売する為の独占的実施権の許諾を得ることを希望している，

13

第 1 章　契約の形態

ABC は，本契約の以下に規定されている諸条件に従って，かかる独占的実施権を日本で XYZ に許諾することを希望している。」

第2章　用語の定義および意味

　実施権許諾契約書に限らず各種の契約書において，度々登場する同じ言葉ないし用語については，契約書の最初の部分でこれを定義するのが一般的である。しかし，契約書において必ずそのような言葉ないし用語の定義が必要だと言うものでは決してない。契約書中で，特定の言葉ないし用語に特定の意味を持たせようとする場合，その特定の意味をその言葉ないし用語が契約書の中で出てくる度に説明していたのでは，極めて煩雑であり，また契約書は極めて長いものとならざるを得ない。たとえば，英語の「subsidiary」は，日本語では子会社と一般に訳されているが，一方当事者の子会社と言う場合に，その当事者とどの程度の資本関係にある場合に子会社と言うかは，必ずしも万人の間で自明だという訳ではない。したがって，資本またはその他のことがどのような関係にある場合に当該契約の中で子会社と言うのかを明確にしておくことが将来における両当事者間での契約の解釈に関する紛争を未然に防ぐという意味からも大切である。さらに，たとえば，化合物を一般名で表す場合は，そうでもないが，化合物に一般名がなく化学名で表す必要がありかつその化合物が契約書の中で度々登場するような場合は，一般に化合物の化学名は大変長いので，その化合物の長たらしい化学名を契約書の中で何度も繰り返し記す代わりに，その化合物を，たとえば，単に「化合物」または「契約対象化合物」等と契約書の最初の部分で定義しておくことは，契約書が不必要に長くなるのを避けるという観点からも大いに意味のあることである。このように，契約書の中で同じ言葉または用語が何度も登場するような場合に，その言葉ないし用語の持つ意味の曖昧さからくる契約解釈上の疑義を避け，さらには，そのことからくる両当事者間の紛争を未然に防ぐために，また，長い言葉を契約書の中で何度となく繰り返す愚を避けるために，そのような言葉または用語の定義が行われる。本章では，実施権許

諾契約においてよく出てくるいくつかの用語について，その定義の例を示すと共に英文契約においてよく出てくるいくつかの基本的な英単語についてその意味を説明する。

第1節　用語の定義

　実施権許諾契約の中でどのような用語を定義すればよいかについて特に決まったものはない。一定の言葉に一定の意味を持たせたい場合，または，その表現が長く何度もそれを繰り返し表現する煩わしさを避けるためにこれを短い言葉で表現したい場合等に定義することが多い。医薬品に関する実施権許諾契約においてよく出てくる代表的な用語の定義例を以下に示す。

a）契約対象化合物

　実施権許諾契約において，許諾の対象となる製品が，たとえば，化合物である場合に，その化合物を特定しておくことは前述の説明からも明らかな通り，意味のあることである。ここでは，次の例を挙げておく。

(例)

"Licensed Compound means the pharmaceutically active substance generically known as aspirin having the chemical name of acetyl salicylic acid."

「契約対象化合物とは，一般にアスピリンとして知られる薬学的に有効でアセチルサリチル酸なる化学名を有する物質を意味する。」

　この例のように，"Licensed Compound" とする代わりに，たとえば，単に "Compound" あるいは "Substance" とすることももちろん可能である。また，すべての文字を大文字で表現することもできる。要は，これらの言葉によって意味するところの化合物が何であるか，またどのような化合物の範囲を指すのかを明確にすることが肝要である。

b）契約対象製品

　医薬品を対象とする実施権許諾契約においては，医薬の有効成分とその有効成分を含有する医薬品製剤を区別して取り扱うことがある。そのような場合には，契約の対象となる化合物と同化合物を含有する医薬品製剤を契約書の中で別々に定義した方が便利なことがある。また，契約の対象となる化合物についての定義がなくても，契約の対象となる製品については，一般に定義する場合が多い。

（例）
"Licensed Product means any and all pharmaceutical preparations for human use which contain or consist of the Licensed Compound as the sole active ingredient or in combination with any other therapeutically active ingredient (s)."

「契約対象製品とは，契約対象化合物を単一の有効成分として含有するまたは他の治療的に有効な成分と共に含有する人体用の全ての医療用製剤を意味する。」

（例）
"Licensed Product means any and all pharmaceutical preparations in finished dosage package forms suitable for oral administration for human use which contain the Licensed Compound as the sole active ingredient"

「契約対象製品とは，契約対象化合物を唯一の有効成分として含有する経口投与に適した人体用の全ての医薬品最終包装製剤を意味する。」

　この場合においても，前記ａ）「契約対象化合物」のところで述べたように，"Licensed Product"とする代わりに，たとえば，単に"Product"とすることももちろん可能である。要は，当該製品がどのようなものであるか

17

を正確に示すことが重要なことである。

c）許諾対象特許

特許（および／または特許出願）が許諾の対象となっている実施権許諾契約においでは，許諾の対象となる特許（および／または特許出願）を特定することが必要であるが，次にその定義の例のいくつかを示す。

(例)

"Licensed Patents mean any and all patents and patent applications listed in Schedule attached hereto and any other patents and patent applications which the parties hereto subsequently agree to include in the Schedule."

「許諾対象特許とは，本契約に添付された付表（スケジュール）に記載された特許および特許出願並びに本契約の両当事者が今後当該付表（スケジュール）に含めることを合意するその他の特許および特許出願を意味する。」

この例に出てくる付表（スケジュール）は，通常契約書の最後に添付されて，特許の出願番号，特許出願日，特許番号，特許満了日等を一般に記載して許諾の対象となる特許あるいは特許出願を特定できるようにするものである。

契約書の中で各々の用語にどのような定義を付していかなる意味を持たせるかについては，もちろん両当事者の自由である。したがって，許諾の対象となる特許（および／または特許出願）について種々の状況の中でこの例のような定義で両当事者が合意したのであれば，何ら問題はない。しかし，この例の定義ではいくつかの問題があることもまた知っておくべきであろう。たとえば，もし実施権許諾者が将来有力な改良発明をなし，その改良発明について特許を取得した場合のことを考えてみよう。その改良発明は，実施許

諾の対象となっている製品の新しい用途についてのものかもしれないしあるいは効率的な新しい製造法についてのものかもしれない。この場合に，実施権者がそのような改良発明について実施権許諾者が取得した特許について実施権の取得を希望しても，実施権許諾者の同意が得られなければ，実施権者は当該特許を実施することはもちろんできないという問題が出てくる。さらに，上記の例では，付表（スケジュール）に含まれる特許または特許出願から何らかの分割出願がなされた場合，この分割出願は許諾対象特許としては含まれないことになるので，その分割された出願に許諾の対象となっている製品またはその製造法が含まれることになる場合が問題となる。このような問題を避けるために，たとえば，次のような定義を使うことが考えられる。

（例）

"Licensed Patents mean the patents and patent applications listed in Schedule attached hereto and any other patents and patent applications which the parties agree subsequently to include in the Schedule. Any division, continuations, continuation-in-part, reissues, renewals, extensions or additions to or of the patents and patent applications listed in the Schedule shall also be included within the Licensed Patents to the extent subject matter thereof relates to the Licensed Products."

「許諾対象特許とは，本契約に添付された付表（スケジュール）に記載された特許および特許出願並びに両当事者が今後付表（スケジュール）に含める事を合意するその他の特許および特許出願を意味する。また，付表（スケジュール）に記載された特許および特許出願の分割，継続，部分継続，再発行，更新，延長または追加の特許もその対象が契約対象製品に関するものである限りにおいて許諾対象特許に含まれる。」

（例）

第2章 用語の定義および意味

"Licensed Patents mean the patents listed in Schedule attached hereto and all patents which are granted during the term of this Agreement on the patent applications listed in the Schedule or on the patent applications filed by Licensor subsequent to the effective date hereof in the Territory with respect to the Licensed Product, its use and/or manufacturing methods, and any and all substitutions, divisions, and additions of or to any of said patents and patent applications."

「許諾対象特許とは，本契約に添付された付表（スケジュール）に記載された特許，および付表（スケジュール）に記載された特許出願または本契約締結日の後に契約対象製品，その用途および／またはその製造法に関して契約地域で実施権許諾者によって出願された特許出願について本契約期間中に許諾される特許並びにこれら前記の特許および特許出願の置換，分割および追加の特許を意味する。」

d) 許諾対象商標

　特許あるいは技術的情報（あるいはノウ・ハウ）を許諾の対象とした実施権許諾契約や特許と技術的情報（あるいはノウ・ハウ）の両方を許諾の対象とした実施権許諾契約において，商標権の使用許諾が常に伴うというものではない。しかし，特許や技術的情報（あるいはノウ・ハウ）の実施権の許諾に加えて，商標権の使用許諾を伴うこともあるし，また商標権のみを許諾の対象とする商標権使用許諾契約もあるので，ここで取り上げてみた。

(例)
"Licensed Trademarks mean the trademarks owned by Licensor and listed in Schedule attached hereto."

「許諾対象商標とは，実施権許諾者の所有に係る商標であって本契約に添付された付表（スケジュール）に記載された商標を意味する。」

第1節　用語の定義

　この付表（スケジュール）は，前記ｃ）「許諾対象特許」の定義の項で説明したように，通常，契約書の最後に添付されて，商標名，商標登録番号，許諾された国名等を記載して許諾の対象となる商標を特定するものである。付表（スケジュール）が複数ある場合には，その付表（スケジュール）に1，2，3あるいはＡ，Ｂ，Ｃ等の番号を付して区別する。

　特許あるいは特許と技術的情報（あるいはノウ・ハウ）を対象とする実施権許諾契約においては，契約締結時に許諾の対象となる商標がいまだ登録商標として成立していない場合や，あるいは許諾の対象となる商標がいまだ決まっていないにもかかわらず実施権許諾者の所有する商標を使用することが両者間で合意されることがある。このような場合においても，前記の例を許諾対象商標に関する定義として使用することはできるが，この場合，前記の付表（スケジュール）には許諾が予定されている商標の商標名，商標登録出願番号および許諾される国名等を記載するか，または，単に to be listed later と記載することになる。さらに，このような場合には，次の例文を用い，付表（スケジュール）には to be listed later と記載することもできる。

（例）
"Licensed Trademark means the trademark (s) owned by Licensor and acceptable to Licensee which is specified in Schedule attached hereto and/or which may be subsequently included in the Schedule by an agreement between the parties hereto."

「許諾対象商標とは，実施権許諾者の所有に係る商標で且つ実施権者にとって容認できる商標であって本契約に添付された付表（スケジュール）に記載される商標および／または本契約の両当事者の合意により付表（スケジュール）に後で記載される商標を意味する。」

21

e) 契約地域

　実施権の許諾の対象となる地域または国，すなわち，契約地域を実施権許諾契約で特定することが必要であるが，以下にその定義の例を示す。

(例)

"Territory means Japan and any other country(ies) to be extended by an agreement between the parties hereto."

「契約地域とは，日本および本契約の両当事者の合意により拡大されるその他の国を意味する。」

(例)

"Territory means the countries specified in Schedule attached hereto. The countries specified in the Schedule may be changed (by addition or deletion) from time to time by an agreement of the parties hereto."

「契約地域とは，本契約に添付された付表（スケジュール）に特定された国を意味する。付表（スケジュール）に特定された国は，本契約の両当事者の合意により（追加または削除により）随時変更され得る。」

f) 正味販売高

　実施権許諾契約において，ロイヤルティ等の対価を契約対象製品の売上高をベースに計算する場合には，その売上高をどのように把握するか明確にしておく必要がある。ロイヤルティ等の対価の計算においては，契約対象製品の売上高を一般に正味販売高でとらえる場合が多いので，正味販売高がどのように把握されているのか，その例を以下にいくつか示す。

(例)

第1節　用語の定義

"Net Sales mean the proceeds of sales of the Licensed Products sold by Licensee to third parties in the Territory, less all normal and customary trade and quantity discounts and allowances actually granted to such third parties in respect of such sales, returns, free replacements actually granted to such third parties, and less excise, consumption and value added taxes applicable to sales of the Licensed Products which Licensee has to pay or absorb on such sales in the Territory."

「正味販売高とは，契約地域において実施権者によって第三者に販売された契約対象製品の販売高から，当該販売に関連して実際にかかる第三者に与えられた通常且つ習慣的な商売上の値引きおよび数量値引きおよび割り戻し，返品，実際にかかる第三者に認められた無償の商品交換，並びに実施権者が契約地域において当該販売について支払いまたは負担しなければならなかった契約対象製品に対して適用される物品税，消費税および付加価値税を控除したものを意味する。」

　上記の例は，契約地域が複数の国を含むものでありかつその国ごとに正味販売高を計算しようとする場合には適当ではない。また，この例では，どのような期間について正味販売高を計算するのかは，必ずしも明らかではない。この2点を加味したものとしては，次のような例がある。

(例)
"Net Sales in any calendar quarter in any particular country of the Territory mean the gross receipts from sales by Licensee of the Licensed Products in such calendar quarter in such particular country less (i) transportation charges incurred by Licensee in connection with such sales of the Licensed Products in such calendar quarter in such particular country, (ii) sales, consumption, excise taxes actually paid by Licensee with respect to sales of the Licensed Products in such particular country, (iii) normal and customary trade. quantity and cash

discounts actually allowed in such country, and (iv) allowances or credits actually granted in such country to customers on account of rejection or return of the Licensed Products subject to royalty under this Agreement or on account of retroactive price reductions affecting the Licensed Products."

「契約地域のある特定の国におけるある暦四半期の正味販売高とは，当該国で当該暦四半期において契約対象製品の販売により実施権者が得た粗収入から，(i) 当該国で当該暦四半期において契約対象製品の当該販売に関連して実施権者が負担した運送費，(ii) 当該国で契約対象製品の当該販売に関連して実施権者によって実際に支払われた販売税，消費税および物品税，(iii) 当該国で実際に認められた通常且つ習慣的な商売上の値引き，数量値引きおよび現金値引き，および (iv) 本契約の下でロイヤルティの対象となる契約対象製品の拒絶または返品のためまたは契約対象製品についての遡及的値引きのために当該国で実際に顧客に与えられた割り戻しまたは相殺を差し引いたものを意味する。」

この例では，正味販売高を計算する際に，契約対象製品の販売にからむ契約対象製品の国内運送費も粗販売高からの控除対象となっているが，前例では控除対象とはなっていない。このように，国内運送費を控除対象にするか否かは，もちろん，契約当事者の合意で決まることである。

許諾の対象となっている製品が医薬品である場合，許諾の対象となっている医薬として有用性を有する化合物（有効成分）を単一の有効成分とする製剤（単味剤）の場合と，これを許諾の対象となっていない他の有効成分と共に配合して1つの医薬品製剤（合剤）として使用する場合がある。このような単味剤と合剤が同時に存在する場合，この2種の医薬品製剤を単にそれぞれの販売高をベースとして正味販売高を計算するのは，合剤においては，許諾の対象となっている有効成分に許諾の対象となっていない他の有効成分が

加わって，その分だけ単味剤に比較して付加価値が高くなっていると一般には考えられるので，適当であるとは言い難い。また，許諾の対象が医薬品の場合，有効成分そのもの（原末バルク）とその有効成分を含有する医薬品製剤の両方が存在し得る。このような場合に，その有効成分を原末バルクとして販売するケースにおいては，"Licensed Products"を医薬品製剤と見なしている限り，前例では計算できないことになる。また，"Licensed Products"は有効成分そのもの（原末バルク）および医薬品製剤の両方を含むと解釈して，有効成分を原末バルクとして販売する場合と有効成分を医薬品製剤として販売する場合の両方について正味販売高を上記の例に従って計算すると不公平な場合が出てくる。これは，両者の販売価格に大きな隔たりがあるからである。したがって，このような場合に正味販売高をどのように計算するかについて参考となる例を次に示す。

(例)
"Net Sales in any calendar quarter mean:
 i) in case of sales by Licensee to any third parties of the Licensed Compound in the Finished Pharmaceutical Forms (Finished Pharmaceutical Forms mean in such final dosage packages as shall be suitable for distribution to the professions, hospitals, clinics, wholesalers, pharmacists or individual customers) uncompounded with any other material or compounded with any material for which no prophylactic, therapeutic or nutritional effect is expressly claimed the proceeds of sales thereof less all normal and customary trade and quantity discounts, allowances, rebates and returns granted to such third parties and excise, consumption and other sales taxes which Licensee has to pay or absorb on such sales,
(ii) in case of sales by Licensee to any third parties of the Licensed Compound in bulk (whether as active drug substance or in semi-finished pharmaceutical form) uncompounded with any other material or compounded with any material

for which no prophylactic, therapeutic or nutritional effect is expressly claimed, the "net value" which would have been invoiced by Licensee if the quantity of the Licensed Compound sold in bulk had been sold in the Finished Pharmaceutical Form; said "net value" being calculated at the average price per gram of the Licensed Compound obtained by dividing the Net Sales of the Licensed Compound reported under clause (i) above for the calendar quarter in question by the number of grams of the Licensed Compound represented by said Net Sales; provided that in the event that no sales of the Licensed Compound in the Finished Pharmaceutical Form are reported under clause (i) above for the calendar quarter in question "Net Sales" for the purpose of this clause (ii) shall be the proceeds of sales of the Licensed Compound sold by such third parties aforesaid having first deducted from such proceeds all normal and customary trade and quantity discounts, allowances, returns and rebates granted to customers and sales, excise and other taxes which such third parties have to pay or absorb on such sales,

(iii) in case of sales by Licensee to any third parties of the Licensed Compound compounded with any material for which a prophylactic, therapeutic or nutritional effect is expressly claimed the value of total declared amount of the Licensed Compound contained therein calculated at the average price per gram of the Licensed Compound obtained by dividing Net Sales of the Licensed Compound reported under clause (i) above for the calendar quarter in question by the number of grams of the Licensed Compound represented by said Net Sales or in the event that no sales of the Licensed Compound in Finished Pharmaceutical Form are reported under clause (i) above by dividing Net Sales calculated in accordance with the proviso to clause (ii) above for the calendar quarter in question by the number of grams of the Licensed Compound represented by said Net Sales."

第1節　用語の定義

「ある暦四半期における正味販売高とは：

（i）他のいかなる物質も含有しないかまたは予防的，治療的もしくは滋養的効果が何ら明確に主張されない物質を含有する契約対象化合物の医薬最終品（医薬最終品とは，専門家，病院，診療所，問屋，薬剤師または個人顧客への配布に適した最終包装製剤を意味する）としての実施権者による第三者への販売の場合，当該医薬最終品の販売高から当該第三者に与えられた通常且つ習慣的な商売上の値引きおよび数量値引き，割り戻し，リベートおよび返品並びに当該販売に関して実施権者が支払いもしくは負担しなければならなかった，物品税，消費税およびその他の販売税を控除したものを意味する，

（ii）他のいかなる物質も含有しないかまたは予防的，治療的もしくは滋養的効果が何ら明確に主張されていない物質を含有する契約対象化合物のバルク（有効成分そのものとしてであるかまたは半完成医薬品製剤としてであるかにかかわらず）としての実施権者による第三者への販売の場合，バルクとして販売された当該契約対象化合物の物量を，もし医薬最終品として販売された場合に実施権者によって仕切られたであろう正味価格（この正味価格は，当該暦四半期において前記第（i）項の下で報告された契約対象化合物の正味販売高を，その正味販売高で表わされる契約対象化合物の総グラム数で除して得られる契約対象化合物のグラム当たりの平均価格で計算される），但し，当該暦四半期において上記第（i）項の下で報告される契約対象化合物の医薬最終品としての販売がない場合，この第（ii）項の目的のための正味販売高とは，前述の第三者によって販売された当該契約対象化合物の販売高から顧客に与えられた通常且つ習慣的な商売上の値引きもしくは数量値引き，割り戻し，リベートおよび返品並びに当該販売に関して当該第三者が支払いもしくは負担しなければならなかった消費税，物品税およびその他の税金を差し引いたものを意味する，

(iii) 予防的，治療的もしくは滋養的効果が明確に主張された物質を含有する契約対象化合物の実施権者による第三者への販売の場合，当該暦四半期において前記第（i）項の下で報告された契約対象化合物の正味販売高を，その正味販売高で表わされた契約対象化合物の総グラム数で除して得られる，または前記第（i）項の下で報告される契約対象化合物の医薬最終品としての販売がない場合は，前記第（ii）項の但し書きに従って当該暦四半期に対して計算された正味販売高をその正味販売高によって表わされた契約対象化合物の総グラム数で除して得られる，契約対象化合物の単位グラム当たりの平均価格で計算された前記合剤の中に含まれている契約対象化合物の総表示量の価額を意味する。」

　この例の第（iii）項は，合剤の場合の正味販売高についてであるが，単味剤としての最終包装品の販売がある場合には，まずその単味剤の正味販売高を求め，次いでその正味販売高の計算の対象となった単味剤中の契約対象化合物のグラム数を求め，さらにそのグラム数で正味販売高を除して当該単味剤中の契約対象化合物のグラム当たりの平均販売価格を求め，最後に合剤の中に含まれている契約対象化合物の総表示量（グラム数）にこのグラム当たりの平均販売価格を乗じて合剤の正味販売高を算出する。この方法は，極めて合理的であるが，単味剤の最終包装品の販売がない場合は正確に計算できない。この例の第（iii）項では，このように単味剤の最終包装品の販売がない場合についても合剤の正味販売高が一応計算できるように規定されているが，このように単味剤の最終包装品としての販売がない場合の合剤の正味販売高の求め方として，次例に示すような合剤中の各有効成分のコストを用いる方法もある。

（例）

"Net Sales in Japan mean the proceeds of sales by Licensee of the Licensed Product in Japan less (i) sales, consumption and excise taxes actually paid by

Licensee in Japan in connection with such sales; (ii) normal and customary trade, quantity and cash discounts actually granted in Japan; and (iii) allowances actually granted in Japan to the customer on account of rejection or return of the Licensed Product. With respect to sales of the Licensed Product containing the Licensed Compound in combination with any other pharmaceutically active ingredient (s), the Net Sales shall be calculated based on the sales price of the same weight of the Licensed Product having no other pharmaceutically active ingredient sold, if such exists, and in the event, such Licensed Product having no other pharmaceutically active ingredient is not sold, the Net Sales shall be the net sales price calculated as set forth above and multiplied by a fraction, the numerator of which shall be the cost of the Licensed Compound included in the Licensed Product and the denominator of which shall be the cost of all the active ingredients contained therein, the cost in each case being the inventory cost determined in accordance with the Licensee's regular accounting system."

「日本での正味販売高は，実施権者によって日本で販売された契約対象製品の販売高から，(i) 当該販売に関して実際に実施権者が日本で支払った販売税，消費税および物品税，(ii) 実際に日本で顧客に対して与えられた通常且つ習慣的な商売上の値引き，数量値引きおよび現金値引き，および (iii) 契約対象製品の拒絶または返品について実際に日本で顧客に対して認められた割り戻しを控除したものを意味する。薬剤的に有効な他の成分を契約対象化合物と共に含有する契約対象製品の販売の場合，正味販売高は，薬剤的に有効な他の成分を含有しない契約対象製品がもし存在するならそれと同重量の販売価格を基にして計算される。しかし，薬剤的に有効な他の成分を含有しない契約対象製品の販売がない場合，正味販売高は，まず上記のごとく当該契約対象製品の正味販売価格を計算し，次いでこれに分子が契約対象製品の中に含まれている契約対象化合物のコストで，分母が契約対象製品の中に含まれる全ての有効成分のコストである分数を掛けて計算される。

各々の場合において，"コスト"とは，実施権者の通常の会計システムに従って決定される在庫コストを意味する。」

　この例での問題点はコストの高い物が必ずしも薬理的に高い価値を有するとは限らないことである。すなわち，契約対象化合物は，大量生産によりコスト的にはそれほど高くないにもかかわらず，他の有効成分のコストが極めて高くしかも薬理的にはそのコストに見合う程の価値がない場合，この例での計算方式では不合理が生じてくる。このような不合理を避けるために，実施権許諾者の立場に立って考えた場合，この例での分数が極端に小さくならないように，この分数は一定の数字（たとえば，1/2）以下には下がらない等の歯止めを設けることを考えることも必要である。

　　g）子会社

　実施権許諾契約の中で，子会社の意味が問題となることがある。たとえば，実施権を実施権者とその子会社に与える場合があり，そのような場合に，子会社の意味を定義しておくことは，両者のこの点に関する理解を統一しておく意味において重要である。子会社の定義の例を以下に示す。

（例）

"Subsidiary means any corporation directly or indirectly owned by or under common ownership with Licensee (or Licensor) to the extent of at least fifty percent (50%) of its stock having the power to vote for the election of directors (including director's qualifying shares owned beneficially), such corporation to be deemed as a Subsidiary so long as such ownership of voting stock continues."

　「子会社とは，取締役の選任の為の投票権付き株式（取締役としての資格を有する為に所有している株式を含む）の少なくとも50％を直接または間接に実施権者（または実施権許諾者）が所有するかまたは実施権者（または実

施権許諾者）と共有する会社を意味する。かかる会社は，投票権付き株式のかかる所有が継続する限り子会社と見做される。」

　この例では，少なくとも50％以上の株式所有の場合に子会社と定義しているが，何パーセント以上の株式を有する会社を子会社と見なすかは，両当事者の合意により決められることである。したがって，必ずしも50％以上の場合だけが子会社と見なされるという訳ではない。

　　h）関係会社または関連会社
　実施権許諾契約では，子会社だけでなく，親会社，姉妹会社および孫会社等も関係する場合もあり，これ等をまとめて関係会社あるいは関連会社として表現する場合がある。関係会社や関連会社は，英語では，Affiliate や Associate として表現されるが，本書においては一応すべて Affiliate「関係会社」で示すことにする。

（例）
"Affiliates mean any corporation, partnership or other entity directly or indirectly owned by, owning or under common ownership with, Licensor (or Licensee) at least fifty percent (50%) of its stock having the power to vote for the election of directors (including director's qualifying shares owned beneficially), such corporation, partnership or other entity to be deemed an Affiliate only so long as such ownership of voting stock continues."

「関係会社とは，取締役選任の為の選挙の投票権付き株式（取締役としての資格を有する為に所有している株式を含む）の少なくとも50％を直接または間接に実施権許諾者（または実施権者）が所有し，または実施権許諾者（または実施権者）によって所有され，または実施権許諾者（または実施権者）との共有にかかる会社，パートナーシップまたはその他の企業体を意味

する。かかる会社，パートナーシップまたは企業体は，投票権付き株式のかかる所有が継続する限り関係会社と見做される。」

　関係会社の場合においても，子会社の場合と同様に，何パーセント以上の株式を所有する場合を当該契約の中で関係会社とするかは，契約の両当事者が合意によって決めればよい問題であり，必ずしもこの例のように50%以上の場合だけが関係会社と見なされるとする必要はない。

　　ⅰ）技術的情報

　特許保護の対象にはならないが，経済的に価値のある技術的な情報を一般的には技術的ノウ・ハウということができるであろうが，実施権許諾契約の中では，"Technical Information and Know-How"「技術的情報およびノウ・ハウ」や"Scientific Information"「科学的情報」や"Know-How"「ノウ・ハウ」あるいは"Technical Information"「技術的情報」等と表現されている。しかし，本書では便宜的にこれを"Technical Information"「技術的情報」と表現することにする。この技術的情報の提供を伴う実施権許諾契約や技術的情報のみを許諾の対象とした実施権許諾契約において，その許諾の対象となる技術的情報の範囲を明確にしたり，また実施権者が自分で開発した契約対象化合物および／または契約対象製品に関連する技術的情報について契約上実施権許諾者に開示する義務がある場合，いかなる技術的情報の範囲についてそのような義務を負うのかを明確にしておくことは非常に重要なことである。したがって，実施権許諾契約では，しばしばこの技術的情報についての定義がなされる。しかし，許諾の対象となる技術的情報の範囲や開示義務を負う技術的情報の範囲をどのようにするかは，両当事者の合意によって決まることであり，どのような範囲でなければいけないというようなものはない。したがって，この用語の定義においては，特に自らが考えた範囲の技術的情報がその文言に正確に表現されるように注意する必要がある。技術的情報の定義の例を以下にいくつか示す。

(例)

"Technical Information means all presently existing and future information, processes, techniques, data and know-how with respect to the Licensed Product, including specifications, manufacturing and quality control methods, manufacturing data and any other information relating to the Licensed Product and useful for the development and commercialization of the Licensed Product, but excluding any promotional and marketing material and information."

「技術的情報とは，契約対象製品に関連したもしくは契約対象製品の開発および商品化に有用な規格，製造方法，品質管理方法，製造データおよびその他の情報を含めて，契約対象製品に関する現存するおよび将来の全ての情報，工程，技術，データおよびノウ・ハウを意味する。但し，プロモーションおよびマーケッティング関係の資料および情報を除く。」

医薬品が契約対象製品である場合は，有効成分やそれを含有する医薬品製剤の有効性や安全性に関して実施権許諾者が有するデータが実施権許諾者から実施権者に開示されるか否かは，実施権者のその医薬品の開発および登録に要する期間を大きく左右するので，実施権許諾契約においては，特にこの点を明確にしておくべきである。

(例)

"Technical Information means information relating to the processes, techniques, data, know-how, method of manufacture and quality control, formulation and medical use of the Licensed Product, including those information relating to the tolerability, safety and efficacy such as toxicological, pharmacological, clinical and chemical data and specifications of the Licensed Product."

「技術的情報とは，契約対象製品に関する工程，技術，データ，ノウ・ハ

ウ，製造および品質管理の方法，処方並びに医薬としての使用に関する情報を意味し，契約対象製品に関する毒性，薬理，臨床および化学的データ等の忍容性，安全性および有効性並びに規格に関する情報を含む。」

j) 開　発

　実施権許諾契約の対象となる製品が医薬品である場合，実施権者は，実施権許諾を受けた後に当該製品を医薬品として製造および／または販売するために当該実施権許諾契約において許諾された国または地域における規制当局（たとえば，日本においては厚生労働省）から製造販売承認または製品登録等を取得する必要がある。当該承認や登録を取得するためには当該許諾された国または地域において当該製品について一定の非臨床試験や臨床試験等の試験を行うことが要求される場合がある。また，一般的に，医薬品についての開発とは，いかなる範囲の試験や研究が含まれるかが問題とされる場合がある。したがって，「開発」について定義をしておくことが求められる場合があり，下記の例は，その「開発」に関する定義の例である。

（例）
"Development and, with correlative meaning, develop, means all activities related to pre-clinical testing, toxicological, pharmacokinetic, metabolic, or clinical aspects of a Licensed Product, process development, stability studies, formulation development, manufacturing scale-up, production of clinical product batches, validation studies, development of quality assurance/quality control testing, regulatory affairs, and other development activities, for a Licensed Product in connection with obtaining governmental approval for the manufacture and/or sale of such Licensed Product."

　「開発およびそれに関連するものとして開発するとは，許諾対象製品の製造および／または販売のために政府承認を取得することに関連して行われる

許諾対象製品に関連する非臨床試験，毒性，薬物動態，代謝もしくは臨床試験，工程開発，安定性試験，製剤開発，製造におけるスケールアップ試験，臨床試験用製品の製造，バリデーション試験，品質保証・品質試験の開発，規制当局対応およびその他の開発活動を意味する。」

　実施許諾を受けた医薬候補品について，その製造および／または販売のための承認を取得するために実施権者が実施することを要求される試験・研究等は，許諾を受けた時点での当該医薬候補品の開発段階や当該承認を取得しようとしている国や地域によっても異なる。また，新規の医薬品を最初から研究・開発する場合に要求される開発と一定の開発段階にまで達している医薬候補品について実施権者が当該医薬候補品について許諾された国や地域において製造および／または販売のための承認を取得するために必要とされる開発とは当然に異なることとなる。したがって，開発についての定義のこれらの状況の相違によって当然に異なることとなる。

　　k）有効クレーム
　特許が許諾の対象となっている実施権許諾契約においては，実施権者が希望する技術や製品は，もちろん，有効に存続している特許の特許請求範囲（有効クレーム）でカバーされている技術や製品であり，有効クレームでカバーされている技術や製品の利用や使用に対して実施権者は，対価を実施権許諾者に対して支払うものである。したがって，有効クレームの範囲を明確にしておくことは，対価の支払いの有無および期間を決めるうえでも極めて重要なこととなる。

（例）
"Valid Claim means a claim of any issued, unexpired Licensed Patent which has not been revoked, withdrawn, canceled, disclaimed or held unenforceable or invalid by a decision of a court or tribunal of competent jurisdiction from which

no appeal can be taken, or with respect to which an appeal is not taken within the time allowed for appeal, and which has not been disclaimed, denied or admitted to be invalid or unenforceable through reissue, disclaimer or otherwise."

「有効クレームとは，無効，取り下げ，取り消しもしくは破棄されていない，またはそれ以上控訴ができない管轄権を有する裁判所または審判の決定によって履行不能または無効とされていない，または当該決定について控訴が認められた期間内に控訴されていない実際に発行され且ついまだ満了していない許諾対象特許のクレーム，および再発行，否認もしくはその他を通して破棄，否認または無効もしくは履行不能とされていない実際に発行され且ついまだ満了していない許諾対象特許のクレームを意味する。」

この例の定義に従えば，すでに特許として成立しているものに含まれるクレームのみならず，特許出願中のものであっても，いまだ最終的に拒絶査定が確定していないものに含まれるクレームは有効クレームとされる。特許についても，無効審判等が継続していても，それが最終的に無効であることが確定しない限り，当該特許に含まれるクレームは有効クレームとして取り扱われることになる。

I）第II相臨床試験

実施権許諾契約において許諾対象となっている製品が医薬品の場合，契約地域での当該医薬品を製造および販売するためには，当該契約地域の規制当局から製造販売承認や製品登録を取得する必要があり，そのためには一定の非臨床試験や臨床試験等を行うことが要求される場合が多い。当該製造販売承認や製品登録の取得に必要な臨床試験としては，第I相から第III相までの臨床試験があり，そのすべての臨床試験を実際に行うことを要求されるとは限らないが，ここでは，第II相臨床試験についての定義の例を以下に示す。

第 1 節　用語の定義

(例)

"Phase II Clinical Trial means those tests and studies in humans required by the health regulatory authority in each country of the Territory to generate sufficient data as to safety, dose ranging and efficacy of a Licensed Product to permit commencement of a Phase III Clinical Trial."

「第II相臨床試験とは　契約地域の各国において規制当局によって第III相臨床試験の開始を認めるために契約対象製品の安全性，有効薬用量および有効性に関する十分なデータを取得するために人で行われるテストおよび試験を意味する。」

m) その他

　実施権許諾契約に限らず，契約において，どのような言葉または用語を定義するかは，契約書作成技術上の問題であって，本章の初めに述べたように，どの言葉または用語を定義して，どの言葉または用語は定義してはいけないというような決まりはもちろんない。したがって，契約書の中では，いろいろな言葉や用語が必要に応じて定義されることになる。いったん定義された言葉や用語は，前後の関係から定義された意味では明らかに誤りである場合を除き，その契約書全体を通して同じ意味に使用される。契約書の中では，この事を明らかにするため，次のような一文を最初に記して，その後に言葉や用語の定義を続けることが多い。

"The following terms as used in this Agreement shall, unless the context clearly indicates to the contrary, have the following meanings set forth in this Article:"

「本契約において用いられた以下の用語は，文脈が明らかにこれと異なる場合を除き，本条で示された下記の意味をそれぞれ有する。」

第2節　英単語の意味

国際間の取引において使用される英文契約書の中でしばしば登場し、かつ特徴的な意味を有する英単語がいくつか存在する。この節では、それらの英単語のいくつかについてその意味および用法を説明する。

　a) shall および will

英文契約の中では極めてよく使用される単語である。これらの単語は、それぞれ別個の法的意味を持ち、その意味するところは、日常的にこれらの単語が用いられている場合の意味と異なるので注意を要する。

契約文中で"shall"が出てきた場合、当事者が契約上の債務についてこれを法的な義務として履行を強制されることを意味する。したがって、一般的に用いられる未来形としての"shall"とは明らかに意味を異にする。たとえば、

"Licensee shall pay to Licensor the royalty……."の場合、「実施権者は、ロイヤルティを実施権許諾者に支払う……」あるいは「……支払わねばならない」という強制的な意味となる。これは、一般的に使用されている英語では"must"と同じ意味となる。しかし、英文契約では、"must"が使用できない訳ではなく、使用されている例も見掛けるが、一般的には"shall"が使用されている。

また、"shall not"は、"shall"の否定形であるので、「……してはならない」という意味になる。

英文契約の中で"will"が使用されている場合、これも契約の中で規定された義務の履行を強制するものであるが、その強制の度合いは"shall" b）hereby, herein および hereto

英文契約の中での"hereby"は，本契約またはこの文書という意味で，たとえば，"The parties hereby agree……"の場合，「両当事者は，この契約書により（またはこの文書により）……を合意する」という意味になる。

"herein"は，本契約書に，本条に，本章に，本文に等の意味となり，その使用された状況により様々な異なった意味を有することになる。

また，"hereto"は，英文契約の中では，"the parties hereto"としてしばしば使用されているが，"the parties to this agreement"と同じ意味で「本契約の当事者」という意味となる。

c）hereinafter および hereafter

英文契約の中では，"hereinafter"は，「本契約のこれ以後の文中において」という意味であり，また，"hereafter"は，「本契約の締結の後」あるいは「本契約の発効の後」という意味である。

第3章　実施権の許諾

　実施権許諾契約の中で，実施権許諾者が実施権者に一定の実施権の許諾をする条項を一般にグラント条項という。グラント条項での許諾の対象が特許のみである場合，一般に特許実施権許諾契約といわれ，また許諾の対象が技術的情報のみに限定されている場合，一般にノウ・ハウ実施権許諾契約といわれる。許諾の形態が独占的である場合には，独占的実施権許諾契約，また非独占的である場合，非独占的実施権許諾契約といわれる。本章では，このグラント条項に関し，いくつかの例を示すと共に，グラント条項における各種の問題点や留意点について説明する。

第1節　許諾の形態・対象・期間・地域

　実施権の許諾に関しては，許諾の対象となるものが特許であるのか，技術的情報であるのか，またはその両者であるのか，許諾の対象となる地域および期間はどうであるか等，いろいろの問題が存在するが，これらのことを明確にするのが実施権の許諾に関する条項（グラント条項）である。グラント条項のみでこれらの事がすべて明確にされるかどうかは別として，契約書の中の他の条項との絡みですべてこれらの条件が明らかにされる必要がある。グラント条項に関するいくつかの例を以下に示す。

（例）

"During the term of this Agreement and subject to the terms and conditions hereinafter appearing, Licensor hereby grants to Licensee an exclusive right and license, with right to grant sublicense, under the Licensed Patents and the Technical Information of Licensor to make, use and sell the Licensed Products in the Territory. Any sublicense granted by Licensee shall subject to the terms and conditions of this Agreement and shall include provision providing for termination simultaneously with any termination of this Agreement."

「本契約の期間中且つ本契約の以下の諸条件に従うことを条件として，実施権許諾者は，実施権許諾者の許諾対象特許および技術的情報に基づき，契約地域で契約対象製品を製造，使用且つ販売する，再実施権を許諾する権利付きの，独占的権利および実施権を実施権者に許諾する。実施権者によって許諾された再実施権は，本契約の諸条件に従い且つ本契約の終了と同時に終了する旨の規定を含むものとする。」

独占的実施権の許諾の場合は，特に断りがない限り，実施権者は第三者に再実施権を許諾する権利も取得するものと一般には解されているが，この例のように，再実施権を許諾する権利が含まれていることを明記することは，誤解を避ける意味から好ましいことである。

(例)
"Licensor hereby grants to Licensee the licenses under the Licensed Patents in the Territory, it being, however, understood that such license shall be only to make, use and sell the Licensed Compound.

The rights granted above shall be non-exclusive, non-assignable, non-transferable and non-sublicensable, except that Licensee may confer the benefit of the right upon its Affiliates. Licensee shall procure that any such conferment of benefit shall make due provision for termination simultaneously with any termination of this Agreement or upon any Affiliate which is the object of the said conferment ceasing to be an Affiliate."

「実施権許諾者は，許諾対象特許に基づき契約地域において実施権を実施

権者に許諾する。かかる実施権は，契約対象化合物の製造，使用および販売のみのためのものである。ここで許諾された権利は，非独占的で，譲渡不可で，移転不可で，かつ再実施権なしである。但し，実施権者は，その関係会社にかかる権利の利益を付与できる。実施権者は，かかる利益の付与が，本契約の終了と同時にまたはかかる利益の付与された関係会社が関係会社でなくなると同時に終了する旨の規定を確保する。」

(例)

"Licensor grants to Licensee the right and license under the Licensed Patent and the Technical information to formulate the Licensed Product in finished dosage package form from the Licensed Compound, to market, sell and distribute the Licensed Product in finished dosage package form in the Territory. Said license shall be the sole right in all countries of the Territory.

For the purpose of this Agreement, the sole right means that Licensor shall have the right to commercialize the Licensed Product through its own Affiliate in any country of the Territory."

「実施権許諾者は，許諾対象特許および技術的情報に基づき契約対象化合物から契約対象製品の最終包装製剤を製造し，これを契約地域で販売且つ配布する権利および実施権を実施権者に許諾する。この実施権は，契約地域の全ての国で半独占的権利（sole right）である。

この契約の目的のためには，半独占的権利（sole right）とは，実施権許諾者が契約地域の各々の国でその関係会社を通じて契約対象製品を商品化する権利を有することを意味する。」

　実施権許諾契約の一方当事者が米国企業等である契約では，許諾された実

施権の内容について，実施権許諾者（その関係会社も含む）自身も実施できるよう実施権許諾者がその権利を留保した実施権の許諾を"sole right"と称している。しかし，この"sole right"が具体的にどのような内容の権利を意味するかについてはヨーロッパの企業等には必ずしも充分に理解されている訳ではないので，"sole right"についてこの例のように明確にしておく方が望ましい。また，"sole right"とは別に，"semi-exclusive license"または"semi-exclusive right"という表現もしばしば用いられるが，これらの用語についても各国で普遍的な意味で理解されているとは限らないので，"sole right"の場合と同様に，その意図した意味を契約の中で明らかにしておくべきである。

　また，上記の最後の例では，契約対象化合物そのものについての製造権は実施権者に許諾されておらず，製造に関しては，契約対象化合物から契約対象製品の最終包装製剤を製造する権利のみが許諾されている。したがって，実施権者は，契約対象製品を製造するためには契約対象化合物を実施権許諾者または第三者から購入する必要がある。医薬品に関する実施権許諾契約では，実施権の内容がこのようなものであることは特にめずらしいことではない。

　複数の国が実施権の許諾の対象となっている場合，その中の特定の国については，独占的な実施権を許諾し，その他の国については，非独占的権利を許諾することももちろん可能である。また，販売先を一定の分野や領域に限定したり，独占的実施権を一定の期間のみに限定し，当該期間の経過後は非独占的実施権に変更する等の各種の制限付きの実施権を許諾することも可能である。しかし，契約対象化合物および契約対象製品を契約地域外へ輸出することを制限することは，独占禁止法との関係で違法となることもあるので注意が必要である。

第3章 実施権の許諾

(例)

"Subject to the terms and conditions of this Agreement, Licensor hereby grants to Licensee the licenses and other rights set forth below :

(a) Subject to the other terms and conditions of this Agreement, Licensor hereby grants to Licensee an exclusive license under the Licensed Patents and the Technical Information of Licensor to research, develop, modify, enhance, improve, use, have used, offer for sale, import, have imported, sell, and have sold the Licensed Products within the Territory.

(b) Subject to the other terms and conditions of this Agreement, Licensor hereby grants to Licensee a non-exclusive license under the Licensed Patents and the Technical Information of Licensor (i) to manufacture, make, have made, and export the Licensed Compound either or both in the Territory or in the United States for use and sale in the Territory and (ii) to conduct or have conducted clinical trials either or both in the Territory or in the United States for the purpose of supporting development of the Licensed Products in the Territory. Notwithstanding the foregoing, Licensor agrees and covenants that it will not sell, or license or authorize any Affiliate or third party to sell, except as permitted herein or as Licensee may agree, the Licensed Compound or any product containing the Licensed Compound in the Territory.

Licensee may only sublicense any or all of the rights granted it under this Section above to any Affiliate, third party or third parties with the prior written notice to and consent of Licensor of such Affiliate or third party as a sub-licensee, such consent by Licensor to such written notice to be given timely and Licensor's consent not to be unreasonably withheld as follows. In the event that Licensee intends to grant any such sublicense hereunder, it shall provide written notice identifying the proposed sub-licensee and Licensor shall have thirty (30) days from receipt of such notice to approve such sub-licensee or reject such sub-licensee by written notice to Licensee specifying its reasonable good faith concerns related to such sub-licensee. If Licensor approves such sub-licensee or fails to so reject such sub-licensee within such thirty (30) day period, Licensee may grant a sublicense to such sub-licensee at any time during the following three (3) month period, without further consent from Licensor. In no event shall Licensee's grant of a sublicense to an Affiliate or third party alter Licensee's rights or obligations hereunder."

「本契約の諸条件に従うことを条件として，実施権許諾者は，実施権者に対して以下に規定するライセンスおよびその他の権利を許諾する：
　(a)　本契約の他の諸条件に従うことを条件として，実施権許諾者は，実施権者に対して，契約地域内において，実施権許諾者の許諾対象特許および技術的情報に基づき，契約対象製品を研究し，開発し，修正し，強化し，改善し，使用し，使用させ，販売に供し，輸入し，輸入させ，販売し，または販売させる独占的実施権を許諾する。
　(b)　本契約の他の諸条件に従うことを条件として，実施権許諾者は，実施権者に対して，実施権許諾者の許諾対象特許および技術的情報に基づき，(i) 契約地域内において使用および販売するために契約地域内またはアメリカ合衆国内の何れかまたはその両方において，契約対象化合物を製造し，製造させおよび輸出する，および (ii) 契約地域において契約対象製品の開発を支援する目的で契約地域内またはアメリカ合衆国内の何れかまたはその両方において臨床試験を行いまたは行わせる，非独占的実施権を許諾する。前記にかかわらず，実施権許諾者は，本契約において認められている場合および実施権者が合意する場合を除き，契約地域において，契約対象化合物または契約対象化合物を含有する如何なる製品も販売せず，また，関連会社または第三者が販売するための実施権や承認を与えないことに合意し且つ約束する。

第3章　実施権の許諾

　実施権者は，本項において許諾された権利の全部または一部について，関連会社または第三者に対して，実施権許諾者に事前に通知し且つ当該関連会社または第三者について再実施権者として実施権許諾者の同意を得た場合にのみ，再実施権を許諾することができる。当該通知に対する実施権許諾者の同意は適時与えられ，さらに当該実施権許諾者による同意は以下のとおり不合理には差し控えられない。実施権者が当該再実施権を許諾することを意図した場合，実施権者は，提案されている再実施権者を特定する文書通知を与え，実施権許諾者は，当該通知を受け取ってから30日以内に当該再実施権者に同意するかまたは当該再実施権者についての合理的な懸念を特定した文書を実施権者に与えて当該再実施権者を拒絶する。実施権許諾者が当該再実施権者に同意するかまたは当該30日の期間内に当該再実施権者を拒絶しなかった場合，実施権者は，実施権許諾者からのさらなる同意を得ることなく，それに続く3カ月の期間内に何時でも当該再実施権者に再実施権を許諾することができる。実施権者による関連会社または第三者への再実施権の許諾は，本契約の基での実施権者の権利または義務を何ら変更するものではない。」

　次の2つの例は，実施権が独占的に実施権者に許諾されている状況において，一定の場合にはその独占的実施権も非独占的に変更される可能性があることについての例である。ただ，第2番目の例文では，独占的な実施権の許諾に関する部分の条文については記載が省略されている。

(例)
"Licensor hereby grants to Licensee the exclusive rights and licenses under its Technical Information to use the Licensed Compound for preparing the Licensed Products in finished package forms and sell the Licensed Products in finished package forms in each country of the Territory; provided, however, that Licensor may review, at any time after five (5) years following the execution date hereof, whether the registration works and/or the sales of the Licensed Products by

第1節　許諾の形態・対象・期間・地域

Licensee in each country of the Territory are satisfactory to Licensor or not and, if not and in case that Licensee can not demonstrate to Licensor that it is exercising due diligence in its registration works and/or the sales of the Licensed Product in each country of the Territory, Licensor may change such exclusive rights and licenses to the non-exclusive ones at any time after the expiration date of said five (5) year period; and, provided, further, that Licensor has the right to change such exclusive rights and licenses granted to Licensee hereunder to the non-exclusive ones and to commercialize the Licensed Products in any country of the Territory through its affiliated company(ies) and/or licensee(s) at any time after expiration of five (5) years following the registration date of the Licensed Products in such country of the Territory."

「実施権許諾者は，その技術的情報に基づき，契約対象化合物を契約対象製品の最終包装形態に製造するために使用し，契約地域の各国において契約対象製品を最終包装形態で販売する独占的な権利および実施権を実施権者に許諾する。但し，実施権許諾者は，本契約締結から5年経過後においては何時でも，契約地域の各国における実施権者による契約対象製品の登録作業および／または販売が実施権許諾者にとって満足のいくものであるかどうかについて検討し，満足のいくものではなく且つ実施権者が契約地域の各国において登録作業および／または販売を誠実に実施していることを実施権許諾者に示さなかった場合，前記5年の期間の経過後においては何時でも独占的権利および実施権を非独占に変更することができる。さらに，実施権許諾者は，契約地域の何れの国においても，本契約において実施権者に許諾された当該独占的権利および実施権を非独占に変更して，当該国における契約対象製品の登録日から5年経過後何時でも契約対象製品をその関連会社および／または他の実施権者を通して事業化する権利を有する。」

　この例の条文においては，実施権許諾者は，契約地域の各国における実施

権者による契約対象製品の登録作業および／または販売が実施権許諾者にとって満足のいくものでない場合には，本契約締結から5年経過後においては何時でも独占的権利および実施権を非独占に変更することができることになっている。この規定においては，実施権者に対して説明する機会が与えられることはあるものの，独占的権利および実施権を非独占に変更するか否かについての最終的な決定権は，実施権許諾者にあることから，実施権者にとっては極めて不利な規定であるといえる。特に，5年という期間が設けられてはいるものの，登録作業がいかなる状況に達していれば，また，契約対象製品の販売高がどのレベルにあれば実施権許諾者は満足することになるかについて具体的な基準が記載されていないことから，実施権許諾者の恣意的な判断で物事が決められる可能性があることが最大の問題である。

　一般的に，実施権許諾契約の交渉においては，実施権許諾者が実施権者よりも有利な立場で交渉することができる。したがって，この例文のように，実施権者に極めて不利な条件でも実施権許諾者が強行に主張した場合には，実施権者は，これを受けざるを得ない場合もあるであろう。このように極めて不利な条件が提示され，その条件を受けざるを得ないような状況においては，その相手方の契約交渉担当者としては，その厳しい条件に対する複数のセーフガードを考えて，相手方に提案し，そのセーフガードが契約の中に盛り込まれるように最大限の努力をするべきである。この例のケースにおいては，登録作業に関しては，たとえば，5年の期間において達成すべき具体的な目標を設けることも，実施権許諾者の一方的かつ恣意的な判断を避けることができるという意味においては，1つのセーフガードとなるであろう。また，契約対象製品の販売についても，達成すべき具体的な販売高を明確にすることが考えられる。それ以外にもいろいろなセーフガードが考えられるが，そのようなセーフガードをいくつも考えて，次々に相手方に提案し，契約の中にそのセーフガードを盛り込んでいくことが契約担当者に求められる能力のひとつであり，また，契約担当者の手腕でもあるともいえる。

（例）

"Licensor shall have the right to make the license hereby granted to Licensee non-exclusive if Licensee has not obtained the registration required in the Territory for the sale of the Licensed Product within five (5) years after the date of this Agreement, provided, however, in the event that Licensee, if it desires to retain its exclusivity, shall present evidence to Licensor within sixty (60) days after receiving notice of Licensor's intention in this respect, that it is using its best efforts to be able to obtain registration of the Licensed Product in the Territory, Licensor shall then have the sole option to convert said license to a non-exclusive license or not."

「実施権許諾者は，実施権者が本契約の日から5年以内に契約対象製品の販売のために契約地域において必要とされる登録を取得しなかった場合，実施権者に許諾された実施権を非独占にする権利を有する。但し，もし，実施権者がその独占性の維持を希望し，本件に関する実施権許諾者からの通知を受け取ってから60日以内に，実施権許諾者に対して，契約地域において契約対象製品の登録取得のために最善を尽くしていることを示す証拠を提示した場合，実施権許諾者は，前記実施権を非独占に変更するか否かについて専属的な選択権を有する。」

　次の文例は，許諾された実施権の内容について説明するものであり，実施権者が代理人等を通して契約対象製品を販売する場合には，事前に当該代理人を指名する前に，実施権者がその代理人等の名前等を特定することを要求しているが，実施権許諾者の同意は必要とされていない。

（例）

"The license granted to Licensee hereunder shall be personal between the parties hereto with the exception that Licensee sells the Licensed Products through a person, firm or company who regularly acts as an agent for or in place of Licensee by authority from Licensee, provided, however, that Licensee shall in such event identify in writing such agent（s）to Licensor before appointment thereof."

「本契約において実施権者に許諾された実施権は，実施権者からの承認により実施権者の代理人としてまたは実施権者に代わって通常活動している個人または会社を通して実施権者が契約対象製品を販売する場合を除き，本契約の当事者間で個人的なものである。但し，その場合においては，実施権者は，その指名をする前に実施権許諾者に対して当該代理人を文書で特定する。」

第4章　対価の支払い

　実施権者は，実施権許諾契約において一定の実施権を許諾されると，その実施権の許諾の代償またはその実施権の行使の代償として一定の対価を実施権許諾者に支払うことが必要となる。このような対価としては，一定の決められた金額を一時にあるいは分割して支払う一時金（前払い金やマイルストーンに基づく支払い）と，契約対象製品等の販売高あるいは契約対象技術の使用回数等に従って支払うロイヤルティ（ランニング・ロイヤルティ）の2種類が存在する。この対価の支払いについての共通の問題としては，その支払い金額，支払い時期，支払い方法，支払い通貨，現地通貨から支払い通貨への変換時の適用交換レート，税金控除の有無等が存在する。また，ロイヤルティに関連しては，ロイヤルティ率，計算方法，支払い方法および期間，ミニマムロイヤルティ，最恵条項，途中減額の有無，ロイヤルティ報告書の記載事項，実施権許諾者による実施権者の帳簿検査権等の問題がある。本章においては，この対価の支払いの問題について説明する。

第1節　対価計算の対象・対価の支払い期間等

　実施権許諾者は，実施権者への実施権の許諾の代償として実施権者から対価を得ることになる。対価は，一時金やロイヤルティとして支払われる。一時金の支払いに関しては，支払い金額，支払い通貨，支払い時期，支払い先（銀行口座等）等が明らかにされる必要がある。また，ロイヤルティ支払いのためには，まずロイヤルティの計算が必要である。ロイヤルティの計算では，何をベースに計算するかが問題であるが，契約対象製品の売上高や生産高を対象に一定の率（ロイヤルティ率）を掛けて計算するのが一般的である。しかし，これ以外の方法で計算することももちろん可能である。さらに，ロイヤルティの支払いにおいては，支払い通貨，ローカル通貨から支払

第4章 対価の支払い

い通貨への変換方法，支払い時期，支払い期間，支払い先が問題となる。以下に一時金およびロイヤルティの支払いに関する例文のいくつかを示す。

(例)

"In consideration of all rights and licenses granted to Licensee under this Agreement :

1. Licensee shall pay to Licensor the front money as follows :
   i) the sum of three million United States dollars (US$ 3,000,000) within sixty (60) days after the effective day of this Agreement, and
   ii) the sum of ten million United States dollars (US$ 10,000,000) within sixty (60) days after the first launch day of the Licensed Product in the Territory.

The front money paid by Licensee hereunder shall not be creditable nor refundable.

2. Licensee shall pay to Licensor a royalty at the rate of eight percent (8%) of the Net Sales of the Licensed Product in each country of the Territory until expiration of the last-to-expire Licensed Patent in that country of the Territory or for a period of twelve (12) years following the first commercial sales by Licensee or its Affiliate of the Licensed Product in that country of the Territory, whichever is longer."

「本契約の下で実施権者に許諾された全て権利およびライセンスの対価として；

1. 実施権者は，実施権許諾者に前払い金を以下の通り支払う
   i) 本契約の発効日の後60日以内に3百万米ドル：および
   ii) 契約地域での契約対象製品の最初の販売日から60日以内に1千万米ドル。

本契約の下で実施権者によって支払われた前払い金は，相殺されることも返

還されることもない。

2．実施権者は，実施権許諾者に対して，契約地域の各国において，契約対象製品の正味販売高の8％のロイヤルティを，当該国での最長許諾対象特許の満了日まで，または当該国での契約対象製品の実施権者またはその関係会社による最初の販売から12年間の何れか長い期間，それぞれ支払う。」

　この例は，実施権が特許および技術的情報の両方に対して許諾され，また契約地域の中には許諾対象特許の存在する国と存在しない国が混ざっている実施権許諾契約の中での対価支払いの例である。したがって，契約地域の中で許諾対象特許の存在する国では，最長許諾対象特許の満了日まで，または当該国で実施権者またはその関係会社が契約対象製品を最初に販売した日から12年の期間が満了する日までのいずれか長い期間，また許諾対象特許の存在しない国では，その国での契約対象製品の販売開始から12年間，それぞれロイヤルティを支払うことになっている。実施権が特許および技術的情報の両方に対して許諾される場合において，このように契約地域の中に許諾対象特許の存在する国とそうでない国とがある場合，許諾対象特許の存在しない国においてもあたかも許諾対象特許が存在するかのごとくロイヤルティを支払うことは特にめずらしいことではない。

　この例では，実施権者は，許諾対象特許の存在または不存在に関係なく最低12年間のロイヤルティ支払義務があるが，この期間が何年であるかについては，特に原則的なものはなく，両当事者の合意により決められることである。また，ロイヤルティ率も，何パーセントが妥当であるといった基準的なものが特にある訳ではなく，契約対象製品の製品力，許諾対象特許の強さ，許諾対象製品について製造販売承認や製品登録を取得するために実施権者が要する開発費の大きさ，許諾された実施権が独占的であるかまたは非独占的であるか等を考慮して，両当事者の話し合いにより決められるものである。

第 4 章　対価の支払い

(例)

"In consideration of the licenses granted to Licensee by Licensor hereunder, Licensee shall pay to Licensor or its nominee in such manner provided hereinafter on a country by country basis of the Territory the royalty at the following rate of the Net Sales of the Licensed Product sold by Licensee and its Affiliates:

i) until the expiration of the last-to-expire Licensed Patent in any given country of the Territory or for a period eight (8) years after the first commercial sales by Licensee or its Affiliate of the Licensed Product in such given country of the Territory, whichever is longer, (a) five percent (5%) in such country(ies) where Licensee or its Affiliate is marketing the Licensed Product on an exclusive basis, and (b) three percent (3%) in such country(ies) where Licensee or its Affiliate is marketing the Licensed Product in parallel with an Affiliate of Licensor or a third party licensee of Licensor, and

ii) thereafter as long as Licensee or its Affiliate continues the marketing of the Licensed Product, two percent (2%)."

「本契約の下で実施権許諾者によって実施権者に許諾された実施権の対価として，実施権者は，実施権許諾者またはその指定人に対して，以下に規定される方法に従って，契約地域の国ごとに，実施権者およびその関係会社によって販売された契約対象製品の正味販売高に対し，次の率のロイヤルティを支払う：

i) 契約地域の特定の国における最長許諾対象特許の満了日まで，または当該国で実施権者またはその関係会社による契約対象製品の販売開始の日か 8 年間の何れか長い期間について，(a) 実施権者またはその関係会社がその国で独占的に契約対象製品を販売している場合には 5 ％，また (b) 実施権者またはその関連会社がその国で実施権許諾者または実施権許諾者の関係会社もしくは他の実施権者と並行して契

約対象製品を販売している場合には3％；および
ii) その後は，実施権者またはその関係会社が契約対象製品を販売し続ける限り，2％。」

　これは，実施権許諾契約の中で，実施権許諾者が契約地域において契約対象製品を販売する権利を留保し，さらに，特許および技術的情報の両方について実施権が許諾されている場合の例である。

　許諾された特許の満了後においてもロイヤルティ支払義務を課すことは，正当な特許権の行使の範囲を逸脱しているとして一般的に独占禁止法の違反となるが（ただし，実施料の分割払いまたは延払いと認められるような範囲内で特許権の消滅後においてもロイヤルティの支払義務が継続する旨明記されている場合はこの限りでない）。この例の実施権許諾契約においては，実施権が実施権許諾者の特許および技術的情報の両方に対して許諾されており，したがって，対価は，許諾された特許および技術的情報の両方に対して支払われることになり，許諾対象特許が満了した後において，特許存続期間中より実質的に低率のロイヤルティの支払いを求めることは，当該低率のロイヤルティが支払われている期間については，技術的情報に対するロイヤルティの支払いと見なすこともできるので，独占禁止法上も特に問題とはならない。また，この例においては，契約地域のある国の最長許諾対象特許の満了日が，その国での契約対象製品の販売開始日から8年の期間の満了日よりも早く到来する場合には，最長許諾対象特許の満了日の後，すなわち特許が存在しなくなった後においても，特許の存続期間中と同じ率のロイヤルティを支払うことになる。したがって，厳密な意味ではこのような規定は，独占禁止法上の問題を含んでいることになると思われるが，一般的によく見かける規定であり，独占禁止法上も特に問題とはされていないようである。

（例）

第4章 対価の支払い

"During the term of this Agreement, Licensee shall pay to Licensor a royalty in accordance with the following on the Net Sales of the Licensed Product in each country of the Territory:

(i) until expiration day of the last-to-expire Licensed Patent in each country of the Territory, eight percent (8%), provided, however, in the event that the expiration date of the last-to-expire Licensed Patent in any country of the Territory is earlier than the expiration date of twelve (12) years after the first launching date of the Licensed Product in such country of the Territory, the royalty rate applicable up until the expiration date of said twelve (12) year period after the expiration date of said last-to-expire Licensed Patent in such country of the Territory shall be decreased to five percent (5%) and, in case of the country (ies) where Licensor has no Licensed Patent, until the expiration date of said twelve (12) years following the date of the first commercial sales of the Licensed Product, five percent (5%) shall be applicable to such country(ies);

(ii) thereafter until expiration date of fourteen (14) years following the date of the first commercial sales of the Licensed Product in each country of the Territory, three percent (3%); and

(iii) thereafter and for as long as Licensee or its Affiliate continues the marketing of the Licensed Product in any country of the Territory, one percent (1%), provided, however, that if and for as long as Licensee or its Affiliate purchases the Licensed Compound from Licensor or any third party nominated by Licensor, Licensee is not required to pay said one percent (1%) royalty."

「本契約の期間中，実施権者は，実施権許諾者に対して契約地域の各国での契約対象製品の正味販売高について下記に従ったロイヤルティを支払う：

(i) 契約地域の各国において最長許諾対象特許の満了日までは，8％；但

し，契約地域のある国における最長許諾対象特許の満了日が，契約地域のその国での契約対象製品の販売開始の日から12年の期間の満了日より早く到来する場合，当該国での最長許諾対象特許の満了日から前記12年の期間の満了日までの期間に適用されるロイヤルティ率は，5％に減額される。また，実施権許諾者が，許諾対象特許を有しない国においては，5％のロイヤルティが契約対象製品の販売開始日から12年間適用される；

(ii) その後，契約地域の各国において，契約対象製品の販売開始日から14年の期間の満了日までは，3％；および

(iii) その後，契約地域の各国において，実施権者またはその関係会社が契約対象製品を販売し続ける限り，1％；但し，実施権者またはその関係会社が実施権許諾者またはその指定する第三者から契約対象化合物を購入し続ける限り，実施権者は前記1％のロイヤルティの支払いを要しない。」

この例文の実施権許諾契約においても，実施権が実施権許諾者の特許および技術的情報の両方に対して許諾されている。しかし，契約地域のある国の最長許諾対象特許の満了日が，その国での契約対象製品の販売開始日から12年の期間の満了日よりも早く到来する場合には，最長許諾対象特許の満了日の後，すなわち特許が存在しなくなった後においては，特許の存在期間中より低率のロイヤルティを支払うことになっている。したがって，この例では，独占禁止法上も全く問題がないことになる。また，この例の実施権許諾契約においては，実施権者は，グラント条項で実施権許諾者から契約対象化合物から契約対象製品を製造する権利の許諾を受けているが，契約対象化合物そのものを製造する権利は許諾されていない。したがって，許諾対象特許が満了した後は，実施権者が契約対象化合物を製造することは特許法上もちろん可能である。そこで，実施権者が契約対象化合物を実施権許諾者または実施権許諾者の指定する第三者から購入する限り，実施権者は，販売開始の

第4章 対価の支払い

日から14年の経過後は，ロイヤルティの支払いを要しないが，契約対象化合物を実施権許諾者または実施権許諾者の指定する第三者から購入しない場合には，実施権者は，1％のロイヤルティを契約対象製品の販売をし続ける限り支払うというものである。この1％は，許諾された技術的情報に対する対価である。もちろん，この例での12年とか14年という期間は，残存特許期間との兼ね合いで両当事者の合意により決まるものであり，何年の期間が適当であると特に決まったものはない。また，ロイヤルティ率についても同様である。

(例)

"In consideration of the license granted by Licensor to Licensee hereunder, Licensee shall upon an issuance of the letters patent to the patent application listed in the Schedule pay to Licensor a royalty of one percent (1%) of the Net Sales of the Product.

Such royalty shall be payable for any quantities of the Product, (i) manufacture, use or sale of which is made during a period commencing from first day of the calendar year 200X and ending on the termination date of this Agreement, (ii) sale of which is made after the termination date of this Agreement but manufacture of which is made before the termination date of this Agreement, or (iii) sale of which is made after the termination date of this Agreement but manufacture of which is made after the termination date of this Agreement from the Compound manufacture or use of which is made before the termination date of this Agreement."

「本契約の下で実施権許諾者から実施権者に許諾された実施権の対価として，実施権者は，スケジュールに記載された特許出願について特許が成立した場合，契約対象製品の正味販売高の1％のロイヤルティを実施権許諾者に

支払う。

　当該ロイヤルティは，(i) 200X年の年初から本契約の終了日までの期間内に製造，使用または販売が行われる契約対象製品の数量，(ii) 本契約の終了前に製造され，本契約の終了後に販売された契約対象製品の数量，または (iii) 本契約終了前に製造または使用された契約対象化合物から本契約終了後に製造され，本契約終了後に販売された契約対象製品の数量，に対して支払われる。」

　この例は，許諾対象となっている特許出願はいまだ特許として成立してはいないが，特許として成立した場合には，当該特許の有効期間中，当該特許について実施権が実施権者に許諾される場合についての例である。したがって，当該特許の満了日が契約期間の終了日となる。実施権者は，当該特許の有効期間中にその製造，使用または販売が行われた契約対象製品はもちろんのこと，当該特許の満了日（契約期間の終了日）以前にその製造または使用が行われ，当該特許の満了日（契約期間の終了日）以降に販売された契約対象製品，さらには，当該特許の満了日（契約期間の終了日）以前にその製造または使用が行われた契約対象化合物から当該特許の満了日（契約期間の終了日）以降に契約対象製品に製造され，当該特許の満了日（契約期間の終了日）以降に販売された契約対象製品についてロイヤルティの支払い義務があることを規定している。すなわち，契約対象化合物の製造または使用が許諾対象特許の存続期間内に行われている場合，当該契約対象化合物から製造された契約対象製品の使用または販売が許諾対象特許の満了後に行われたとしても，当該契約対象製品については，ロイヤルティ支払いの対象となるということを規定するものである。

第2節　ロイヤルティの減額

　実施権許諾契約の有効期間中に，許諾された実施権の内容を実施権者が充

分に享受できないような事態が発生することがある。そのような事態が発生した場合，ロイヤルティ率の減額ができるように，契約書の中であらかじめ規定しておくことが実施権者の立場からは大変望ましいことである。実施権の内容を充分に享受できないような事態としては，契約締結時点で許諾対象特許が特許出願の状態であり，その特許出願が最終的に特許権として成立せず，その結果，実施権を有しない第三者が契約対象製品と同一製品を販売するようになった場合，実施権許諾者または実施権者が強制実施権を第三者に許諾せざるを得なくなり，その結果，強制実施権を受けた第三者が契約対象製品と同一製品を販売するようになった場合，許諾された実施権の内容を実施するには，第三者が所有する別の特許権について実施権を取得する必要が生じ，当該第三者へのロイヤルティの支払いが必要となり，その結果，実施権者が契約対象製品の販売によって充分な収益をあげることができなくなった場合等が挙げられる。このような場合のロイヤルティ減額の規定の例を以下に示す。

(例)
"In the event that the Licensed Patent in any country of the Territory does not mature into the letters patent before termination of this Agreement, then the rate of the royalty applicable to such country shall be reduced by fifty percent (50%) effective from the date on which such Licensed Patent has been held unpatentable by a court of competent jurisdiction of such country from which no appeal is or can be taken, as the case may be."

「契約地域のある国で許諾対象特許が本契約の終了前に特許権として成立しなかった場合，当該国において適用されるロイヤルティ率は，それ以上の控訴がなされないかまたはできないような，正当な管轄権を持った当該国の裁判所によって許諾対象特許が特許性なしとの判断が下された日から50％減額される。」

第2節　ロイヤルティの減額

　この例の「それ以上の控訴がなされないかまたはできないような正当な管轄権を持った当該国の裁判所によって許諾対象特許が特許性なしと判断された」とは，当該国で特許性について争った場合に，それ以上裁判等によって争う道がなくなって，または実施権許諾者がそれ以上争うことをしなかったため，出願中の許諾対象特許の拒絶査定が確定してしまうことを指している。たとえば，日本においては，特許庁による特許出願の拒絶査定審判に対しては，東京高等裁判所さらには最高裁に対して不服の申し立てができるが，これらの手続を尽くしたにもかかわらず特許出願が拒絶されてしまうか，または出願人がこれらの手続の途中で不服の申し立てを諦めた結果，当該特許出願の拒絶査定が確定してしまうような場合を指す。

　この例では，契約期間中に出願中の許諾対象特許が成立しなかった場合についてであるが，契約期間中に許諾対象特許が満了した場合あるいは無効となった場合にも同様にロイヤルティの減額があってしかるべきである。本章の前節で許諾対象特許が契約期間中に満了した場合にロイヤルティが減額となる場合の例を記したが，許諾対象特許が契約期間中に満了した場合のロイヤルティ減額に関する規定がない場合には，下記の例のような文章を挿入することもできる。

(例)
"In the event that the Licensed Patent in any country of the Territory expires (or does not mature into the letters patent) before the termination of this Agreement, the rate of royalty applicable to such country shall be reduced by forty percent (40%) from such expiration date of such Licensed Patent (or from the date on which such Licensed Patent has been held unpatentable by a court of competent jurisdiction from which no appeal is or can be taken, as the case may be.)"

「契約地域のある国で許諾対象特許が本契約の終了前に満了した場合（ま

61

第4章 対価の支払い

たは特許として成立しなかった場合），当該国に適用されるロイヤルティ率は，当該許諾対象特許の満了日（またはそれ以上の控訴がなされないかまたはできないような正当な管轄権を持った当該国の裁判所によって許諾対象特許が特許性なしとの判断が下された日）から40％減額される。」

　契約期間中の許諾対象特許の満了または特許不成立の場合に，どの程度のロイヤルティの減額をするかは，両当事者の合意により決められることである。

（例）
"In the event that Licensor grants to a third party a compulsory license in any country of the Territory and the market share of the Licensed Product by such third party in such country in any calendar quarter exceeds twenty percent (20％) of the aggregate sales of the Licensed Product, the rate of the royalty applicable to such country shall be reduced to one third (1/3) of the royalty rate then prevailing for such calendar quarter"

「実施権許諾者が契約地域のある国で第三者に強制実施権を許諾し，且つ当該国である暦四半期にかかる第三者による契約対象製品のマーケットシェアが契約対象製品の総販売高の20％を越した場合，当該国で当該暦四半期に適用されるロイヤルティ率は，その時点で適用されているロイヤルティ率の1/3に減額される」

　この例では，(i) 契約地域の特定の国で第三者に強制実施権が許諾されたこと，および (ii) 特定の暦四半期の当該国での強制実施権者のマーケットシェアが契約対象製品の総販売高の20％を越えたことの２点がロイヤルティ減額の条件となっているが，強制実施権を受けた者のマーケットシェアに関係なく，強制実施権が与えられた時点で直ちにロイヤルティの減額がなされ

るようにすることも考えられる。しかし，強制実施権が与えられても，強制実施権者による販売活動が極めて弱く実施権者に対してほとんど影響しないことも考えられるので，この例のようにマーケットシェアを考慮に入れたロイヤルティ減額規定とする方がより合理的であろう。強制実施権者のマーケットシェアが何パーセント以上になった時に何パーセントのロイヤルティ減額をするかは，もちろん両当事者の合意により決まることである。

　この例においては，強制実施権が与えられた場合におけるロイヤルティ率がこの実施権許諾契約において実施権者に与えられたロイヤルティ率よりも低率である場合には，当該低い率のロイヤルティがこの実施権許諾契約における実施権者にも直ちに適用となる旨の規定（最恵条項）を盛り込むことを考える必要がある。最恵条項については，本章の第4節を参照していただきたい。

(例)
"In the event that an exercise by Licensee of the rights and licenses granted hereunder in any country of the Territory would constitute an infringement of any patent right of third party, either party shall, as soon as it becomes aware of the same, notify the other party thereof, giving in such notice full detail known to it of the patent right of such third party and extent of any alleged infringement. The parties shall then discuss the situation and, if and to the extent necessary to permit Licensee to practice the right granted hereunder, shall use their reasonable efforts to obtain an appropriate license from such third party. The parties shall, in negotiating such license with such third party, make every efforts to minimize the royalties payable thereunder and, if such license requires Licensee to pay royalties to such third party, the royalty payable to Licensor in such country under this Agreement shall be reduced by an amount equal to those which Licensee is required to pay to such third party. However, the amount to be so

reduced shall in no event exceed fifty percent (50%) of the royalties otherwise due and payable to Licensor in such country under this Agreement."

「本契約の下で許諾された権利および実施権の契約地域のある国での実施権者による実施が第三者により所有されている特許権の侵害となる場合，そのことを知るに至った当事者は直ちに相手方当事者にこれを通知する。かかる通知には，かかる第三者の特許権について知っていることの詳細および侵害の程度を記載する。その後，両当事者は，かかる状況について協議し，かつ本契約において許諾された権利の実施権者による実施のために必要であればその範囲において，当該第三者から適切な実施権を得るために合理的な範囲での努力をする。両当事者は，当該実施権についての当該第三者との交渉において，支払うべきロイヤルティの額を最小限にすべくあらゆる努力をする。実施権者が当該実施権について万一当該第三者にロイヤルティの支払いを要することになった場合，本契約において実施権許諾者に契約地域で支払われるロイヤルティから，実施権者が当該第三者に対して支払いを要する額と同額が減額される。しかし，その減額の幅は，本契約において実施権許諾者に当該国で支払われるロイヤルティ額の50％をいかなる場合においても越えない。」

　この例は，実施権許諾契約において許諾された権利を実施権者が実施しようとすれば第三者の特許権の侵害となる場合である。かかる第三者の特許が存在する場合，当該第三者から必要な実施権が得られないと，せっかく実施権許諾者から許諾された権利が実施できないことにもなるので，実施権者としては，実施権許諾契約の締結前に充分な特許調査を行うことが必要である。万一事前の特許調査では，このような第三者特許の存在が明らかにならない場合のことを想定して，この例のような規定を入れておくこともまた重要なことである。また，かかる第三者から実施権を取得する代償としてどの程度のロイヤルティの支払いを要することになるのかあらかじめ予測するこ

第2節 ロイヤルティの減額

とはできないので，実施権許諾者としては，当該第三者に支払うこととなるロイヤルティは，実施権者が実施権許諾者に支払うロイヤルティの一定割合以上にならない旨の規定を入れておくようにすべきである。

(例)

"In the event that the market share of the Licensed Product by an unlicensed third party in any country of the Territory in any calendar quarter exceeds fifteen percent (15%) of the total sales of the Licensed Product (including sales by Licensee), the rate of the royalties payable to Licensor in such country in such calendar quarter shall be reduced by two percent (2%)."

「契約地域のある国である暦四半期に実施権を受けていない第三者による契約対象製品のマーケットシェアが，全契約対象製品の総売上高（実施権者の契約対象製品の売上を含む）の15％を越えた場合，当該国での当該暦四半期において実施権許諾者に支払われるロイヤルティ率は，2％減額される。」

この例で特徴的なことは，この規定の適用には，契約地域の当該国で許諾対象特許が存在するか否かは問題にならないことである。したがって，当該国で許諾対象特許が存在しない場合はもちろんのこと，許諾対象特許が存在する場合でも，この規定は適用されることになる。許諾対象特許が存在する場合には，その許諾対象となっている特許権の行使によって実施権を受けていない第三者の行為を完全に排除することができれば，実施権を受けていない第三者の活動はなくなるので，もちろんロイヤルティが減額されることはない。

しかし，たとえば，許諾対象特許が方法特許である場合には，仮に許諾対象特許が存在しても，その権利行使により必ずしもかかる第三者の行為を排除できるとは限らないし，また許諾対象特許の権利行使によりかかる第三者

の行為を排除するまでにかなりの時間を要する場合もあるので，このような規定が存在することになる。許諾対象特許が当該国に存在する場合，実施権許諾者が当該第三者に対して許諾対象特許の権利行使によりかかる第三者の行為の排除をしない場合においてのみ，ロイヤルティ減額の規定の適用があるとすることもできる。また，前述のように，許諾対象特許が満了した国または初めから許諾対象特許が存在しない国においてのみ，ロイヤルティ減額規定を適用させることもできる。以下にこれらの例を示す。

(例)

"In the event that (i) any third party(ies) should start marketing of any product which falls within the definition of the Licensed Product in any country of the Territory and (ii) the market share of such product by such third party(ies) in such country exceeds fifteen percent (15%) of the total sales of the Licensed Product (including sales by such third party(ies)) but Licensor should not take actual legal action based on the Licensed Patent in such country against said third party(ies), then the parties shall discuss and determine the possible reduction of the royalty rate taking into account the potential damage to Licensee deriving from such marketing activities of such third party(ies). The royalty so reduced shall be payable for as long as such situation continues."

「(i) 第三者が契約地域のある国で契約対象製品の定義に当てはまる製品の販売を開始し，且つ (ii) 当該国での当該第三者によるかかる製品のマーケットシェアが契約対象製品の総売上高（当該第三者の売上高を含む）の15％を越え且つ実施権許諾者が当該第三者に対して許諾対象特許に基づき当該国で何らの法的手段を採らない場合，両当事者は，当該第三者のかかる販売活動による実施権者の潜在的損害を考慮してロイヤルティの減額の可能性について協議決定する。そのように減額されたロイヤルティは，かかる状況が継続する限り支払われる。」

この例では，実施権許諾者が契約対象製品と同じ製品を販売している第三者に対して法的手段を採れば，ロイヤルティの減額は行われないことになる。しかし，実施権許諾者が当該第三者に法的手段を採っても，当該第三者の行為を直ちに排除することはできないことが多い。たとえば，日本においては，実施権許諾者が侵害者に対して製造・販売等の差止めを求める仮処分の申立てを裁判所にしても，裁判所によってその申立てに対して決定がなされるまでに1年ないし2年を要することも何らめずらしいことではない。しかし，その間にも侵害者は，契約対象製品と同じ製品の販売を続けており，実施権者は，それによって実際に損害を被ることになる。したがって，実施権者の立場からは，単に実施権許諾者が当該第三者に法的手段を採れば，何らロイヤルティの減額は行われないというのでは十分とは言えないであろう。

(例)
"In the event that the total quantities of the Licensed Product sold by any third party exceed ten percent (10%) of the total quantities of the Licensed Product sold by Licensee or its Affiliates or its sub-licensee in any calendar year in any country of the Territory where Licensor has no Licensed Patent or where all the Licensed Patents have expired, the royalty rate shall be reduced by one percent (1%) in such calendar year in such country."

「第三者によって販売された契約対象製品の総量が，ある暦年に，実施権許諾者が許諾対象特許を有しない国または全ての許諾対象特許が満了した国で，実施権者またはその関係会社もしくはその再実施権者が販売した契約対象製品の総量の10%を越えた場合，ロイヤルティ率は，当該国の当該暦年において1％減額される。」

許諾対象特許が契約対象化合物および／または契約対象製品自体をカバー

する物質特許であり、かつすでに特許として成立していれば、そのような許諾対象特許が存在する国において当該許諾対象特許について実施権を許諾されていない第三者が契約対象製品を販売するということは実際には考えにくいし、また仮にそのような第三者が出現しても許諾対象特許の権利を当該第三者に対して行使することにより容易に排除できると考えるので、この例の規定で特に問題はないと考えられる。しかし、許諾対象特許が契約対象化合物および／または契約対象製品を製造する方法に関するものである場合には、許諾対象特許の存続期間中であっても契約対象製品を販売する第三者が出現することは十分に考えられる。したがって、そのような場合においては、許諾対象特許が存在する場合には適用されないようなこの例の規定は、実施権者の立場からは、不十分であると言わざるを得ない。

(例)

"In the event that after expiration of twelve (12) years following the first commercial sale by Licensee of the Licensed Product in any country of the Territory or after expiration of all the Licensed Patents in such country, whichever occurs later, the sales quantity of the Licensed Product by any unlicensed third party(ies) in said country during any calendar year amounts more than thirty percent (30%) in terms of units of the Licensed Product, determined on a gram basis, sold in such country (including sales by Licensee) during said calendar year, the royalty shall be reduced by forty percent (40%) in said country in such calendar year. However, said sales of the Licensed Product by any unlicensed third party(ies) exceeds forty percent (40%) in terms of the units of the Licensed Product, determined on the same basis mentioned above, the royalty shall be reduced by fifty percent (50%). The amount of thirty percent (30%) and forty percent (40%) shall be determined on the basis of the IMS statistical data available."

第 2 節　ロイヤルティの減額

「契約地域のある国で実施権者が契約対象製品を最初に販売してから12年の経過後，または当該国で全ての許諾対象特許が満了後，の何れか遅い方，当該国である暦年に実施権許諾を受けていない第三者による契約対象製品の販売数量が，当該暦年に当該国において販売（実施権者による販売分を含む）された契約対象製品の数量，グラム数をベースに計算される，の30％以上に達した場合，ロイヤルティは，当該暦年に当該国において40％減額される。しかし，実施権の許諾を受けていない第三者による契約対象製品の前記販売が，前記と同様に計算して決められる契約対象製品の数量の40％を越える場合，ロイヤルティは，50％減額される。30％および40％の数量は，入手可能なIMS社の統計データを基に計算される。」

　この例の規定では，契約対象製品の最初の販売から12年間または許諾対象特許の存続期間中については，この例において記載されているような実施権の許諾を受けていない第三者による契約対象製品の販売があっても，ロイヤルティは減額されないことになる。しかし，すでに述べたように当該期間中にこのような事態が起きないという保証は何もないので，この点に十分留意してドラフティングすべきである。

　また，この例の規定が実際に適用開始になる時期は，たとえば，契約地域の特定の国で実施権者が契約対象製品を最初に販売してから12年が経過した日または当該国ですべての許諾対象特許が満了した日のいずれか遅い方の日が，たとえば，2007年5月15日であるとすると，2007年には適用されず，その翌暦年である2008年からということになる。

　本節における上記の例は，実施権許諾契約の有効期間中に，許諾された実施権の内容を実施権者が充分に享受できないような事態，たとえば，（1）契約締結時点で許諾対象特許が特許出願の状態であり，その特許出願が最終的に特許権として成立せず，その結果，実施権を有しない第三者が契約対象

製品と同一製品を販売するようになった場合，（2）実施権許諾者が強制実施権を第三者に許諾せざるを得なくなり，その結果，強制実施権を受けた第三者が契約対象製品と同一製品を販売するようになった場合，（3）許諾された実施権の内容を実施するには，第三者が所有する別の特許権について実施権を取得する必要が生じ，当該第三者へのロイヤルティの支払いが必要となり，その結果，実施権者が契約対象製品の販売によって充分な収益をあげることができなくなった場合，等におけるロイヤルティ率の減額についての説明である。これらは，実施権許諾者および実施権者の意思とは無関係に発生することであるといえる。

　しかし，それ以外に，実施権許諾契約において，基本的には実施権の許諾は独占的であるが，一定期間の経過後に様々な理由によって非独占的実施権に変更される場合もある。そのような事態が発生した場合においては，常にロイヤルティ率の減額を行われるとは限らないが，実施権者としては，ロイヤルティ率の減額の可能性を常に考慮しておくべきである。そのような例としては，実施権許諾契約の締結からまたは実施権者による契約対象製品の販売開始から一定期間の経過後に実施権許諾者も契約地域内において実施権者と並行して契約対象製品の販売ができるとする場合，ミニマムロイヤルティの達成ができなかったことにより独占的実施権が非独占的実施権に変更される場合等が考えられる。

第3節　ミニマムロイヤルティ

　許諾された実施権が独占的である場合には，実施権許諾者は，一定の期間内に最低限でも一定額のロイヤルティ収入を確保する観点から，ミニマムロイヤルティの支払い義務を実施権者に課すことがある。許諾された実施権が，非独占的である場合は，実施権許諾者は，複数の実施権者からロイヤルティ収入を得ることになるが，一定の期間内に最低限でも一定額のロイヤルティ収入を確保するという観点からは，やはり実施権者にミニマムロイヤル

第 3 節　ミニマムロイヤルティ

ティを課す必要がある。しかし，許諾された実施権が非独占的である場合に，ミニマムロイヤルティを課すことは，独占禁止法上も問題とされる可能性があるので，実際にミニマムロイヤルティを課しているケースは稀なようである。以下にミニマムロイヤルティに関する規定のいくつかの例を示す。

(例)

"In the event that the total amount of the royalty paid by Licensee to Licensor hereunder in any country of the Territory for any full calendar year following the third anniversary of the first commercial sales by Licensee or its Affiliate of the Licensed Product in that country of the Territory does not exceed a sum of ten million yen (￥10,000,000), Licensor shall have the right to convert the exclusive license granted to Licensee hereunder to non-exclusive license in that country, unless Licensee pays to Licensor the balance thereof on or before Licensee remits to Licensor the last quarterly royalty payment for said calendar year. In the event that the exclusive license is converted to the non-exclusive license as aforesaid, the minimum royalty obligations imposed upon Licensee in this clause shall no longer be applicable thereafter to that country."

「契約地域のある国での実施権者またはその関係会社による契約対象製品の販売開始日の 3 周年記念日の後のある暦年において，本契約の下で実施権許諾者に対して実施権者によって当該国において支払われたロイヤルティの総額が 1 千万円に達しない場合，実施権許諾者は，実施権者が当該暦年の最後の暦四半期に対するロイヤルティ送金と同時にまたはそれ以前にその差額を実施権許諾者に支払わない限り，本契約において実施権者に許諾された当該国での独占的実施権を非独占的実施権に変更することができる。独占的実施権が前述の如く非独占的実施権に変更された場合，本項で実施権者に課されたミニマムロイヤルティの義務は，その後当該国については適用されない。」

この例では，ミニマムロイヤルティが契約地域の国ごとに実施権者に課されているが，実際には，契約対象製品に対する契約地域の各国での市場性の違いから，契約地域の各国で一律に一定額のミニマムロイヤルティを決めることは一般的に困難である。したがって，実際には，契約地域全体に対してまたは契約地域の重要な特定の国に対してのみミニマムロイヤルティの義務を課すことが多い。また，どの程度のミニマムロイヤルティ額を設定するのが適当であるかは，契約対象製品の商品力，契約対象製品の契約地域での市場性，実施権許諾者の希望する額等をもとに両当事者の話し合いによって決められるものであり，これに対する一般的基準あるいは原則となるようなものはない。

ミニマムロイヤルティが達成できなかった場合に，独占的実施権を非独占的実施権に変更することにより，既存の実施権者に加えて，第2，第3の実施権者を設けることはもちろん可能である。しかし，医薬品の場合は，その第2，第3の実施権者が実際に実施権を実施権許諾者から取得し，当該医薬品について製造販売承認を取得するまでにかなりの時間を要するし，さらにそのような製造販売承認を新しい実施権者が取得する際に，従来の実施権者が集積した当該医薬品についての各種のデータをかかる第2，第3の実施権者が当該実施権許諾契約下で使用できることになっているのか否かの問題もある。したがって，このように独占的実施権を非独占的実施権に変更する規定を置く場合，上記のことを充分考慮しておくべきである。

さらに，この例で"full calendar year"とは，1月1日から12月31日までの1暦年を意味する。したがって，実施権者による契約対象製品の販売開始日が，たとえば，2006年5月3日である場合，その3周年記念日は2009年5月3日であるから，その後の最初のfull calendar yearとは，2010年1月1日から同年12月31日までの1年間となる。

第 3 節　ミニマムロイヤルティ

(例)

"Licensee hereby agrees to guarantee Licensor, for each of the full calendar years during the term of this Agreement after expiration of one (1) full calendar year following the first commercial sale by Licensee of the Licensed Product in the Territory, such minimum annual royalty as shall be agreed upon between the parties hereto before expiration of said one (1) full calendar year.

In the event that such annual minimum royalty has not been achieved by Licensee in any of such full calendar years, the balance between said minimum annual royalty and the royalties accrued during the full calendar year in question shall become due and payable to Licensor at the time when Licensee shall pay to Licensor the royalty for the fourth (4th) calendar quarter of the full calendar year in question."

「実施権者は，契約地域で実施権者による契約対象製品の販売開始後の1暦年が経過した後の本契約期間中の各暦年について，前記1暦年の満了前に両当事者間で合意される年間ミニマムロイヤルティを実施権許諾者に保証する。

当該年間ミニマムロイヤルティが何れかの暦年において実施権者によって達成されなかった場合，当該暦年に対するミニマムロイヤルティ額と当該暦年に発生した実ロイヤルティ額の差額は，実施権者が当該暦年の第4暦四半期に対するロイヤルティを実施権許諾者に支払う時に支払われるものとする。」

前例の場合と異なり，この例および次の例では，契約地域全体において実際に発生したロイヤルティ額が，両者間で合意された年間ミニマムロイヤルティ額をクリアーしたか否かが問題とされ，契約地域の各々の国でのロイヤ

ルティ額がどうであったかは問題にされていない。極端な例で言えば，契約地域のある国で，契約対象製品が販売されていない場合でも，契約地域全体でのロイヤルティ額がミニマムロイヤルティ額を達成していれば，当該特定国で契約対象製品が販売されていないことは問題とはならない。したがって，実施権許諾者の立場からすれば，複数の国が契約地域として含まれているにもかかわらず，実施権者がその契約地域のいずれかの国で契約締結の日（または，たとえば，実施権者による契約対象製品の契約地域での最初の販売日）から一定の期間が経過しても契約対象製品の販売を開始しないような場合には，当該国を契約地域から除外できる旨の規定を実施権許諾契約の中の条項として入れるようにすべきであろう。なお，この問題に関しては，第8章第1節「製品開発」および同第2節「契約対象製品の販売」を参照されたい。

　この例では，前例の場合と異なり，実施権者が支払う年間ロイヤルティ額の総額がミニマムロイヤルティ額に達しない場合，独占的実施権を非独占的実施権に変更することはせず，実際に発生した年間ロイヤルティ額の総額とミニマムロイヤルティ額との差額を実施権者に支払わせる方法を採っている。ミニマムロイヤルティ未達の場合に，この2つの方法のどちらを契約中に規定するかは，両当事者の交渉による合意により決まるものである。

(例)

"In the event that the total amount of the royalty paid by Licensee to Licensor for any of the twelve (12) full calendar years following the second anniversary of the first commercial sales by Licensee of the Licensed Product in the Territory does not exceed such minimum annual royalty as shall be agreed upon between the parties at the latest before the first anniversary of the first commercial sales by Licensee of the Licensed Product in the Territory, Licensor may change the exclusive license granted to Licensee hereunder to a non-exclusive license in all

第3節　ミニマムロイヤルティ

countries of the Territory, unless Licensee shall pay to Licensor the balance between said minimum annual royalty and the royalties accrued during said full calendar year at the time when the last quarterly royalty payment for said full calendar year shall be due."

「契約地域における実施権者による契約対象製品の販売開始日の2周年記念日の後に来る12暦年の中の何れかの暦年において，実施権者から実施権許諾者に支払われるロイヤルティの総額が，両当事者の間で遅くとも契約地域での契約対象製品の実施権者による販売開始日の1周年記念日より前までに合意される年間ミニマムロイヤルティ額を越えなかった場合，実施権者が実施権許諾者に前述の年間ミニマムロイヤルティ額と当該暦年に発生した実ロイヤルティ額との差額を，当該暦年の最後の暦四半期についてのロイヤルティ支払いと同時に支払わない限り，実施権許諾者は，実施権者に本契約の下で許諾された独占的実施権を契約地域の全ての国において非独占的実施権に変更することができる。」

　上記の3つのいずれの例のおいても，契約対象製品の販売開始直後からでなく，販売開始の後1年ないし2年が経過した後に初めてミニマムロイヤルティの規定が適用されることになっており，また最後の2つの例では，ミニマムロイヤルティの額が販売開始後一定の期間が経過してから両者間で決められることになっている。これは，契約締結時点で契約対象製品の販売高予測が困難と判断されたからである。

　また，上記の第1と第3の例においては，ある年においてミニマムロイヤルティ未達で実施権者が差額の支払もしなかった場合に，実施権許諾者は，独占的実施権を非独占的実施権に変更する権利をその後何時でも行使できるかという問題がある。特に，その後の各年においてはミニマムロイヤルティが常に達成されているような場合に，この権利を数年後においても行使でき

るのかという問題であるが，この権利は行使できると解すべきである。したがって，実施権者の立場からは，この権利を行使できる期間について一定の制限も設けて置くべきであろう。

　また，契約締結時点では，既述のとおり，契約対象製品の製品プロファイルが必ずしも明らかでない場合もあり，契約対象製品の販売高について自信を持って予測できるとは限らない。しかし，実施権許諾者が実施権許諾契約締結時にミニマムロイヤルティについても規定を盛り込むことを主張する場合には，実施権者としては，ミニマムロイヤルティに関する規定を盛り込まざるを得ない場合もあるであろう。この場合に，契約対象製品について当初の予測を超えるような十分な販売が達成される場合には何ら問題はない。しかし，当初予測に反して，契約対象製品の販売が伸びずに，ミニマムロイヤルティ額が契約対象製品の売上高の大きな割合を占めることとなることも考えられる。このような状況を避けるために，たとえば，次のような条項をセーフガードとして盛り込むことも考えられる。

(例)

"……… provided, however, that such minimum royalty in the corresponding calendar year shall in no event exceed ten percent（10%）of the Net Sales during said calendar year."

　「……… 但し，当該暦年における当該ミニマムロイヤルティは，如何なる場合においても，当該暦年における正味販売高の10%を超えることはない。」

第4節　最恵条項

　許諾された実施権が非独占的である場合，実施権許諾者は同一の契約地域において同一の契約対象化合物および／または契約対象製品について複数の実施権者を選択することができる。そして，ある実施権者に与えられた実施

第4節　最恵条項

権許諾の条件が，他の実施権者に与えられた実施権許諾の条件より不利である場合，最初の実施権者は2番目の実施権者に許諾されたより有利な条件を享受できる旨を規定した条項を最恵条項（most favored clause）という。最恵条項のいくつかの例を以下に示す。

（例）

"In the event that Licensor grants, after the execution date of this Agreement, to any third party any license under the Licensed Patents upon royalty rates more favorable to such third party than are herein granted to Licensee, Licensee shall have the right to such more favorable royalty rates on a country by country basis of the Territory, provided Licensee accepts also any less favorable terms which may accompany the same, provided, however, that in such event upon the expiration or termination of such license to said third party the terms of the licenses herein granted to Licensee shall revert to the terms set forth herein."

「実施権許諾者が，本契約締結日の後，許諾対象特許に基づき本契約において実施権者に許諾された条件より有利なロイヤルティ率で第三者に実施権を許諾した場合，実施権者は，契約地域の国ごとにそのような有利なロイヤルティ率を享受し得る。但し，実施権者が，当該第三者の実施権に付随している不利な条件をも受認することを条件とする。さらに，そのような場合においては，当該第三者への実施権が終了または満了した場合，実施権者に本契約で許諾された条件が再び本契約の条件となる。」

この例では，同一の許諾対象特許に基づきいくつかの実施権の許諾がなされた場合，この実施権許諾契約の実施権者にとっては，ロイヤルティ率がその後に締結された他の実施権許諾契約における実施権者よりも不利であるかもしれないが，同時にロイヤルティ率以外の他の条件は，他の実施権許諾契約の実施権者よりも有利であるかもしれない。したがって，この実施権許諾

契約の実施権者が，後の実施権許諾契約の実施権者に与えられている有利なロイヤルティ率を享受するためには，同時に後の実施権許諾契約の実施権者に課されている他の不利な条件も受けることが必要である旨が示されている。また，許諾された実施権の条件を比較することができるのは，契約地域の国単位についてである。すなわち，契約地域以外のどこかの国で実施権許諾者が有利なロイヤルティ率で第三者に実施権を許諾しても，その有利なロイヤルティ率は，契約地域には適用されることはない。また，同じ契約地域の中においても，同一国のロイヤルティ率が同じである限り，契約地域内の国ごとのロイヤルティ率の相違は問題とならない。さらに，この例では，実施権許諾者が許諾対象特許について第三者にさらに実施権を許諾する場合について規定しているので，同一の許諾対象特許が最初の実施権許諾契約の対象となっている契約対象化合物あるいは契約対象製品と異なる製品をも同時に包含していて，第三者に許諾された実施権が，最初の実施権者に許諾された契約対象化合物あるいは契約対象製品と異なる製品の場合であっても，当該製品について第三者に与えられたロイヤルティ率が当該実施権者にこの契約で許諾されたロイヤルティ率よりも有利であれば，その有利なロイヤルティ率が最初の実施権者にも適用されることになる。

(例)

"In the event that Licensor grants to any third party a license with respect to the Licensed Product, under the Licensed Patents in the Territory, on the terms and conditions more favorable to such third party than those herein granted to Licensee, Licensor shall then inform immediately Licensee of such license and Licensee shall thereupon have the right to receive such more favorable terms and conditions in this Agreement."

「実施権許諾者が，契約地域において許諾対象特許の下で契約対象製品について，本契約の中で実施権者に許諾された諸条件より有利な条件で第三者

に対して実施権を許諾した場合，実施権許諾者は，直ちにそのような実施権の許諾を実施権者に知らせる。実施権者は，かかる場合において，本契約において，そのようなより有利な諸条件を受ける権利を有する。」

　この例では，契約条件のすべてが問題となっており，その点では前例がロイヤルティ率のみを問題にしているのと微妙に異なる。さらに，この例では，契約地域内で，許諾された実施権についての比較であり，契約地域外での第三者への実施権の許諾の場合は，問題とならないし，また同一の許諾対象特許の下で保護されている契約対象製品と異なる製品についての実施権の許諾の場合も，問題とはならない。また，第三者に許諾された各種の条件を検討した結果，ある条件は有利であるが他の条件は不利であるということが当然考えられる。このような場合に，第三者に与えられた有利な条件は受けるが他の不利な条件は受けないということはできないとものと考えられる。

（例）
"In the event that Licensor grants to any third party a license with respect to the Licensed Product in any country of the Territory on more favorable financial terms than those granted to Licensee hereunder but otherwise on similar terms and conditions to those contained herein, then such more favorable financial terms shall be thereafter applicable to Licensee in that country of the Territory for as long as such more favorable financial terms are applicable to such third party."

「実施権許諾者が，契約地域の何れかの国で，契約対象製品について，他の条件は本契約の条件と類似であるが，経済的条件において本契約の条件より有利な実施権を第三者に許諾した場合，そのようなより有利な経済的条件は，当該有利な経済的条件が当該第三者に適用されている限り，以後契約地域の当該国において実施権者にも適用される。」

この例における経済的条件とは具体的に何を指しているのか，またいかなる範囲を指しているのか必ずしも明らかでないが，実施権者から実施権許諾者に支払われる一時金の額，ロイヤルティ率，ロイヤルティ支払い義務の存続期間，ロイヤルティ支払い時期等が考えられる。

第5節　ロイヤルティ報告および支払い方法

　実施権許諾の対価として，実施権許諾者は，実施権者に一般的にロイヤルティの支払いを求めるが，ここでは，ロイヤルティ支払いの方法，ロイヤルティ報告書，記帳義務，税金の控除等に関する規定の例文を以下に示す。

(例)

"Licensee shall keep true and correct accounting books relating to the royalties payable to Licensor hereunder and shall deliver to Licensor the royalty statements within sixty (60) days following the close of each calendar quarter (or any part in the first or last calendar quarter) of this Agreement for said calendar quarter and shall at the same time pay to Licensor, or to whomsoever Licensor shall otherwise direct in writing from time to time, the amount of such royalties shown to be due. Such amount, if calculated in Japanese yen, shall be converted into United States dollars or any other currency which Licensor otherwise directs from time to time at the bank selling rate for the Japanese yen into United States dollars or such other currency on the day of remittance of the amount in question, quoted by an authorized foreign exchange bank in Tokyo."

　「実施権者は，本契約の下で実施権許諾者に支払われるロイヤルティに関する真実且つ正確な会計帳簿を保持し，本契約の各暦四半期（または，最初もしくは最後の暦四半期の部分）の終了後60日以内に，当該暦四半期に対するロイヤルティ報告書を実施権許諾者に送り届ける。実施権者は，同時に，実施権許諾者または実施権許諾者が随時文書で指示する者に，報告書におい

て支払うべく示されたロイヤルティ額を支払う。そのロイヤルティ額が，もし日本円で計算されている場合には，当該ロイヤルティの送金日において，東京の公認外国為替銀行で引用された日本円の対米ドルまたは実施権許諾者が随時指示するその他の通貨への銀行売りレートで，米ドルまたは当該他の通貨へ交換される。」

　この例文中にある………… (or any part in the first or last calendar quarter) of this Agreement………とは，any part in the first calendar quarter of this Agreement or any part in the last calendar quarter of this Agreement の意味であり，たとえば，この契約の発効日がある年の5月13日である場合，5月13日からこの日の属する暦四半期の最後の日，すなわち，6月30日までの期間が any part in the first calendar quarter of this Agreement に相当する。同様に，たとえば，本契約の終了日がある年の11月10日である場合，この日の属する暦四半期の最初の日，すなわち，10月1日から11月10日までの期間が any part in the last calendar quarter of this Agreement に相当する。

　この例では，暦四半期ごとにロイヤルティを計算してその後60日以内に送金することになっているが，ロイヤルティ計算の期間をどのような単位でするか，また，計算期間の終了後何日以内に送金するようにするかは，両当事者の合意により決まる問題であるが，一般的には，暦四半期ごとまたは半暦年ごとにロイヤルティを計算して，60日または90日以内に送金することが多いようである。ロイヤルティは，まず契約地域の現地通貨で計算され，次いで実施権許諾者が希望する通貨に交換されるが，その場合に，何時の時点のどのような交換レートで現地通貨から実施権許諾者の希望する通貨に交換されるかは，充分注意する必要がある。現地通貨で計算されたロイヤルティを実施権許諾者が希望する通貨へ交換する場合，当該ロイヤルティの計算対象となった期間の最後の銀行営業日または当該ロイヤルティの実際の送金日を

基準として計算するのが一般的である。また，使用する交換レートとしては，現在ではほとんどがその基準日における"commercial exchange rate"，すなわち，現在の日本のように為替の変動相場制を採っている場合においては，基準日において実際に取引されている為替レートを使用するのが一般的となっている。しかし，多数の国が契約地域となっている場合，その各々の国の通貨で計算されたロイヤルティを他の一定の通貨に変換すべく計算する場合に，必要な交換レートが特定の市（この例文の場合は東京）の公認外国為替銀行に常に存在するとは限らないので注意を要する。

(例)

"Licensee shall keep, and shall cause its Affiliates to keep, the true and correct accounts of all royalties payable to Licensor under this Agreement and shall deliver to Licensor the royalty statements in such form as Licensor shall instruct within sixty (60) days following the close of each calendar half year (or any part in the first or last calendar half year) of this Agreement for said calendar half year and at the same time shall pay to Licensor or to whomsoever Licensor shall otherwise direct in writing from time to time the amount of such royalties shown to be due converted into Japanese yen or other currency which Licensor shall otherwise instruct from time to time at the rate of exchange prevailing on the day of the remittance of the royalty in question,"

「実施権者は，本契約の下で実施権許諾者に支払われる全てのロイヤルティについての真実且つ正確な会計記録を保持し，また，その関係会社にもそのようにさせる。実施権者は，本契約の各半暦年（または，最初もしくは最後の半歴年の部分）の終了日から60日以内に，当該半歴年に対するロイヤルティ報告書を実施権許諾者が指示する形式で実施権許諾者に届ける。同時に，実施権者は，報告書に支払うべく示されたロイヤルティ額を，当該ロイヤルティの送金日において取引されている交換レートで，日本円または実施

権許諾者が随時指示するその他の通貨に交換して，実施権許諾者または実施権許諾者が随時文書で指示する者へ支払う。」

この例では，実施権者のみに限らず実施権者の子会社等の関係会社も契約対象製品を販売している場合において，ロイヤルティ計算に関わる帳簿については，実施権者と同様に実施権者のそのような関係会社にも保持するよう義務付けているが，ロイヤルティ報告書およびその支払いは，実施権者の義務である旨を記した点が前例と異なっている。

実施権許諾者の立場からは，子会社から親会社へのロイヤルティ送金を認めないような国が存在する場合でも，実施権許諾契約の下で発生するすべてのロイヤルティの送金は，実施権者の責任である旨規定しておけば，特に問題となることはない。また現地通貨以外での送金を認めていない場合でも，実施権者の居住国でそのような規制が存在しない限り，特に大きな問題となることはないであろう。

(例)
"Any income or other tax which Licensee is required to pay or withhold on behalf of Licensor with respect to royalties payable to Licensor under this Agreement shall be deducted from the amount of such royalties otherwise due, provided, however, that in regard to any such deduction Licensee shall give Licensor such assistance as may reasonably be necessary to enable or assist Licensor to claim exemption therefrom and shall upon request give Licensor proper evidence from time to time as to the payment of the tax."

「本契約において実施権許諾者に支払われるロイヤルティに関して実施権者が実施権許諾者に代わって支払いまたは控除することが要求される所得税またはその他の税金は，支払われるべきロイヤルティ額から控除される。但

し，実施権者は，かかる控除に関して，実施権許諾者が税金の控除を受けられるように，合理的に必要な援助を実施権許諾者に与え，また，要望がある場合，税金の支払いに関する適切な証拠を随時実施権許諾者に与える。」

　ロイヤルティは，実施権許諾者の収入であるが，ロイヤルティ送金の際に，実施権者がロイヤルティ額から税金分を控除して実施権許諾者に送金する。控除された税金部分は，実施権者によって実施権者の国の税務当局に支払われる。また，実施権許諾者と実施権者の各々の国の間に二重課税防止条約が存在する場合には，日本での実際のかかる税金の支払いに際しては，実施権許諾者によって署名された一定の用紙による管轄税務署への事前の届出が必要である。さらに，この場合においては，支払われた税金については，実施権許諾者が実施権者からその税金の支払証明を入手し実施権許諾者の国の税務当局に提出することにより，実施権許諾者が支払った税金として扱われる。日本は，多くの国と二重課税防止条約を締結しているが，具体的にどのような国とこの条約を締結しているかについては，官報等で調べることができる。

第6節　帳簿検査権

　実施権許諾者は，実施権者が契約対象製品の販売に基づき正確なロイヤルティを支払っているかどうかを調べる手段として，実施権者のロイヤルティに関する帳簿を検査する権利を有するとするのが一般的である。これがいわゆる実施権許諾者による実施権者の帳簿検査権である。以下にこの帳簿検査権に関する規定の例を示す。

(例)

"Licensor has the right to have a public accounting firm of its own selection, except one to whom Licensee or its Affiliates may have reasonable objection, and at its own expense examine the relevant books and records of account of Licensee and its Affiliates during reasonable business hours upon reasonable prior written notice to Licensee and not more often than once each calendar year for not more than two (2) previous years, to determine whether appropriate accounting and payment have been made to Licensor hereunder. Licensor may exercise such right until the end of one (1) year after the termination or expiration of this Agreement. Said public accounting firm shall treat as confidential, and shall not disclose to Licensor, any information other than information which shall be given to Licensor pursuant to any provision of this Agreement."

「実施権許諾者は，実施権者またはその関係会社が合理的な反対理由を有する公認会計士事務所以外の自らの選択にかかる公認会計士事務所をして，自らの費用で，合理的な営業時間内に，文書による合理的な事前通知を実施権者に与えて，一暦年に1回を越えない範囲で，過去2年以内について，適切な会計および支払いが本契約において実施権許諾者に対してなされたかを調査するために，実施権者およびその関係会社の該当する会計帳簿を調べる権利を有する。実施権許諾者は，かかる権利を本契約の終了または満了後1年の期間が満了する日まで行使することができる。前記の公認会計士事務所は，本契約の下で実施権許諾者に与えられるべき情報以外のいかなる情報も秘密に保持し且つ実施権許諾者に開示しない。」

この例では，実施権許諾者が，実施権者やその関係会社の帳簿を検査する場合における各種の条件，調査できる範囲，帳簿検査によって得られた情報の取扱い等が明確に示されている。かかる帳簿の検査は，この例でも示されているように，公認会計士事務所（または，公認会計士）を通して行うのが一般的であり，また調査の回数は年1回，調査で遡ることのできる範囲は過去2年ないし3年分というのが一般的である。

実施権者およびその関係会社の帳簿を検査してロイヤルティ支払いの過不

足が明らかとなった場合,実施権許諾者および実施権者の間でその過不足分について精算が行われるのはもちろんのことである。

帳簿検査に要する費用は,上記の例のように,実際に帳簿検査を行う実施権許諾者が負担するのが通例である。しかし,次の例のとおり,帳簿検査の結果,実施権者により実際に支払われたロイヤルティ額が本来支払われるべきロイヤルティ額より一定率以上不足していることが明らかとなった場合には,その費用を実施権者が支払うとする場合もある。

(例)
"The fees and expenses of any such public accounting firm shall be borne by Licensor unless such public accounting firm determines that Licensee underpaid royalties due to Licensor during any year by more than five percent (5%), in which case Licensee shall make payment of all of such fees and expenses."

「当該公認会計士事務所への報酬および費用は,実施権許諾者が負担する。しかし,いずれかの暦年において実施権者による実施権許諾者へのロイヤルティ支払いが5％以上少ないと当該公認会計士事務所が決定した場合,当該報酬および費用は,全て実施権者が支払う。」

第5章　技術的情報の開示

　実施権許諾契約において，許諾の対象が特許のみであり，当該特許の実施に必要なノウ・ハウ等の技術的情報が許諾の対象となっていない場合，実施権許諾者から実施権者に対して，許諾の対象となってない当該技術的情報が開示されことはない。しかし，特許および特許を実施するために必要な技術的情報の両方が許諾の対象となっている場合あるいは技術的情報のみが許諾の対象である場合，実施権許諾者は，実施権者に対して技術的情報を開示する。また，実施権許諾者は，実施権許諾契約の期間中に許諾された技術に関して実施権者が集積した技術および改良技術について実施権許諾者に報告し，かつ実施権許諾者に当該技術について実施権（利用権または使用権）の許諾をするよう求めるのが一般的である。さらに，このように実施権許諾者から実施権者に開示された技術的情報および実施権者から実施権許諾者に開示される技術に関する情報（技術的情報）は，一般には第三者が入手することのできない秘密に属する情報であり，したがって，それを受領した当事者は，受領した当該技術的情報について守秘義務を負うことになる。しかし，このような秘密の情報であっても，契約対象製品の販売についての行政当局の許認可を取得するためあるいはその他開発を行う場合に，これを公表または発表することが必要な場合が生じてくる。本章では，実施権許諾者から実施権者への技術的情報の開示，実施権者から実施権許諾者への改良技術等に関する技術的情報の開示について説明すると共に，技術的情報の開示を受けた当事者における当該技術的情報についての守秘義務および技術的情報の発表または公表に関して説明する。

第1節　実施権許諾者による技術的情報の開示

　許諾の対象となる技術が特許のみの場合，すなわち，特許のみについての

第5章 技術的情報の開示

実施権許諾契約の場合，実施権許諾者が実施権者に開示するのは，許諾対象特許についてのみであり，許諾対象特許を実施するために必要な技術的情報の開示はない。しかし，許諾の対象となる技術が，技術的情報のみ，または特許および当該特許を実施するために必要な技術的情報の両方である場合，実施権許諾者は，許諾の対象となる技術的情報について実施権者にその詳細を開示することが要求される。この場合，実施権許諾者がどのような範囲の技術的情報について開示することが要求されるかは，もちろん両当事者の話し合いによって決まることであるが，実施権者の立場からは，許諾の対象となっている技術が完全に実施できるように，充分な技術的情報が実施権許諾者から実施権者に開示されるように実施権許諾契約に規定にしておく必要がある。実施権許諾者の技術的情報の開示に関する規定の例を以下に示す。

(例)

"Within thirty (30) days after the effective date of this Agreement, Licensor shall disclose to Licensee all relevant Technical Information then at its possession relating to the Licensed Compound and/or the Licensed Product which Licensor has not yet disclosed to Licensee and which is necessary or helpful for Licensee to obtain the requisite health registration of the Licensed Product and governmental approvals to market the Licensed Product in each country of the Territory, to formulate and market the Licensed Product, and generally to fulfill the purpose of this Agreement."

「本契約の発効日後30日以内に，実施権許諾者は，実施権許諾者がいまだ実施権者に開示していない契約対象化合物および／または契約対象製品に関する技術的情報であって且つ実施権者が契約地域の各国で契約対象製品の必要な製品登録および契約対象製品の販売のための政府認可を取得するため，契約対象製品の製剤化および販売のため，さらには，一般的に本契約の目的を達成するため，実施権者にとって必要または有用な実施権許諾者がその時

点で所有する全ての関連する技術的情報を実施権者に開示する。」

　この例の実施権許諾契約において実施権者に許諾されたものは，実施権許諾者の許諾対象特許および技術的情報に基づき契約地域において契約対象化合物を契約対象製品に製剤しかつこれを契約地域において販売する権利であるが，その技術的情報がどのような範囲のものであるかについては，もちろんこの技術的情報についての定義を参考にしなければ明らかにならない。しかし，この規定においては，将来実施権許諾者が契約対象化合物および／または契約対象製品に関して取得するであろう技術的情報について，実施権許諾者は，実施権者に開示する義務はない。実施権許諾者が実施権者に対して開示義務を負うのは，契約締結時点で所有する契約対象化合物および／または契約対象製品に関する技術的情報に限られている。したがって，実施権許諾者は，実施権許諾者が，たとえば，契約対象製品の新しい剤型や治療上の用途を本契約の期間中に開発しても，それらに関する技術的情報を実施権者に開示する義務はない。また，この例では，開示される技術的情報が何語で書かれているかについては規定されていないので，実施権許諾者は，自分に最も都合のよい言葉で書かれた技術的情報を実施権者に開示すればよいことになる。

　さらに，この例で実施権許諾者が開示を要求されている技術的情報は，実施権許諾者がそれまでに実施権者に開示していないものとされている。これは，一般に，実施権許諾契約を締結する以前に，実際には実施権許諾者と実施権者の間で，たとえば，秘密保持契約やオプション契約を締結して，当該契約の下で実施権許諾者が種々の技術的情報をすでに実施権者に開示している場合が多い。この実施権許諾契約の場合においても，事前に秘密保持契約が両者間で締結されて一定の技術的情報が当該秘密保持契約のもとで実施権許諾者から実施権者に提供されているので，このような規定となっている。

第 5 章　技術的情報の開示

　一般的には，実施権許諾契約を締結する前に，実施権者は，秘密保持契約やオプション契約のもとで，契約対象化合物や契約対象製品に関する技術的情報を実施権許諾者から入手して契約対象化合物や契約対象製品の技術的および経済的評価を行い，実施権者が契約対象化合物や契約対象製品について実施権許諾者から実施権の許諾を受けるか否かについての十分な検討を行うことが多い。手続的には，まず両者間で秘密保持契約を締結し，次いでオプション契約を締結し，しかる後に実施権許諾契約を締結する場合，または，まず両者間で秘密保持契約を締結し，その後に直ちに実施権許諾契約を締結する場合，あるいは，まず両者間でオプション契約を締結し，その後に実施権許諾契約を締結する場合等様々である。この場合におけるオプション契約とは，実施権者が当該オプション契約の下で契約対象化合物や契約対象製品について一定の試験等を行って契約対象化合物および契約対象製品の商品化に興味がある場合には，実施権者が実施権許諾者から契約対象化合物および契約対象製品について実施権を許諾してもらうよう予約をするものである。換言すれば，実施権許諾者から契約対象化合物および契約対象製品について実施権を許諾してもらうか否かについて実施権者が選択権を取得するための契約であるといえる。したがって，オプション契約のことを別名選択権契約ともいう。

(例)

"Promptly after the effective date of this Agreement and from time to time thereafter during term of this Agreement, Licensor shall disclose to Licensee all relevant Technical Information relating to the Licensed Compound and/or the Licensed Product which Licensor or its Affiliates have heretofore developed or acquired or may hereafter develop or acquire during the term of this Agreement (including the one acquired by Licensor from its licensees outside of the Territory) and which is necessary or helpful for Licensee (i) to obtain the health registration and other governmental approvals necessary to market the Licensed

Product in the Territory, (ii) to formulate the Licensed Product from the Licensed Compound, and (iii) to generally fulfill the purpose of this Agreement. The Technical Information to be disclosed hereunder shall take the form of documents written in English.

Licensee shall have the right to use the Technical Information received from Licensor hereunder for the purpose of this Agreement and to disclose the same to its Affiliates in the Territory."

「本契約の締結日後速やかにおよびその後本契約の有効期間中随時，実施権許諾者は，実施権許諾者およびその関係会社が今までに開発もしくは取得したまたは本契約の期間中に開発もしくは取得する契約対象化合物および／または契約対象製品に関する技術的情報（実施権許諾者が契約地域外の実施権許諾者の他の実施権者から取得するものを含む）であり，且つ（i）契約対象製品を契約地域で販売するために必要な製品登録およびその他の政府の認可を取得するために，(ii) 契約対象化合物から契約対象製品を製剤するために，および（iii）一般に本契約の目的を達成するために，実施権者にとって必要または有用な全ての関連する技術的情報を実施権者に開示する。本契約の下で開示される技術的情報は，英語で書かれた文書とする。

実施権者は，本契約の下で実施権許諾者から入手した技術的情報を本契約の目的のために使用し且つ契約地域の実施権者の関係会社に開示する権利を有する。」

この例の実施権許諾契約において実施権者に許諾されたものは，前例と同様に，実施権許諾者の許諾対象特許および技術的情報に基づき契約地域において契約対象化合物を契約対象製品に製剤しかつこれを契約地域において販売する権利である。しかし，この例においてもまた前例においても，その実

第5章 技術的情報の開示

施権許諾契約の中で実施権者は，契約対象化合物を製造する権利を認められていない。したがって，実施権許諾者は，契約対象化合物の製造法そのものについての技術的情報を開示することは要求されていない。しかし，たとえば，日本においては，医薬品の製造販売承認の申請書には，その有効成分すなわち契約対象化合物の製造法の記載も要求される。したがって，実施権者が実施権許諾者から契約対象化合物を購入することになっている場合でも，実施権者は，少なくともその目的に必要な限度で契約対象化合物の製造法について実施権許諾者から開示を受ける必要がある。この目的のために，次のような一文を加えておくことが考えられる。

(例)

"It is the understanding between the parties that, notwithstanding anything to the contrary in this Agreement, Licensor shall disclose to Licensee the Technical Information relating to the manufacture of the Licensed Compound to the extent that Licensee is required to include in its new drug application of the Licensed Product necessary for obtaining the requisite governmental approval to market the Licensed Product in the Territory."

「本契約のこれと異なる如何なる規定にもかかわらず，実施権許諾者は，実施権者が契約地域において契約対象製品の販売のため，必要な政府の認可を取得するに必要な契約対象製品に関する新薬申請書中に記載することが要求される限度において，契約対象化合物の製造法に関する技術的情報を実施権者に開示する。」

実施権者が契約対象化合物の製造についても実施権許諾契約の中で実施権許諾者から権利を許諾されている場合には，実施権許諾者から実施権者に開示される技術的情報の中に契約対象化合物の製造法に関する技術的情報も含まれるようにする必要があることはもちろんのことである。そのための1つ

の方法としては，技術的情報の定義に，契約対象化合物に関する製造法や品質管理についての技術的情報も含まれるように明記しておくことが考えられる。

　実施権許諾者から実施権者へ開示される技術的情報の範囲について，第2番目の例においては，「実施権許諾者およびその関係会社が今までに開発もしくは取得したまたは本契約の期間中に開発もしくは取得する契約対象化合物および／または契約対象製品に関する技術的情報（実施権許諾者が契約地域外の実施権許諾者の他の実施権者から取得するものを含む）であり，かつ(i) 契約対象製品を契約地域で販売するために必要な製品登録およびその他の政府の認可を取得するために，(ii) 契約対象化合物から契約対象製品を製剤するために，および (iii) 一般に本契約の目的を達成するために，実施権者にとって必要または有用な全ての関連する技術的情報」と記載されている。しかし，これらの条件に合致する技術的情報であり実施権許諾者から実施権者に開示されるべき技術的情報であるか否かについて，最終的に誰が判断するのかについては，記載されていない。実際上，実施権許諾者または実施権者のいずれか一方が独自に判断することは困難であろうと考えられるので，あえて，実施権許諾者または実施権者のいずれかの判断によるとは記載しないケースがほとんどである。この問題に関しては，両当事者の話し合いによって決める以外には方法はないのかもしれない。

（例）

"Licensee understands and agrees that nothing in the disclosure or provision of the Technical Information shall be deemed by implication or otherwise to convey ownership or title to Licensee of any such Technical Information, patent rights or other proprietary or licensed rights of Licensor other than pursuant to the terms of this Agreement."

「実施権者は，技術的情報の開示または提供が，本契約の条件に基づく以外に，実施権許諾者の当該技術的情報，特許またはその他の占有権または許諾された特許の所有権を黙示またはその他によって譲渡するものとは見做されないことを理解し且つ合意する。」

実施権許諾契約に基づき開示または提供される技術的情報等は，一般的に，当該提供または開示によって，その所有権そのものが実施権許諾者から実施権者に譲渡されるものではない。上記の例は，そのことを明記するものである。

第2節　実施権者による技術的情報の開示

実施権許諾者は，実施権許諾契約において，契約期間中に実施権者が取得または開発する契約対象化合物または契約対象製品に関する技術的情報（改良技術，改良発明，応用技術および応用発明等を含む）について，実施権者が実施権許諾者に開示することを求め，またこれらの技術的情報およびこれらの技術的情報について実施権者が取得した特許（改良特許，応用特許）等について，実施権者が実施権許諾者に譲渡（アサイン・バック）または実施権を許諾（グラント・バック）するよう求めることがある。

実施権者が取得した改良技術，改良発明および改良特許（応用技術，応用発明および応用特許）等について，実施権許諾者にそれを無償で譲渡することは実施権者にとって極めて不利となりまた独占禁止法上も問題となる可能性が高いので，実施権者は実施権許諾者のこのような要求に応じるべきではない。したがって，ここでは，改良技術，改良発明および改良特許（応用技術，応用発明および応用特許）の譲渡については触れないこととする。

また，実施権者が取得した改良技術，改良発明および改良特許（応用技術，応用発明および応用特許）等について無償で独占的（実施権者自身も当

該改良技術，改良発明および改良特許を実施できない）な実施権を実施権許諾者に許諾することも独占禁止法の違反となる可能性が高いので注意を要する。

　実施権者が取得または開発した改良技術，改良発明および改良特許（応用技術，応用発明および応用特許を含む）等について実施権許諾者にその使用権等を許諾することを規定した条項をグラントバック条項と言う。グラントバック条項では，実施権者が契約対象化合物または契約対象製品について開発または取得した技術的情報（改良／応用技術もしくは改良／応用発明またはこれらについて実施権者が取得した特許を含む）について実施権許諾者に開示しなければならない範囲，実施権許諾者がこれらの技術を実際に利用できる態様（独占的または非独占的），第三者への再実施権許諾の可否および利用できる地域等が問題となる。以下にグラントバック条項のいくつかの例を示す。

(例)
" 1. Licensee agrees to keep Licensor, from time to time during the term of this Agreement but at least once every six (6) months until Licensee obtains the health registration of the Licensed Product in each country of the Territory, informed of all the Technical Information relating to the Licensed Compound and/or the Licensed Product which Licensee or its Affiliates have heretofore developed or acquired or may hereafter develop or acquire during the term of this Agreement. The Technical Information to be so provided by Licensee hereunder shall include, but not limited to, the following:

(i) during the period prior to filing the health registration application of the Licensed Product in any country of the Territory, progress report on all studies and tests carried out by or on behalf of Licensee, and data and documents obtained on each of such studies and tests ;

(ii) upon filing or submission of the Investigational New Drug Application in the U. S. A. or any equivalent thereof in other countries of the Territory or the health registration application of the Licensed Product in any country of the Territory, a copy of the documents so submitted or filed ;

(iii) after filing or submission of the application referred to in clause (ii) above, a copy of any supplemental documents submitted after the filing or submission of such applications, and

(iv) any other Technical Information of Licensee and its Affiliates shall be made available to Licensor upon specific written request of Licensor.

Licensee shall provide Licensor with such Technical Information, if not in English, together with the English translation thereof.

2. Licensor shall have the royalty-free, non-exclusive right and license to use all of such Technical Information of Licensee and its Affiliates in and outside of the Territory, and to disclose and sublicense the same to its Affiliates and licensees, if any, for use thereof outside of the Territory."

「1. 実施権者は，本契約中随時しかし実施権者が契約地域の各々の国で契約対象製品の製品登録を取得する迄は少なくとも6カ月に1回，実施権者またはその関係会社が今までに開発または取得した，または今後本契約期間中に開発または取得する契約対象化合物および／または契約対象製品に関する技術的情報の全てを実施権許諾者に知らせることに合意する。本契約においてそのように実施権者によって提供される技術的情報は，以下のものを含

むが，これに限られることはない：

（ｉ）　契約地域のいずれの国においても契約対象製品についての製品登録の申請がなされる前の期間においては，実施権者によってまたは実施権者のために行なわれた全ての研究および試験についてその進捗状況報告並びに当該各研究および試験について得られたデータおよび文書；

（ｉｉ）　米国でのINDまたは契約地域の他の国での類似の申請書の提出または申請書，または契約地域のいずれかの国において製品登録申請を提出または申請書，そのように提出または申請した書類のコピー；

（ｉｉｉ）　上記の（ii）で言及された申請書の提出または申請の後においては，当該申請書の提出または申請後に提出された補足的な文書のコピー：並びに

（ｉｖ）　実施権者およびその関係会社のその他の技術的情報は，実施権許諾者が特に文書で要求した場合，実施権許諾者に提供される。

　実施権者は，かかる技術的情報がもし英語でない場合，その英文訳とともに実施権許諾者に当該技術的情報を提供する。

　2．　実施権許諾者は，実施権者およびその関係会社のかかる全ての技術的情報を契約地域内外で使用し，さらに，契約地域外で当該技術的情報の使用のため，その関係会社および（もし存在する場合には）その実施権者に開示し且つ再実施権を付与するロイヤルティ無償の非独占的権利および実施権を有する。」

　この例では，実施権者が開発または取得する技術的情報が契約対象化合物および／または契約対象製品に関するものである限り，それが改良／応用技

術であるか否かにかかわらず，実施権者はすべて実施権許諾者に開示する必要がある。しかし，当該技術的情報が特許性の有する技術を含み実施権者が当該技術について特許を取得した場合においても，実施権許諾者が当該特許についてこの例の第2項に規定されるような実施権を有するか否については，この規定の例からは必ずしも明らかではない。

　さらに，実施権者が開発または取得した技術的情報は，前述のごとく，それが契約対象化合物および／または契約対象製品に関するものである限り実施権許諾者への開示の対象となるが，そのような技術の中には，契約対象化合物または契約対象製品以外の製品にも応用または適用可能なものも存在することが考えられる。たとえば，当該技術が新しい製剤の製造法に関するものである場合，その製剤技術は，契約対象製品についてのみならずその他の製品にも利用できることが考えられる。この例においては，実施権許諾者は，このような場合においても，この例の第2項の規定により，契約対象化合物および契約対象製品を越えて，すべての応用または適用可能な範囲について実施権者の当該技術的情報について実施権を取得するものと考えられる。この例の実施権許諾契約において，実施権者が実施権許諾者から取得している実施権が契約対象化合物および契約対象製品に限られている場合には，このような規定は，実施権者にとって極めて不利であると考えられる。したがって，これを実施権者の立場から考えた場合には，実施権者から得た技術的情報の実施権許諾者による利用を契約対象化合物および／または契約対象製品に関する場合に限るよう限定するべきであろう。この例においては，実施権者が開発または収得した技術的情報について実施権許諾者に許諾された実施権は非独占的であるが，もし，このような実施権が契約地域外では独占的である場合には，実施権者自身の所有に係る技術的情報であるにもかからず，実施権者は契約地域外ではこれを実施することができなくなるので，特にこのような限定を設けることが実施権者にとって必要である。実施権許諾者に許諾される実施権についてこのような制限を付すには，この例の

第2項を次のように変更することによって可能となる（下線部分が追加されている）。

"Licensor shall have the royalty-free, non-exclusive right and license to use all of such Technical Information of Licensee and its Affiliates <u>with respect to the Licensed Compound and/or the Licensed Product</u> in and outside of the Territory, and to disclose and sublicense same to its Affiliates and licensees, if any, for use thereof <u>with respect to the Licensed Compound and/or the Licensed Product</u> outside of the Territory."

　この例では，実施権者が技術的情報を実施権許諾者に開示するに際して，当該技術的情報が英文でない場合には，英訳文を添付することになっているが，たとえば，日本語で書かれた申請書等をすべて英文に翻訳することは大変な労力を要する。したがって，実施権者の立場から考えた場合には，実施権許諾者に提出する技術的情報が英文でない場合には，その英訳文を添付するのではなく，当該技術的情報についての英文要約を添付するとする程度に止めておくべきであろう。また，実施権許諾者の立場からしても，英語以外の言葉で書かれた申請書等のすべてについて英訳文を入手する必要はなく，申請書等についてはその英文要約をまた実施された実験等については英文の報告書を入手すれば充分であるように思われる。

　実施権者が開発または取得した技術的情報を実施権許諾者に報告をする頻度については，この例では，契約地域のそれぞれの国で製品登録が得られるまでは6カ月ごとに提出することになっているが，製品の開発が進行している間は，この程度の間隔での報告書の提出が適当であると思われる。しかし，製品の開発が終了してからは，年1回程度の報告書の提出でも充分であると思われる。そのためには，この例の……from time to time during……in each country of the Territory……を…….. from time to time but at least once every half year until Licensee obtains the health registration of the Licensed Product in each country of the Territory and then on an annual basis during the remaining term of this Agreement と変更すればよい。

　実施権者がその開発または取得した技術的情報を実施権許諾者に開示する頻度やその報告の形式等において，次の例は，実施権者にとってより現実的かつ実際的であるように思われる。

(例)

"'From time to time during the term of this Agreement but at least once every half year until Licensee obtains the health registration of the Licensed Product in each country of the Territory, Licensee shall furnish to Licensor summary information in English with regard to any tests or studies carried out by Licensee on the Licensed Compound and/or the Licensed Product and generally inform Licensor of any Technical Information obtained, to the extent that Licensee is not prohibited to do so under any existing agreement with third party(ies). Licensor shall have the right at all time to request Licensee the detailed information on specific test or study carried out by Licensee and Licensee shall comply with such request of Licensor within the practically shortest possible time by submitting to Licensor copies, together with the relevant English translation, of reports of such test or study on the Licensed Compound and/or the Licensed Product in the Territory, whether such are performed by Licensee or by third party(ies) on behalf of Licensee to the extent that Licensee is not prohibited to do so under any existing agreement with third party(ies). Licensor shall have the right, without any payment to Licensee, to use and disclose its licensee(s) such Technical Information of Licensee outside of the Territory."

「実施権者は，本契約の期間中随時しかし実施権者が契約地域の全ての国

で契約対象製品について製品登録を取得するまでは少なくとも半年に1回，契約対象化合物および／または契約対象製品について実施権者によって行なわれた試験または研究についての英文要約を実施権許諾者に提出し，さらに，得られた技術的情報一般について実施権許諾者に知らせる。但し，実施権者が第三者との既存の契約によりそのようにすることを禁じられている範囲についてはこの限りでない。実施権許諾者は，実施権者により行われた特定の試験または研究についての詳細な情報を実施権者に随時要求できる権利を有し，また実施権者は，当該試験または研究が実施権者によって行われたかまたは第三者によって実施権者のために行われたかにかかわらず，契約地域での契約対象化合物および／または契約対象製品についての試験および研究の報告書の写しをその英訳文と共に実際的に可能な限り短期間に実施権許諾者に送ることによって実施権許諾者のかかる要求に応じる。但し，実施権者が第三者との既存の契約によりそのようにすることを禁じられている範囲ついてはこの限りでない。実施権許諾者は，実施権者に何らの支払いなしに，契約地域外で実施権者のかかる技術的情報を使用し且つその他の実施権者に開示する権利を有する。」

　この例では，契約対象製品に関する実施権者の申請書については，実施権許諾者に特に提供されることになっていないので，実施権許諾者がこれについても入手を希望する場合には，その旨を別途記載することが必要となる。

　この例において，......to the extent that Licensee. ......under any existing agreement with third party(ies)... は，実際にどのような場合に起こり得るかというと，たとえば，実施権者が第三者と共同で研究してある種の新しい製剤の開発に成功し，その製剤技術は実施権者による検討の結果，契約対象製品にも適用できることが明らかとなったような場合，このような製剤に関する技術は，当然実施権者が取得した契約対象製品に関する技術的情報に該当するので，実施権者が実施権許諾者にこれを開示する必要がある。しか

し，実施権者と前記の第三者が当該共同研究を進めるにあたって共同研究契約を締結し，その中で共同研究によって得られた研究成果は第三者に開示しない旨を約束したような場合には，実施権者は，この例文の前記の規定によって，このような新しい製剤に関する技術を実施権許諾者に開示する必要がないことになる。

また，この例での実施権許諾契約においては，実施権者は独占的実施権を許諾されている。したがって，実施権許諾者が契約地域において契約対象製品の販売をすることは当然できないので，この例のように，実施権者が開発または取得した技術的情報について実施権許諾者がこれを契約地域内において利用する権利を有しないとしても特に問題はないように思われる。しかし，実施権許諾契約が何らかの理由で早期に終了し，実施権者が契約地域において契約対象製品の販売をしないことになった場合には，その後実施権許諾者が実施権者から取得した実施権者の技術的情報を契約地域内で利用できるようにしておくことも考えておくべきであろう。

そこで，グラントバック条項の中で，特に実施権許諾者が有する実施権の態様について，さらにいくつかの例を以下に示す。以下の例文では，実施権者が開発または取得した技術的情報を実施権許諾者に開示することが前提となるが，かかる開示に関する条項はここでは省略されている。

(例)

"Licensor shall have an exclusive right and royalty free license to use all such Technical Information of Licensee as far as such Technical Information relates solely to the Licensed Compound and/or the Licensed Product and to disclose and sublicense the same to its Affiliates outside of the Territory to the extent that such license relates to the manufacture, use or sale of the Licensed Compound and/or the Licensed Product, provided, however, in the event that Licensee owns patent(s) for such Technical Information in any country, such exclusive right and royalty free license shall become non-exclusive in such country and Licensee shall have the right to receive from Licensor such compensation as agreed upon between the parties hereto for such use by Licensor and/or its Affiliates of such Technical Information in such country,"

「実施権許諾者は，実施権者のかかる技術的情報について，それが専ら契約対象化合物および／または契約対象製品に関するものである限り，これを契約地域外で使用し，またその再実施権が契約対象化合物および／または契約対象製品の製造，使用または販売に関するものである限り，契約地域外でその関係会社にこれを開示し且つ再実施権を許諾する独占的でロイヤルティ無償の権利および実施権を有する。但し，実施権者がかかる技術的情報について何れかの国で特許を有する場合，当該独占的且つロイヤルティ無償の権利および実施権は当該国で非独占となり且つ実施権者は，実施権許諾者および／またはその関係会社による当該国でのかかる技術的情報の使用に対して，両当事者間で合意される対価を実施権許諾者から得る権利を有する。」

　この例文は，その実施権許諾契約中で実施権者に独占的権利が許諾されている場合についての例である。実施権者が開発または取得した技術的情報について，実施権者は，契約地域外で独占的実施権を実施権許諾者に許諾することになるが，実施権者が当該技術的情報について特許を取得している場合には，実施権許諾者に許諾される権利は，非独占となり，かつ実施権者は，実施権許諾者から一定の補償を得ることができることになっている。実施権者が開発または取得した技術的情報について契約地域以外で実施権許諾者に独占的実施権を認めているということは，実施権者が，実施権者の当該技術的情報を契約地域外で実施するには，当該契約対象化合物または契約対象製品について実施権許諾者が保有する特許が障害となり，実際上実施は不可能であると判断したからであると考えられる。しかし，当該技術的情報につい

て実施権者が特許を取得した場合，当該特許について実施権許諾者に許諾される実施権が非独占となるというのは，独占禁止法上の問題もあるであろうが，実施権者としては，取得した特許について無償で実施権を許諾することはないと判断したものと考えられる。実際，実施権者が取得したかかる特許について実施権許諾者にロイヤルティ無償の実施権を許諾する必要はないものと考える。

(例)

"Licensor shall have a royalty-free, non-exclusive right and license to use all such Technical Information (including any patent obtained thereon) of Licensee in and outside of the Territory, and to disclose and sublicense the same to its Affiliates in and outside of the Territory and its licensee, if any, for use outside of the Territory to the extent that such license relates to the manufacture, use or sale of the Licensed Compound and/or the Licensed Product."

「実施権許諾者は，実施権者のかかる技術的情報（これに対して取得した全ての特許を含む）について契約地域の内外でこれを利用し，これを契約地域の内外でその関係会社にまた契約地域外で実施権許諾者の他の実施権者に開示し且つ再実施権を許諾するロイヤルティ無償の非独占的権利および実施権を有する。但し，当該実施権は契約対象化合物および／または契約対象製品の製造，使用または販売に関するものに限定される。」

この例文の実施権許諾契約において，実施権者には非独占権が許諾されている。したがって，実施権許諾者は，実施権者の開発または取得した技術的情報について契約地域内でもこれを実施する権利を取得している。このような場合，この例文のみからは明らかではないが，実施権許諾者と実施権者の間のバランスを保つためには，実施権許諾者が実施権許諾契約締結後に契約対象化合物および／または契約対象製品について開発または取得した技術的

第 2 節　実施権者による技術的情報の開示

情報および特許について実施権者に追加の対価を支払うことなく許諾されことが前提となっているべきであろう。

　さらに，この例においては，実施権許諾者は，実施権者の開発または取得した当該技術的情報について契約地域外の実施権許諾者の他の実施権者に再実施権を許諾することのできる権利も取得している。この場合，この例文からは明らかではないが，実施権許諾者の当該他の実施権者が取得した同様の技術的情報について，実施権許諾者が実施権者に再実施権を許諾することができることになっていることが前提として存在するべきであると考える。

(例)
"……Licensor shall have a royalty-free, non-exclusive right and license to use all such Technical Information (including any patent obtained thereon) of Licensee and its Affiliates in and outside of the Territory. In the event that Licensor wishes to have other licensees of Licensor make use of such Technical Information in any country, the parties hereto shall in good faith determine a reasonable compensation for Licensee for such use...."

「……実施権許諾者は，実施権者およびその関係会社のかかる技術的情報（それに対して取得した全ての特許を含む）の全てを契約地域の内外で使用するロイヤルティ無償の非独占的権利および実施権を有する。実施権許諾者がかかる技術的情報を実施権許諾者の他の実施権者に何れかの国で使用させる場合には，本契約の両当事者は，かかる使用に対する実施権者への合理的な対価について誠意をもって決定する………」

　この例文の実施権許諾契約において，実施権者は非独占的な権利を許諾されている。したがって，実施権者から入手した技術的情報を実施権許諾者およびその関係会社は無償で契約地域の内外で非独占的に使用できることにな

っている。しかし，実施権許諾者の他の実施権者にこれを実施権許諾者が使用させる場合には，実施権者にその使用に対して対価を支払うというものである。

　実施権者から開示された技術的情報について，実施権許諾者が契約地域外でのみ使用できることになっている場合，実施権許諾契約が何らかの理由で早期に終了したとき，従来の契約地域であったところで実施権許諾者は実施権者の当該技術的情報を使用できるのか，また実施権許諾者が契約地域内では有償で契約地域外では無償で使用できるとなっている場合，実施権許諾契約が同様に何らかの理由で早期に終了したとき，有償であったものは無償になるのか，さらに契約地域のいずれかの国が何らかの理由で契約終了となるかまたは契約地域から除外された場合に，このように契約が終了したかまたは契約地域から除外された国での実施権者から入手した技術的情報の取扱いはどうなるのかの問題がある。契約の解釈上これらの点が明確でない場合には，これらの点を明確にする規定を設けておくことが将来の紛争を避けるという点からも望まことである。このような場合において，たとえば，次のような規定をグラントバック条項の適当な位置に加えておくことが考えられる。

"………in the event that this Agreement is terminated in its entirety or with respect to any particular country of the Territory, all countries of the Territory or such particular country of the Territory, as the case may be, shall be deemed for the purpose of this Article to be outside of the Territory……"

「本契約が全体としてまたは契約地域の特定国について終了した場合，契約地域の全ての国または契約地域の当該特定国は，場合に応じて，本条の目的のためには，契約地域外と見做される……」

"......in the event that this Agreement is terminated with respect to any particular country of the Territory and Licensor wishes to utilize the Technical Information received from Licensee hereunder in such particular country, the parties hereto shall meet and negotiate the commercial terms under which Licensor shall utilize such Technical Information of Licensee in such particular country........."

「………本契約が契約地域の特定国について終了し且つ実施権許諾者が実施権者から本契約の下で入手した技術的情報を当該特定国で使用することを希望する場合，本契約の両当事者は，実施権許諾者が実施権者の当該技術的情報を当該特定国で利用する場合の経済的条件について会談し交渉する………」

第3節　守秘義務

　実施権許諾の対象が技術的情報を含む場合，実施権者は，実施権許諾者から契約対象化合物および契約対象製品に関する各種の技術的情報を入手し，また同様に実施権許諾者は，契約対象化合物および契約対象製品について実施権者が契約期間中に開発または取得した技術的情報を実施権者から入手するのが一般的である。相手方から入手したこれらの技術的情報は，一般的には第三者が入手することのできない秘密の情報であるため，その入手者は相手方からこれを秘密に保持するよう義務（守秘義務）を課される。守秘義務に関する規定においては，守秘義務の期間，守秘義務の対象となる技術的情報の範囲，守秘義務を課されている当事者が守秘義務の対象となっている技術的情報を利用または使用できる範囲等が問題となる。守秘義務に関する規定のいくつかの例を以下に示す。

(例)
"Subject as hereinafter provided, Licensee, for itself and its Affiliates, hereby agrees that it shall, during the term of this Agreement and for a period of five (5)

years thereafter or fifteen (15) years from the date hereof, whichever is longer, hold in confidence the Technical Information defined as "Confidential Information" hereunder and shall not disclose such Confidential Information to any third party nor use such Confidential Information for any commercial purpose other than for the purpose of this Agreement, without first obtaining the written consent of Licensor. "Confidential Information" means any and all Technical Information, except as follows :

i) such Technical Information is a part of the public domain prior to the disclosure by Licensor to Licensee hereunder, or

ii) such Technical Information becomes a part of the public domain after the disclosure by Licensor to Licensee hereunder without any breach by Licensee of this Agreement, or

iii) such Technical Information which Licensee can demonstrate that it had independently developed prior to the disclosure by Licensor to Licensee hereunder, or

iv) such Technical Information is disclosed to Licensee by a third party who has the right to make such disclosure

Nothing contained herein shall prevent Licensee and its Affiliates from disclosing such Confidential Information to the extent that (a) such Confidential Information is disclosed in connection with the securing of necessary governmental authorizations for the marketing of the Licensed Product in the Territory, or (b) such Confidential Information is required to be disclosed by law or for the purpose of complying with governmental regulations, or (c) such Confidential Information is disclosed under an appropriate secrecy agreement to outside research institutions performing experiments and tests on the Licensed Compound and/or the Licensed Product on behalf of Licensee so as to perform the purpose of this Agreement, or

(d) such Confidential Information is disclosed for due performance of this Agreement.

Nothing contained herein shall prevent Licensee and its Affiliates from publishing the results of clinical, preclinical or other studies conducted by Licensee or its Affiliates hereunder if Licensee notifies Licensor reasonably in advance of such publications."

「本契約の以下の規定に従うことを条件に，実施権者は，自らおよびその関係会社のために，以下のことを合意する。実施権者は，本契約の期間中およびその後5年間，または本契約の日から15年間，何れか長い期間，本条の以下において"秘密情報"と定義される技術的情報を秘密に保持し，且つ実施権許諾者の事前の文書による同意を得ることなく，かかる秘密情報を第三者に開示したりまたは本契約の目的以外の経済的な目的のために利用したりしない。"秘密情報"とは，全ての技術的情報を意味する。但し，以下のものは除かれる：

i) 当該技術的情報が実施権許諾者から実施権者に開示される前に公知である場合；または
ii) 当該技術的情報が実施権許諾者から実施権者に開示された後に実施権者による本契約の何らの違反なく公知となった場合；または
iii) 実施権許諾者から実施権者への本契約の下での開示の前に実施権者が独自に開発したと実施権者が証明できる当該技術的情報；または
iv) 当該技術的情報が正当に開示する権利を有する第三者から実施権者に開示された場合。

本条の如何なる規定も実施権者およびその関係会社が当該秘密情報を次の範囲で開示することを妨げるものではない。(a) 当該秘密情報が契約地域

において契約対象製品の販売のために必要な承認取得に関連して開示される場合；または（b）当該秘密情報が法律によってまたは政府の規制に従う目的で開示することが要求される場合：または（c）当該秘密情報が本契約の目的遂行の為に実施権者に代わって契約対象化合物および／または契約対象製品について実験およびテストを行う外部の研究機関に秘密保持契約の下で開示される場合；または（d）当該秘密情報が本契約の遂行のために開示される場合。

　本条の如何なる規定も，実施権者およびその関係会社が本契約の下で実施権者またはその関係会社によって実施された臨床，非臨床またはその他の試験の結果を公表することを妨げるものではない。但し，実施権者が事前にかかる公表を実施権許諾者に知らせることを条件とする。」

　この例は，実施権者の守秘義務に関するものであるが，守秘義務の対象となる技術的情報は，実施権許諾者から入手したもののみならず実施権者自身が契約期間中に開発または取得したものを含んでいる場合についての例である。この例では......Licensee, for itself and its Affiliates, hereby agrees......となっていることから，実施権者は，自分自身が守秘義務を負うことはもちろんのこと，実施権者の関係会社の守秘義務についても責任を負うことになる。秘密保持の期間は，（i）本契約の期間およびその後5年間，または（ii）本契約の日か15年間，のいずれか長い期間となっている。このように（i）と（ii）の2つを組み合わせている理由は，（ii）の規定がない場合においては，もし本契約が何らかの理由で契約締結の日から2年～3年位で終了した場合，（i）の規定のみでは，実施権者の秘密保持期間が契約締結の日から僅かに7年～8年となってしまい，秘密保持期間としては不十分と考えられるからである。

　秘密保持の期間として一般的にどの程度の期間が適当であるかについて

は，秘密保持の対象となる技術的情報の内容によって異なるものと考えられる。実施権許諾契約において実施権許諾者から実施権者に開示されるような技術的情報の場合には，当該実施権許諾契約の契約期間中の守秘義務はもちろんのこととして，その後においても一定の期間，場合によっては当該技術的情報が公知となるまでの期間守秘義務が課されることが一般的である。

　この例のi）からiv）に記載されているものは，一般に秘密とみなされない情報，もはや秘密でなくなっている情報または守秘義務の対象とするに適切でない情報であり，したがって，守秘義務の対象から除外されているものである。この4種の情報は，秘密保持義務における例外規定として極めて一般的な規定である。また，……Nothing contained herein……due performance of this Agreement.……の中に記載されている（a）から（d）までの規定は，守秘義務の対象となっている技術的情報（すなわち秘密情報）であるにもかかわらず，実施権者およびその関係会社が開示することのできる場合を示すものである。このような実施権者による秘密情報の開示の場合であっても，事前に実施権許諾者の同意を要する旨規定されていることもある。しかし，この例では，（d）として，本契約の履行に必要な場合の秘密情報の開示についても規定しているので，このような場合についてまで実施権許諾者の事前の同意を要するとすることは非現実的であるように思われる。

　この例の最後の一文は，実施権者によって行われた実験の結果の公表について規定するものである。日本で医薬品の製造販売承認を取得するためには，製造販売承認の申請の前に申請に使用する動物実験および臨床試験のデータの主要なものについて公表することが要求されているので，日本の企業が実施権者である場合には，特にこのような規定を設けておくことにより，当該試験のデータの発表に際し実施権許諾者にその発表についてその都度了解を求めるのではなく実施権許諾者に通知すればよいことになる。

第5章 技術的情報の開示

(例)

"Licensor shall not disclose any Technical Information received from Licensee hereunder to any third party during the term of this Agreement without first obtaining the written consent of Licensee, except as follows :

i) such Technical Information is a part of the public domain prior to the disclosure to Licensor by Licensee, or

ii) such Technical Information becomes a part of the public domain after disclosure to Licensor by Licensee without any breach by Licensor of this Agreement, or

iii) such Technical Information which Licensor can demonstrate that it had independently developed prior to the disclosure to Licensor by Licensee, or

iv) such Technical Information is disclosed to Licensor by a third party who has the right to make such disclosure;

Provided, however, that nothing contained herein shall prevent Licensor, its Affiliates or its licensees, if any, from disclosing any of such Technical Information to the extent that (a) such Technical Information is disclosed in connection with the securing of necessary governmental authorizations for the marketing of any product containing the identical substance with the Licensed Compound, or (b) such Technical Information is required to be disclosed by law or for the purpose of complying with governmental regulations."

「実施権許諾者は，実施権者の書面による事前の同意を得ることなく，本契約の下で実施権者から入手した技術的情報を本契約期間中第三者に開示しない。但し，以下のものを除く；

i) 実施権者から実施権許諾者への開示の前に公知である当該技術的情報；または

第3節　守秘義務

ii) 実施権者から実施権許諾者への開示の後に実施権許諾者による本契約の違反なしに公知となった当該技術的情報；または

iii) 実施権者から実施権許諾者への開示の前に実施権許諾者が独自に開発したことを 実施権許諾者が証明することのできる当該技術的情報；または

iv) 開示する権利を有する第三者から実施権許諾者に開示された当該技術的情報；

しかしながら，本条のいかなる規定も実施権許諾者，その関係会社もしくは，もし存在する場合には，実施権許諾者のその他の実施権者が当該技術的情報を以下の範囲で開示することを妨げるものではない：

(a) 当該技術的情報が契約対象化合物と同一の物質を含む製品の販売の為に必要な政府の承認を取得することに関連して開示される場合；または

(b) 当該技術的情報が法律または政府の規定に従う目的の為に開示されることが要求される場合。」

この例は，実施権許諾者の守秘義務に関するものである。守秘義務を負う期間が契約期間となっているのが特徴的である。したがって，契約が満了した場合はもちろんのこと，契約が何らかの理由で早期に終了した場合でも，実施権許諾者は契約終了後守秘義務を負わないことになる。実施権者の契約違反等によって契約が早期に終了するような例外的な場合もあるが，一般的にいえることは，契約が早期に終了するような場合は，実施権者がすでに契約対象化合物や契約対象製品に対して興味を失っている場合であると考えられる。実施権者の立場からは，このような場合に，実施権許諾者が実施権者から入手した技術的情報を自由に開示しても特に異論がないとしてこのような規定となったものと考えられる。

113

また，実施権許諾者としては，実施権者が契約対象化合物や契約対象製品に対する興味をなくしたことまたは実施権者の契約違反や破産・清算等によって実施権許諾契約が早期に終了した場合には，当該契約対象化合物および契約対象製品を契約地域の第三者に新たに実施権を許諾して契約地域での契約対象製品の事業化を希望するものと思われる。その場合には，実施権者が当該実施権許諾契約の終了までに当該契約対象化合物および契約対象製品に関して集積した技術的情報を以前は契約地域であったところで新しい実施権者に開示したいと当然に考えるであろう。しかし，この場合に，以前の実施権者との間の実施権許諾契約において，実施権者から入手した技術的情報について契約終了後において秘密保持義務および不使用義務が課されていることは大きな障害となることから，実施権許諾者に課される秘密保持義務期間については，当該実施権許諾契約の期間とされるのが一般的である。

この例では，前例の ....Nothing contained herein .... for due performance of this Agreement ...... の文中に存在した (c) および (d) に相当する規定が存在しない。 しかし，これは前例の (c) および (d) の規定はいずれも本契約の目的遂行の一貫としての技術的情報の開示であるが，本契約の目的とは，実施権者が契約対象製品を契約地域で販売することであり，この目的のために実施権許諾者が実施権者から入手した技術的情報を開示するようなことはあり得ないからである。

(例)

"Any Technical Information provided by one party to the other party under this Agreement and any other Technical Information disclosed or observed in the course of the activities contemplated in this Agreement shall be treated by the receiving part for a period of fifteen (15) years from the date of this Agreement (irrespective of its termination) with the same care as its own proprietary information and the receiving party shall take all reasonable steps to insure that such Technical Information will not be used except as performed by this Agreement, nor communicated to any third parties other than Affiliates, licensees and sublicensees of Licensor, except that the receiving party shall :

i) have the right to disclose such Technical Information to other persons working with said party to the extent in said party's judgement such disclosure is necessary to obtain information designed to satisfy the requirements of any foreign, Japanese, federal, state or local statute or regulation, or to enable the receiving party to commercialize the Licensed Product

ii) upon imminent approval or actual approval by a Japanese governmental agency of a health registration application of the Licensed Product, have the right to disclose such Technical Information to the extent reasonably necessary to promote the use and sale of the Licensed Product ; and

iii) have the right to publish such Technical Information of the nature expected to be published in a scientific and other journal."

「本契約の下で一方当事者から他方当事者へ提供された技術的情報および本契約において意図された活動の結果開示または観測されたその他の技術的情報は、受領当事者によって本契約の日から15年間（契約の終了にかかわりなく）自らの秘密情報と同様の注意を払って取り扱われる。また、受領当事者は、当該技術的情報が本契約の遂行以外の目的に使用されないようにまたは実施権許諾者の関係会社、実施権者および再実施権者以外の第三者に開示されないようにすべくあらゆる合理的手段を採る。但し、受領当事者は；

i) 当該技術的情報を受領当事者と共に働いている他の者に対し開示する権利を有する。但し、受領当事者の判断で、当該開示が外国、日本、連邦、州または地方の法律または規制要件を満たすべく意図された情報を入手するために必要な範囲においてまたは受領当事者をして契約対象製品の販売を可能にする範囲においてなされることを条件とす

第5章 技術的情報の開示

ii) 契約対象製品の製品登録申請について日本の政府当局による承認が間近になってからまたは実際に承認になってから，契約対象製品の使用または販売を促進するために合理的に必要な範囲において当該技術的情報を開示する権利を有する；および

iii) 契約対象製品に関する当該技術的情報の中で公表が期待されているものについて科学またはその他の雑誌に公表する権利を有する。」

　この例は，実施権許諾者および実施権者の双方の守秘義務を規定するものである。守秘義務の期間は，契約締結の日から15年間であり，契約が何らかの理由で早期に（本来の契約期間よりも前に）終了してもこの15年の期間は変わらない。守秘義務の対象となるのは相手側当事者から入手した技術的情報および契約期間中に本契約で意図された活動を行う過程で入手した技術的情報の両方である。したがって，実施権許諾者が契約期間中に取得し実施権者に開示した技術的情報および実施権者が契約期間中に取得した技術的情報で実施権許諾者に開示した技術的情報ともに，これを受領した当事者は，これについて守秘義務を負うことになる。

　この例文においては，実施権者が契約対象化合物や契約対象製品に対する興味をなくしたことまたは実施権者の契約違反や破産・清算等によって実施権許諾契約が早期に終了した場合においても実施権許諾者が受領当事者である場合に，実施権者と同様の期間秘密保持義務を負うことになっている。実施権許諾者に課される秘密保持期間は，最近においては，前述のとおり，実施権許諾契約の期間とされるのが一般的となっている。契約の内容も時代の変化および過去の経験の蓄積をもとに次第に進化するのが常である。その意味において，この実施権許諾契約は，古いタイプの実施権許諾契約であると言える。

第3節　守秘義務

　この例の特徴は，一般に守秘義務の対象外とされている技術的情報（たとえば，前例の i) および ii) に相当する技術的情報）についても守秘義務の対象となっていることである。しかし，このような守秘義務の例外規定が存在しなくても，誰にでも入手することが可能となってしまった技術的情報を秘密に保持することの実際的意味はほとんどないものと思われる。

（例）

"1. Licensee shall undertake full responsibility for taking custody of the Licensed Compound producing strain supplied by Licensor and any mutant derived therefrom (hereinafter referred to as "Strain") with all possible cares and avoid the living cells of the Strain to flow out of or to be brought out of or stolen from the facilities in which Licensee is producing the Licensed Compound or taking custody of the Strain.

In addition, Licensee shall neither use the Strain for any other purpose than for fulfilling the purpose of this Agreement nor supply, deposit, donate or assign the same to any person, institution or company without a prior written consent of Licensor.

2. Licensee shall not use such Technical Information as supplied by Licensor to Licensee hereunder for any other purpose than for fulfilling the purpose of the manufacture of the Licensed Compound. Further, Licensee shall restrict the access to the Strain and such Technical Information as supplied by Licensor to Licensee hereunder only to their employees in charge who have a need to access to or to know the Strain and such Technical Information, and oblige all such employees to hold the same in confidence at least to the same extent as Licensee is obligated hereunder, both during and after the term of their employment.

第5章 技術的情報の開示

3. Even in case that Licensee has discontinued the manufacture of the Licensed Compound prior to the expiration of or upon termination of this Agreement, the obligations undertaken by Licensee with respect to the Strain shall survive expiration or earlier termination of this Agreement and the obligations undertaken by Licensee with respect to the Technical Information shall survive for a period of five (5) years after such expiration or earlier termination of this Agreement.

4. In the event that Licensee has discontinued the manufacture of the Licensed Compound prior to the expiration of or upon termination of this Agreement, Licensee shall immediately return to Licensor any and all of such Technical Information as provided by Licensor to Licensee hereunder without retaining any copy thereof as well as the Strain. Immediately thereafter, Licensee shall refrain from manufacturing the Licensed Compound by using such Technical Information and the Strain,"

「1. 実施権者は，実施権許諾者から提供された契約対象化合物生産菌株およびそれから誘導された変異株（以下「生産菌」という）を最善の注意をもつて管理することに全責任を負い且つ生産菌の生菌が実施権者の契約対象化合物生産施設または生産菌を管理している施設から流出したり，持ち出されたり，または盗まれたりしないようにする。

さらに，実施権者は，本契約の目的を遂行する以外の目的に生産菌を使用しないし，また実施権許諾者の文書による同意なしに生産菌を如何なる人，研究所または会社にも供給，寄託，贈与または譲渡しない。

2. 実施権者は，本契約の下で実施権許諾者から実施権者へ提供された技術的情報を契約対象化合物の製造の目的以外の如何なる目的にも使用しない。さらに，実施権者は，本契約の下で実施権許諾者から実施権者に提供さ

れた生産菌および技術的情報を生産菌および当該技術的情報に接するまたはこれを知る必要のある実施権者の従業員のみがこれに接するように制限し，且つこれらの従業員をして少なくとも実施権者が本契約で義務づけられていると同程度に，その雇用期間中およびその後を問わず，その秘密を保持するよう義務づける。

 3． 本契約の満了前または解約時に実施権者が契約対象化合物の生産を中止した場合においても，生産菌に関する実施権者の義務は，そのような本契約の解約または満了の後も残り，また技術的情報に関する実施権者の義務は，本契約のかかる解約または満了の後5年間残る。

 4． 実施権者が本契約の満了前または解約時に契約対象化合物の生産を中止した場合，実施権者は本契約の下で実施権許諾者から実施権者へ提供された全ての技術的情報（そのコピーも含めて）および生産菌を実施権許諾者に直ちに返還する。その後直ちに，実施権者は生産菌および当該技術的情報を使用して契約対象化合物を製造することを中止する。」

 この例は，実施権許諾者から実施権者に契約対象化合物を生産することができる微生物菌株，いわゆる契約対象化合物生産菌株および当該生産菌株を使用しての契約対象化合物生産に関わる技術的情報が提供された場合について，その生産菌株および技術的情報の守秘義務および保管義務について規定したものである。したがって，この例の中で，実施権許諾者から実施権者に提供された技術的情報とは，生産菌株の取扱いおよび生産菌株を用いて契約対象化合物をいかに効率的に生産するかに関するものである。微生物の場合，提供された菌株から自然変異株が生まれ，また生産性向上のために変異株が作られるので，提供された菌株のみについての保管義務のみでは不充分であり，次々に生まれてくる変異株についての保管義務も含めておく必要がある。

この例では，実施権者は，契約の満了または解約の後，生産菌株については永久にまた技術的情報については5年間，それぞれ管理義務および守秘義務が残ることが規定されている。また，契約の満了または解約の直後から生産菌株および技術的情報を使用して契約対象化合物を生産することができないと規定されている。

第4節 技術的情報の公表

本章の前節においてすでに触れたように，実施権者が契約期間中に開発または取得した技術的情報について発表または公表する場合またはそれが必要な場合がある。特に，日本においては，新規の医薬品についての製品登録（日本では，製造販売承認）を取得するためには，当該製品登録を厚生労働省に申請する前にその主要な非臨床および臨床試験のデータを科学雑誌等に公表する必要がある。ここでは，このような技術的情報の発表または公表についての規定の例を示す。

(例)

"Licensee agrees to submit to Licensor for its reference prior to any publication, manuscripts of such publication of any results of studies pertaining to the Licensed Compound and/or the Licensed Product which are carried out in the laboratories of Licensee. Licensee shall use its reasonable best efforts so as to apply the above sentences of this paragraph to any investigations carried out by independent investigators on behalf of Licensee pertaining to the Licensed Compound and/or the Licensed Product."

「実施権者は，実施権者の研究所で行われた契約対象化合物および／または契約対象製品に関する研究結果の発表原稿を，発表の前に実施権許諾者の参考のために実施権許諾者に提出することに合意する。実施権者は，契約対象化合物および／または契約対象製品に関して実施権者のために独立の研究

者によって行われた全ての研究について，この項の前文の規定を適用するよう合理的な最善を尽くす。」

　この例では，実施権者自身が自らの研究所内で行った研究と実施権者が第三者に依頼して行った研究とを区別して取り扱っている。これは，実施権者自らが自分の研究所内で行った研究については，その発表についても充分コントロールできるが，実施権者の依頼によって独立の第三者が行った研究成果の発表については，必ずしも実施権者がコントロールできるとは限らない場合が存在するからである。特に，日本で行われる臨床試験等についてはその傾向が強いようである。したがって，実施権者が第三者に契約対象化合物または契約対象製品について研究を依頼する場合に，その成果の発表については，その発表の原稿を実施権許諾者に送るよう努力する旨の規定となっている。

(例)
"it is agreed that the Technical Information generated by Licensee hereunder during the term of this Agreement may be published in reputable scientific journals, provided that Licensee will make available to Licensor the manuscript of such publication for review thirty (30) days prior to submission for publication. Licensor shall provide Licensee with comment, if any, as soon as possible, and Licensee shall take appropriate consideration to such comment made by Licensor. The above sentences of this Article shall also apply to investigations carried out by independent investigators on behalf of Licensee, if at all possible."

「本契約期間中に実施権者によって創製された技術的情報は，評価の高い科学雑誌に発表することができる。但し，実施権者は，当該発表の原稿を投稿より30日前に実施権許諾者の検討のために実施権許諾者に提供する。実施権許諾者は，コメントがあればできるだけ速やかに実施権者に知らせ，また

実施権者は，実施権許諾者により出されたコメントを充分考慮する。本条の上記規定は，実施権者のために独立の研究者によって行なわれた研究についても可能な限り適用される。」

　この例において，発表原稿をその投稿より30日前に実施権者は実施権許諾者に提供することになっているが，30日経っても実施権許諾者から何らのコメントもなかった場合には，実施権者は，当該発表原稿を投稿してもよいものと解される。

(例)
"Licensee shall refrain from directly or indirectly or otherwise publishing the results of clinical or pre-clinical studies conducted by Licensee with respect to the Licensed Compound and/or the Licensed Product, without previously obtaining a written approval of Licensor. Said approval shall not be unreasonably withheld or delayed by Licensor. The foregoing sentence shall also apply to investigations carried out by independent investigators on behalf of Licensee with respect to the Licensed Compound and/or the Licensed Product, if it all possible."

　「実施権者は，事前に実施権許諾者の文書による承認を得ることなく実施権者が契約対象化合物および／または契約対象製品に関して行った臨床または非臨床試験の結果を直接，間接またはその他の方法を問わず公表しない。実施権許諾者は，前述の承認を不当に差し控えたりまたは遅らせたりしない。前述の文章は，実施権者のために独立の研究者が契約対象化合物および／または契約対象製品に関して行った研究にも可能な限り適用される。」

　この例では，今までの例と異なり，実施権者が行った非臨床または臨床試験の結果を発表するには事前に実施権許諾者の文書による承認が必要とされている。このように，結果の発表に実施権許諾者の事前承認が必要な場合に

第 4 節　技術的情報の公表

は，実施権許諾者の承認がなかなか得られないことによる実施権者による発表の遅れを回避するために，発表についての承認を得るために実施権者が実施権許諾者に連絡してから何日以内に実施権許諾者から返事がない場合には，実施権許諾者が承認したものと見なす旨の規定を設けておくことが実施権者の立場からは賢明であると思われる。たとえば，この例において"Said approval shall not be unreasonably withheld or delayed by Licensor." の部分を "Said approval shall not be unreasonable withheld or delayed by Licensor and shall be deemed to be given if Licensor does not approve such manuscript within thirty (30) days of receipt." と変更することで可能となる。

第6章　契約対象製品に使用される商標

　実施権許諾契約に基づき実施権者が契約対象製品を販売する場合，当該製品に実施権許諾者と実施権者のいずれの所有に係る商標を使用するかは，実施権許諾者および実施権者にとって極めて重大な問題である。これは，契約対象製品を実施権者が販売するにあたって，実施権者は，契約対象製品のブランド名が顧客に広く認知されるよう膨大な時間と費用をかけて契約対象製品のブランド名を宣伝する。それによって契約対象製品のブランド名，すなわち，契約対象製品の商品名（商標）は，財産的価値を有することとなり，その財産的価値を有する商標を実施権許諾者と実施権者のいずれが所有することになるかという問題だからである。したがって，契約対象製品に実施権許諾者または実施権者のいずれの所有にかかる商標を使用するかについては，実施権許諾契約を交渉する際の1つの大きな問題であるが，実施権許諾契約の交渉においては，実施権許諾者が優位な立場にある場合が多いことから，実施権許諾者が所有する商標を使用することに両者が合意する場合が極めて多い。本章では，実施権許諾契約の両当事者が，実施権許諾者の所有する商標を契約対象製品に使用することで合意した場合に，当該実施権許諾契約の中で規定される商標の使用許諾，許諾された商標の実施権者による使用，許諾された商標の維持，許諾された商標の契約終了後の取り扱い等，許諾対象商標に関する規定について説明する。

第1節　許諾対象商標の使用，使用対象，使用期間，使用形態等

　実施権許諾契約において許諾の対象となるのは，一般的に特許や技術的情報等の技術そのものである。しかし，これらの技術の許諾と共に，前述のごとく，実施権許諾者および実施権者の話し合いによって，契約対象製品に使

第1節　許諾対象商標の使用，使用対象，使用期間，使用形態等

用するために実施権許諾者所有の商標が実施権者に許諾されることがある。そこで，ここでは商標についての使用権許諾に関する規定の例を示す。

(例)

"Licensor grants to Licensee the right on an exclusive basis to use the trademark specified in Schedule attached to this Agreement for the Licensed Product in each country of the Territory and Licensee accepts to use such trademark for the Licensed Product in each country of the Territory. In the event that any particular country of the Territory is deleted from the Territory pursuant to any provisions of this Agreement, the trademark license relevant to such particular country shall terminate immediately."

「実施権許諾者は，本契約の契約地域の各々の国で契約対象製品に本契約に添付された付表（スケジュール）に特定された商標を独占的に使用する権利を実施権者に許諾する。実施権者は，契約地域の各々の国で契約対象製品に当該商標を使用することを承諾する。契約地域の特定の国が本契約の何れかの規定によって契約地域から除外された場合，当該国に関する商標使用許諾は，直ちに終了する。」

この例は，商標使用許諾に関する極めて一般的な規定であり，許諾の対象となる商標の特定，許諾が独占的かまたは非独占的か，許諾された商標を使用できる地域，許諾された商標を使用できる対象（商品）等がまず規定されている。契約対象製品に使用される商標の使用許諾の場合，その使用許諾は，独占的であるのが一般的である。これは，契約対象化合物および/または契約対象製品についての実施権許諾が非独占的であるからといって，契約対象化合物および/または契約対象製品の複数の実施権者に対して，契約対象製品に使用される同一の商標が実施権許諾者によって許諾された場合，販売されている契約対象製品がどの実施権者によって販売されたものであるか

125

について，出所の混同を来すことも考えられるので，これを避けるためである。また，商標の使用許諾が非独占でありかつ同じ契約地域の中に同一の商標を付して契約対象製品を販売している他の実施権者が存在する場合，1人の実施権者が契約対象製品の販売のために膨大な時間と費用をかけてそのブランドを著名なものとしても，それによって他の実施権者も等しくその著名となったブランドの恩恵を受けることになるために，それぞれの実施権者がそのようなブランド育成の努力をしないことにもなるからである。このように，商標には一般に「品質表示機能」および「差別化機能」を有するとされているが，この場合には，特に，その「差別化機能」が損なわれることとなる。

また，何らかの理由で契約地域の特定の国が契約地域から除外された場合，当該国についての商標の使用許諾もまた終了する旨規定されているのは，当該国は実施権許諾契約の対象地域（契約地域）ではなくなることによって，実施権許諾者が第三者に契約対象化合物および／または契約対象製品について新たに実施権を許諾し，当該第三者をして当該国において契約対象製品に当該商標を付して販売させることができるようにするためである。

この例で契約に添付される付表（スケジュール）には，使用許諾される商標が契約地域の，国ごとにその登録番号（出願中の場合にはその出願番号）と共に具体的に示される。契約地域が広範な国に及んでいる場合，実施権許諾者がそのすべての国において同一の登録商標を有しているとは限らないので，契約地域のある特定の国では，契約地域の他の国の商標と異なる商標が許諾されることもある。

実施権許諾者が，許諾された商標を実施権者に使用して欲しい場合には，この例文の中の………Licensee accepts to use such trademark for the Licensed Product in each country of the Territory……を挿入しておくこと

第1節　許諾対象商標の使用，使用対象，使用期間，使用形態等

が不可欠である。この一節がない場合には，実施権者は，確かに許諾対象商標についての使用許諾を実施権許諾者から受けているが，その使用義務は必ずしもないことになるからである。

（例）

"Licensee agrees to use such trademark as owned and proposed by Licensor and registered in the name of Licensor in each country of the Territory for the promotion, sales and distribution of the Licensed Product in the Territory. In the event that Licensee considers that the trademark proposed by Licensor is inappropriate for the promotion, sale and distribution of the Licensed Product in the Territory, Licensee may select a trademark of its own property to be used for the Licensed Product in the Territory. In the event that such trademark selected by Licensee is the one not yet filed for registration in the Territory, Licensor shall take necessary procedures to get the registration of such trademark in its own name in the Territory. In the event that such trademark selected by Licensee is the one already registered or already filed for registration in the Territory in the name of Licensee, Licensee shall upon request of Licensor transfer, at the reasonable consideration then to be agreed upon between the parties hereto, said application or registration, as the case may be, to Licensor at its cost."

「実施権者は，契約地域において契約対象製品のプロモーション，販売およびディストリビューションのために契約地域の各々の国で実施権許諾者が所有し且つ実施権許諾者の名前で登録されている実施権許諾者が提案する商標を使用することに合意する。実施権許諾者によって提案された商標が契約地域での契約対象製品のプロモーション，販売およびディストリビューションには適切でないと実施権者が考える場合，実施権者は，契約地域で契約対象製品について使用する実施権者所有の商標を選択することができる。そのように実施権者によって選択された商標が契約地域で登録のためにいまだ出

127

第6章 契約対象製品に使用される商標

願されていないものである場合，実施権許諾者は，契約地域で実施権許諾者の名前で当該商標を登録するために必要な手続きを採る。実施権者によって選択された当該商標が契約地域において実施権者の名前ですでに登録または登録のための出願がなされているものである場合，実施権者は，実施権許諾者の要望がある場合には，本契約の両当事者によってその時点で合意される対価で，当該出願または登録，場合に応じて，を実施権許諾者の費用で実施権許諾者に譲渡する。」

　契約地域が広範な国に及んでいる場合には，実施権許諾者が契約対象製品に使用するように提案した商標が契約地域のある国ではその使用が適切でないと判断されることもあるであろう。そのような場合に，実施権許諾者が当該国で契約対象製品に使用できるような適当な別の商標を所有していれば，その商標を実施権者に当該国において使用許諾すればよいので特に問題はない。しかし，実施権許諾者が何時でもそのように適切な商標を保有しているとは限らない。そのような場合に，この例のように，実施権者が適当と考える商標を選びこれを実施権許諾者に譲渡するということが実際にはよく行われている。実施権許諾者がこの例のように実施権者から実施権者所有の商標の譲渡を受ける場合，実施権許諾者は，実施権者が当該商標を契約対象製品に使用を開始する前にできるだけ当該商標の譲渡を完了するようにすべきであろう。これは，実施権者が当該商標を契約対象製品に一定期間使用した後においては，当該商標は当然それが使用される以前においてよりもより高い財産的価値を有することとなるので，その譲渡に対する対価も当然高くなると考えられるからである。

(例)

"Subject to the terms, conditions and stipulations hereinafter contained, Licensor hereby grants to Licensee the non-exclusive and non-assignable license and the permission to use such trademark as specified in Schedule attached hereto within

第1節　許諾対象商標の使用，使用対象，使用期間，使用形態等

the Territory upon, in relation to, or in connection with, the Licensed Product."

「本契約の以下に規定される諸条件および条文に従うことを条件に，実施権許諾者は，本契約に添付された付表（スケジュール）で特定される商標を契約対象製品に関連して契約地域で使用する非独占的で且つ譲渡不可の実施権および許可を実施権者に許諾する。」

　実施権許諾契約において特許および／または技術的情報について許諾される実施権の態様が非独占的であっても，契約対象製品に使用する商標についての使用権許諾は独占的であるのが一般的であるとすでに述べたが，これは，契約対象製品の実施権者が同一地域で複数存在する場合でも，当該契約対象製品がどの実施権者が販売するものであるかを区別するために，各実施権者は契約対象製品に別々の商標を付して販売するのが一般的だからである。したがって，この例のように非独占的な商標の使用権を許諾するのは，むしろ例外的なケースと理解すべきである。なお，この例では，商標の使用許諾が実施権許諾者から実施権者になされているが，この使用許諾された商標を使用する義務は実施権者に課されていないので，実施権者がこれを使用するか否かは，実施権者の自由である。

　今までの例は，商標の使用許諾に関する規定の例であったが，以下に使用許諾された商標の使用に関する規定の例をいくつか示す。

(例)
"Licensee agrees to have the Trademark followed by a mention of the Trademark being registered and further agrees not to take any steps which would lead to degeneration of the Trademark."

「実施権者は，許諾対象商標が登録されている旨の表示をすることに合意

129

第 6 章 契約対象製品に使用される商標

し，且つ許諾対象商標が普通名称化するような如何なる方策も採らないことに合意する。」

　商標は，その使用の態様によっては，それが一般名称または普通名称であるかのごとく一般大衆に受け取られてしまうことがある。したがって，商標の使用にあたっては，それが登録商標であることを表示する等によって，商標が普通名称化または一般名称化することのないよう努める必要がある。この規定は，許諾対象商標の使用にあたっては，それが登録商標である旨の表示と普通名称化に繋がるようなことをしないことの約束に関する規定である。

(例)
"Licensee shall not be entitled to use the Trademark otherwise than as a licensed user thereof and shall use the Trademark in conformity with the provisions of this Agreement."

「実施権者は，許諾対象商標をその実施権者としての使用以外の方法で使用する権利を有しないし，また本契約の規定に従って許諾対象商標を使用する。」

　この例は，実施権者が許諾対象商標を，たとえば，自分がその登録権者であるかのごとく使用する等の，実施権者としての使用以外の使用を禁じると同時に，実施権者が許諾対象商標を本契約の規定に従った使用をするように規定するものである。

(例)
"Licensee undertakes to use the Trademark only upon or in relation to the Licensed Product manufactured by it in accordance with specifications and

methods furnished or approved from time to time by Licensor."

「実施権者は，許諾対象商標を実施権許諾者が随時提供または承認する規格および方法に従って実施権者が製造した契約対象製品にのみまたはこれに関連してのみ使用する。」

商標は，それが付された製品の品質表示および他との差別化等のために使用されることを考えた場合，この例のように，実施権許諾者の指定する方法で製造した契約対象製品のみに許諾対象商標を使用するように実施権許諾者が実施権者に要求するのは当然のことであるといえる。

(例)
"Licensee covenants that it shall not use the Trademark in any manner whatsoever which shall or may jeopardize the significance, distinctiveness or validity of the Trademark and apply and use the Trademark only in relation to the Licensed Product in respect of which the Trademark is registered and only in such form and manner which Licensor may from time to time direct and the labels, containers, packages, inlay leaflets, promotional materials and the like used in relation to the Licensed Product shall show the Trademark in such manner and with such lettering and markings as may be so directed by Licensor and, without prejudice to generality of the foregoing, the Trademark shall be described in such manner, so as to indicate clearly that the Trademark is the trademark of Licensor and they shall be used by Licensee only by way of permitted or licensed use and not otherwise."

「実施権者は，以下のことを約束する。実施権者は，許諾対象商標の重要性，識別性，または有効性を損なうような如何なる方法においても許諾対象商標を使用しないし，また許諾対象商標がその登録の対象となっている契約

第6章 契約対象製品に使用される商標

対象製品に関してのみ且つ実施権許諾者が随時指示する形および方法のみで許諾対象商標を使用する。さらに，契約対象製品に関連して使用されるラベル，容器，包装，製品説明書，宣伝用資料等には，実施権許諾者が指示する方法並びに字体および図形で許諾対象商標を表示し，また前記の一般原則を損なうことなく，許諾対象商標は，許諾対象商標が実施権許諾者の商標であることを明確に示すような方法で表示され，さらに，許諾対象商標は，承認されたまたは許諾された態様によってのみ実施権者によって使用されそれ以外の方法では使用されない。」

この例は，許諾対象商標の使用方法，使用対象等について詳細に規定したものである。実施権者が許諾対象商標をその登録された態様と異なる態様で使用した場合，当該登録商標の使用とは認められず，したがって，たとえば，日本においては，不使用による登録商標の取り消しの原因ともなるので，許諾対象商標の実施権者による使用に関しては，実施権許諾者も充分に留意しておくことが必要である。

(例)

"Licensee hereby declares that it shall not at any time :
 (a) take any action which shall or may impair any right, title or interest of Licensor to the Trademark in any country or create any right, title or interest therein or thereto which may be adverse to Licensor,
 (b) assert or claim any right, title or interest to the Trademark adverse to those of Licensor;
 (c) use the Trademark in relation to any products other than the Licensed Product in respect of which the Trademark shall be registered."

「実施権者は，実施権者が如何なるときも以下のことをしない旨宣言する；

第 1 節　許諾対象商標の使用，使用対象，使用期間，使用形態等

(a) 許諾対象商標について何れかの国で実施権許諾者の権利，所有権または利権を損なうような行為または許諾対象商標について実施権許諾者に不利となるような権利，所有権または利権を生み出すような行為；
(b) 実施権許諾者の権利，所有権または利権に不利となるような許諾対象商標の権利，所有権または利権の主張または請求；
(c) 契約対象製品に関して登録されている許諾対象商標のそれ以外の商品に関連しての使用。」

この例は，許諾対象商標について実施権者がしてはならないことについて規定する。

（例）
"Licensee recognizes the Licensor's ownership and title to the Trademark and nothing herein contained shall be construed that Licensee has acquired and shall acquire or claim adversely to Licensor any right, title or interest in the Trademark under this Agreement. Licensee will not directly or indirectly file any application for or use any other marks likely to be confused with the Trademark. No proceedings for infringement of the Trademark or for passing off in relation thereto will be brought by Licensee without the Licensor's prior written consent."

「実施権者は，許諾対象商標に対する実施権許諾者の所有権を認める。本契約の規定は，実施権者が許諾対象商標の権利，所有権または利権を取得したと解されるものでないし，また実施権許諾者に不利となるようなこれらの権利を取得しまたは請求するものでもない。実施権者は，許諾対象商標と混同するような如何なるその他のマークも直接にも間接にも登録申請したりまたは使用したりしない。実施権者は，許諾対象商標の侵害に対する手続きまたはそれに関連する黙認のための手続きを実施権許諾者の事前の文書による同意なしに採らない。」

第6章　契約対象製品に使用される商標

(例)

"Nothing herein contained shall at any time during the continuance or after the expiration or termination of this Agreement, be deemed to give to Licensee any right, title or interest in and to the Trademark, except as herein specifically granted and it is hereby expressly agreed and declared by and between the parties hereto that the right, title, interest and property in the Trademark vest and shall continue to vest solely and absolutely in Licensor and Licensee shall have no right to acquire the Trademark from Licensor whether by reason of the use by Licensee thereof or by lapse of time or on payment to Licensor of any sum or otherwise howsoever."

「本契約の規定は，本契約において明確に許諾された場合を除き，本契約の期間中または本契約の満了もしくは終了後の何時にても，許諾対象商標について何らかの権利，所有権または利権を実施権者に与えるものと解されるものでない。許諾対象商標に関する権利，所有権および利権は，専ら且つ完全に実施権許諾者に帰属しまた帰属し続けるものと本契約の両当事者間で理解され且つ合意される。実施権者は，実施権者の許諾対象商標の使用の事実によってもまたは本契約の経過または一時金の実施権許諾者に対する支払いまたはその他の如何なる方法によるも，実施権許諾者から許諾対象商標を取得する権利を持つものでない。」

　本節における最初の3例は，いずれも許諾対象商標の許諾に関して直接的に規定するものである。しかし，それ以降の例は，すべて許諾対象商標の使用の態様，使用上の注意，使用の対象等について規定するものである。したがって，契約書の中では，許諾対象商標の許諾に関する規定の後に，これらの規定を適当に組み合わせて規定することができる。

第2節　許諾対象商標の維持

実施権許諾契約において実施権者に許諾された許諾対象商標を登録状態に維持しておくことは，許諾対象商標の所有者である実施権許諾者の責任である。許諾対象商標が登録商標でない場合には，当該許諾対象商標を使用する第三者に対して，商標法に基づき法的手続，すなわち，侵害排除や損害賠償請求の手続きを採ることはできない。商標権の維持に関する規定の例を以下に示す。

(例)
"Licensor shall, during the term of this Agreement, maintain the Trademark as a valid and effective trademark registration within the Territory and shall be responsible for all taxes and fees required in connection therewith. Licensee agrees to give Licensor all reasonable assistances for that purpose."

「実施権許諾者は，本契約の期間中，許諾対象商標を有効な登録商標として契約地域において維持するものとし，またそれに関連して要求される全ての税金および費用支払いについて責任を有する。実施権者は，当該目的のためにあらゆる合理的な援助を実施権許諾者に与える。」

この例は，許諾対象商標の維持に関する極めて一般的な規定である。日本の場合，登録商標の更新のためには，従来当該登録商標の使用の事実を示す必要があった。したがって，当該登録商標の所有者が第三者に当該登録商標について使用権を許諾している場合には，当該登録商標の更新には，当該登録商標の所有者は，当該第三者が当該登録商標を使用している事実を証明する必要があり，許諾対象商標の維持には実施権者の協力が不可決であった。しかし，平成8年改正法付則第3条第1項によって，現在においては使用の事実を示す必要はなくなっている。

第6章 契約対象製品に使用される商標

(例)

"Licensor will use its reasonable best efforts to maintain all the Trademarks at its own expense in the Territory. If Licensor chooses not to maintain any Trademark in the Territory, Licensor will at the Licensee's request assign any such Trademark to Licensee."

「実施権許諾者は，契約地域において自分の費用で全ての許諾対象商標を維持すべく合理的な最善を尽くす。実施権許諾者が契約地域において何れかの許諾対象商標の維持を欲しない場合，実施権許諾者は，実施権者の要求がある場合には，当該許諾対象商標を実施権者に譲渡する。」

(例)

"Licensor and Licensee shall forthwith make joint application to the Registrar of the Trademark in the Territory for the registration of Licensee as a registered user of the Trademark in respect of the Licensed Product manufactured by Licensee and shall do all such acts and things as may be reasonably proper and necessary to secure such registration."

「実施権許諾者および実施権者は，実施権者が製造した契約対象製品に関する許諾対象商標の登録使用者として実施権者を登録するために契約地域の商標登録庁に直ちに共同で申請し，且つ当該登録を獲得するために合理的に適切にして且つ必要なあらゆる行為と手続きを行う。」

実施権者が許諾対象商標について実施権を得た場合，その実施権について政府機関（たとえば，特許庁）に登録することができるし，またそのような登録が義務付けられている国も存在する。この例は，そのような場合についてのものである。

第3節　契約終了における商標の取扱い

　実施権許諾契約が終了した場合に，実施権者に許諾されていた許諾対象商標は，当該許諾対象商標が実施権許諾者の所有にかかるものである以上，そのすべての権利が実施権許諾者に帰属するようになることは言うまでもない。また，実施権者が契約対象製品に使用した商標が実施権者の所有に係るものである場合には，実施権者は当該商標を実施権許諾契約の終了後も継続して使用することができることも言うまでもない。しかし，当該商標の所有権が実施権許諾者に属するものであるかあるいは実施権者に属するものであるかにかかわらず，実施権者がそれを使用開始する時点では，ほとんどの場合において当該商標の財産的価値はそれほど大きいものではないが，その後の実施権者の使用により財産的価値も増大するようになるものである。したがって，このような事実を考慮に入れて，実施権許諾者と実施権者の間の話し合いによって，実施権許諾契約期間中に契約対象製品に使用された商標について，実施権許諾契約終了後にこれをどのように取り扱うかについて実際にはいろいろの取り決めがなされる場合がある。ここでは，そのような取り決めの例を示す。

(例)

"In the event of the termination of this Agreement for any reason whatsoever, all rights to the Trademark licensed to Licensee shall automatically revert to Licensor and Licensee shall thereafter refrain from using any of the Trademark and any other trademark confusingly similar thereto for any product in any country, provided, however, in the event that the supply contract between the parties with respect to the Licensed Compound would remain effective at the time of such termination of this Agreement, the parties shall negotiate and agree on the terms and conditions of the trademark license agreement under which Licensee continues to use the Trademark for marketing of the Licensed Product.

第6章　契約対象製品に使用される商標

Under such trademark license agreement, Licensee shall pay to Licensor a royalty of one percent （1%） of the Net Sales of the Licensed Product. In the event that said supply contract does not exist after termination of this Agreement and Licensee manufactures or intends to manufacture or purchases from any third party the Licensed Compound for use and sales of the Licensed Product in the Territory, Licensor will grant to Licensee an exclusive license to use the Trademark in each country of the Territory at a royalty of two percent （2%） of the Net Sales of the Licensed Product,"

「理由の如何にかかわらず本契約が終了した場合，実施権者に許諾された許諾対象商標に関する全ての権利は，自動的に実施権許諾者に帰属し，実施権者は，その後如何なる国の如何なる製品にも許諾対象商標および当該許諾対象商標と混同する程度に類似するその他の如何なる商標も使用しない。但し，契約対象化合物に関する両当事者間の供給契約が本契約のかかる終了の時に有効に存続する場合，両当事者は，実施権者が商標使用許諾契約の下で契約対象製品の販売のために許諾対象商標を継続使用できるように当該商標使用許諾契約の諸条件について交渉し且つ合意する。当該商標使用許諾契約の下で，実施権者は，契約対象製品の正味販売高の1％のロイヤルティを実施権許諾者に支払う。本契約の終了後，前記供給契約が存在せず且つ実施権者が契約地域において契約対象製品の製造および販売のために契約対象化合物を製造しまたは製造を意図しまたは第三者から購入する場合，実施権許諾者は，契約地域の各々の国において許諾対象商標を使用する独占的使用権を契約対象製品の正味販売高の2％のロイヤルティでもって実施権者に許諾する。」

　この例は，実施権者が実施権許諾契約の終了後においても許諾対象商標を使用して契約対象製品の継続的販売を希望する場合についてのものである。また，この例では，実施権許諾者と実施権者の間に，実施権許諾契約の他に

第3節　契約終了における商標の取扱い

契約対象化合物の供給に関する契約が別途に存在しかつ実施権許諾契約の終了後は，当該供給契約を継続するか否かの決定権を実施権者が有している場合についてのものである。換言すれば，実施権者は，実施権許諾契約の終了後は，契約対象化合物を自分で製造することもまた実施権許諾者または第三者から購入することも自由である。もちろん，実施権者は，実施権許諾契約終了後においては，契約対象製品に許諾対象商標を使用しないで別の商標で契約対象製品を販売することも可能である。しかし，実施権許諾契約の終了後，実施権者が契約対象製品を継続的に販売することを希望する場合，それまでに契約対象製品に使用してきた許諾対象商標を継続的に使用する方がその販売政策上有利であることは言うまでもないことである。したがって，実施権者が許諾対象商標の継続使用を希望する場合は，両者間で新たに商標使用許諾契約を締結することになっている。

この例におけるような商標権の使用許諾において，その使用の対価としてのロイヤルティをどの程度の率にするかは，もちろん，実施権許諾者と実施権者の交渉により決まるものであるが，契約対象製品の正味販売高の1～2％程度のロイヤルティが一般的である。この例では，実施権者が同様に許諾対象商標を使用する場合でも，実施権者が契約対象化合物を実施権許諾者から購入する場合と，自ら製造あるいは第三者から購入する場合でロイヤルティ率に差がある。これは，実施権許諾者が契約対象化合物を供給する場合には，実施権許諾者は契約対象化合物の供給により当然一定の利益を得ると考えられるから，両者の間にこのような差が設けられたものである。

(例)

"On and after the termination of this Agreement,
   (a) when requested and without compensation, Licensee shall execute such documents and do such things as Licensor may require for the purpose of evidence that any goodwill that is or may be acquired from the use of the

第 6 章　契約対象製品に使用される商標

> Trademark pursuant hereto, is owned by Licensor and that any and all rights that Licensee may have ended, and for cancelling any registration of Licensee as a registered user of the Trademark, Licensee hereby irrevocably appoints Licensor as its attorney to execute and deliver all documents necessary or desirable to record the termination of this Agreement and the registration of Licensee as a registered user of the Trademark,
>
> (b) Licensee will discontinue all use of and reference to the Trademark, change its name and any name under which it directly or indirectly carries on business to a name not incorporating and not using a name incorporating the Trademark or any variations thereof, and deliver to Licensor all advertising material, labels and other documents and materials in its possession or power showing the Trademark, and
>
> (c) Licensee will not hereafter in any way use or cause the use or display of any trademark, device, design, label or name that in any way resemble, include or confuse with the Trademark."

「本契約終了の後,

　(a)　要求がある場合には無補償で，実施権者は，本契約に基づき許諾対象商標の使用を通して取得した暖簾が実施権許諾者の所有にかかるものであることおよび実施権者が取得した全ての権利が終了したことを証明するために実施権許諾者が要求する書類を作成し，そのために必要な行為を行い，さらに，許諾対象商標の登録使用権者としての実施権者の登録を抹消するために，本契約の終了および実施権者の許諾対象商標に関する登録使用権者としての登録の終了を記録するために必要または望まし書類を締結し且つ届ける代理人として実施権許諾者を指名する；

　(b)　実施権者は，許諾対象商標についての全ての使用および関わりを中止し，その名前および実施権者が直接または間接にその事業に用いた名前を

許諾対象商標またはその変形を含まないおよびそれを使用しない名前に変え，さらに，許諾対象商標を表示する全ての広告資料，ラベルおよびその他の書類および資料で実施権者の所有にかかるものを実施権許諾者に引き渡す；および

　(c)　実施権者は，その後如何なる方法においても，許諾対象商標と何らかにおいて類似し，許諾対象商標を含み，またはこれと混同する如何なる商標，マーク，デザイン，ラベルまたは名前を使用したりまたは使用させたりまたは展示したりしない。」

　この例は，実施権許諾契約の終了後の許諾対象商標の取扱いについて，(i) 実施権者を登録使用権者としての登録から抹消し，さらに，許諾対象商標に化体した暖簾が実施権許諾者に帰属することを示すために必要な書類を作成しかつそれに必要な行動をとり，(ii) 許諾対象商標の使用の中止および許諾対象商標を含む名前等からの許諾対象商標の削除,および (iii) 許諾対象商標に類似する商標，マーク，ラベル等の使用禁止等について極めて詳細に規定している。

(例)

"In the event of the termination of this Agreement for whatever reason (except for termination by Licensee for cause pursuant to Article xx hereof), Licensee agrees to transfer Licensor free of charge its part of the ownership with respect to the Trademark in the Territory and shall thereafter refrain from using the Trademark in whatever way. In the event of the termination by Licensee of this Agreement for cause pursuant to Article xx hereof, Licensor agrees to transfer to Licensee free of charge its part of ownership with respect to the Trademark in the Territory and shall thereafter refrain from using the Trademark in whatever way."

「如何なる理由であれ本契約が終了した場合（但し，本契約の第 xx 条に

第6章 契約対象製品に使用される商標

基づく実施権者による本契約の終了の場合を除く），実施権者は，契約地域での当該商標に関するその持分を無償で実施権許諾者に譲渡することに合意し，且つその後如何なる方法によるも当該商標を使用しない。本契約の第xx 条に基づく本契約の実施権者による終了の場合，実施権許諾者は，当該商標に関する契約地域でのその持分を無償で実施権者に譲渡することに合意し，且つその後如何なる方法であれ当該商標を使用しない。」

　この例の当該商標とは，実施権許諾者と実施権者の共有に係る商標である。さらに，この例の中で出てくる第xx 条の規定とは，契約違反または破産，清算等の場合における本契約の終了に関する規定である。通常，実施権許諾契約においては，実施権許諾契約が終了した場合，実施権許諾者から許諾された許諾対象商標は実施権許諾契約の終了と共に実施権許諾者にそのすべての権利が帰属することになるのが一般的である。また，この例のように，契約対象製品に実施権者が使用していた商標が実施権許諾者と実施権者の共有に係るものである場合には，実施権許諾契約が終了しても，当該商標の共有関係に変化を生じる理由は何もない。しかし，この例では，実施権許諾者の契約違反や破産，清算等によって実施権者が本契約を終了した場合を除き，契約対象製品に実施権者が使用していた実施権許諾者と実施権者の共有にかかる商標が，契約地域において実施権許諾者の単独所有になることになっており，また実施権許諾者の契約違反や破産，清算等によって実施権者が本契約を終了した場合は，契約地域における当該商標のすべての持ち分が実施権者に帰属することになっており，この点が通常の場合と異なるといえるであろう。

(例)

"Upon termination of this Agreement for any reason whatsoever, Licensee agrees to transfer its ownership of such trademark as Licensee used for the Licensed Product to Licensor, provided, however, that the parties hereto shall, upon

第 3 節　契約終了における商標の取扱い

request of Licensee, execute a simple trademark license agreement under which Licensee continues to use on an exclusive basis said trademark for the Licensed Product in the Territory as long as Licensee continues the marketing of the Licensed Product in the Territory. Under such trademark license agreement, Licensee shall pay to Licensor a royalty equal to one percent (1%) of the Net Sales of the Licensed Product."

「如何なる理由であれ本契約が終了した場合，実施権者は，契約対象製品に実施権者が使用した商標の所有権を実施権許諾者に譲渡することに合意する。但し，本契約の両当事者は，実施権者の要望がある場合には，実施権者が契約地域において契約対象製品の販売を継続する限り，契約地域において契約対象製品に独占的に前記商標を継続使用するための簡単な商標使用許諾契約を締結する。当該商標使用許諾契約の下で，実施権者は，契約対象製品の正味販売高の1％に相当するロイヤルティを実施権許諾者に支払う。」

この例では，実施権者が契約対象製品に使用している商標は，実施権者の所有に係るものである。したがって，実施権者が実施権許諾契約の終了において当該商標を実施権許諾者に譲渡すべき理由は何もない。しかし，実施権許諾契約が終了した場合，実施権者は，当該商標の所有権を実施権許諾者に譲渡することに合意し，かつ契約対象製品に当該商標を契約地域で実施権許諾契約の終了後に継続的に使用することに対してロイヤルティを支払うことに合意している。この規定は，実施権者にとって極めて不利な条件のように思われるが，実施権許諾契約締結時点から，（1）実施権許諾契約が終了した場合，実施権者は，当該商標の所有権を実施権許諾者に譲渡することで，実施権許諾者は実施権者所有の商標を契約対象製品に使用することを認め，さらには，（2）実施権許諾契約の終了後に契約対象製品に当該商標を契約地域で継続的に使用する場合には，実施権者は，実施権許諾者に対してロイヤルティを支払うことが，本実施権許諾契約締結の前提条件となっていたも

143

のであることから，必ずしも不利であるとは言い難い面がある。

第7章　許諾対象特許および特許侵害

　実施権許諾契約において許諾された特許，すなわち，許諾対象特許を実施権者が実際に実施する場合に，許諾対象特許について実施権を有するから第三者の特許を侵害することはないと考えるのは誤りである。実施権者が許諾対象特許を実施している場合でも，第三者の特許権を侵害することとなる場合が存在する。したがって，実施権者は，実施権許諾契約の下で実施権者に許諾された権利の実施が第三者の特許権等の侵害でない旨の保証（特許保証）を実施権許諾者に求めることがあるが，この特許保証をいかに実施権許諾契約の中に規定するか，さらには，実施権者に許諾された権利の実施権者による実施が第三者の特許権等の侵害となった場合にどのように対応するかの問題がある。また，前章の許諾対象商標について述べたと同様に，実施権許諾者は，許諾対象特許を有効な特許権として維持することが必要であるが，これを実施権許諾契約の中でどのように規定するかの問題がある。さらに，許諾対象特許を第三者が侵害する場合に，実施権許諾者および実施権者は，侵害者に対してどのように対応するのか，またそのような侵害者によって損なわれた実施権許諾者および実施権者の権利についてどのような対応策が採られるのかの問題がある。この章では，これらの問題について説明する。

第1節　許諾対象特許に関する補償および保証

　実施権者が実施権許諾契約に基づき契約対象化合物や契約対象製品の製造，使用および販売等を行う場合に，第三者の特許権等の侵害となることがある。実施権許諾者から特許について実施権を許諾されているからといって必ずしも安心はできない。実施権許諾者から許諾された許諾対象特許は，契約対象化合物および契約対象製品それ自体をカバーするものであっても，その医薬品としての用途は第三者の特許権でカバーされているかもしれない。

また，許諾対象特許が契約対象化合物をカバーするものであっても，当該契約対象化合物を上位概念でカバーしている第三者の特許が存在するかもしれない。さらには，契約対象化合物の製造等においては，許諾対象特許が契約対象化合物自体とその最終合成工程をカバーするものであっても，第三者がその最終工程の出発原料をカバーする特許やその途中の合成工程や中間体をカバーする特許権を有しているかもしれない。したがって，実施権者は，実施権許諾契約に基づく契約対象化合物や契約対象製品の製造，使用，販売等が第三者の特許権等の工業所有権の侵害を構成するものでない旨の保証を実施権許諾者に求めることがある。実施権許諾者が実施権者のこのような要求に応えて特許保証を与えるか否かは，もちろん，実施権許諾者の判断に負うところが多いが，実施権許諾者と実施権者の両方の話し合いにより決まる問題である。実施権許諾者が，実施権者に対して許諾された権利の実施が第三者の特許権等の工業所有権を侵害するものではないとの保証を与える場合には，関連する特許権等の工業所有権について充分な調査が必要であることは言うまでもないことである。このような特許保証に関する規定の例を以下に示す。

(例)

"Licensor shall protect, defend, indemnify and save Licensee or its Affiliate harmless against any and all claims, demands, damages, costs and expenses arising out of any proceedings brought against Licensee or its Affiliate for reasons of any infringement of the patents, trademarks or any other industrial property as the result of any sale or use of the Licensed Product in the Territory, provided that Licensor shall have been given a written notice of such proceedings at the earliest opportunity."

「実施権許諾者は，契約地域での契約対象製品の販売または使用の結果として，特許，商標またはその他の工業所有権の侵害を理由に実施権者または

第1節　許諾対象特許に関する補償および保証

その関係会社に対して提起された訴訟から生じる全ての請求，要求，損害および経費について実施権者およびその関係会社を保護し，守り，補償し且つ救済する。ただし，実施権者が速やかにそのような訴訟について文書で実施権許諾者に知らせることを条件とする。」

　この例の実施権許諾契約においては，実施権許諾者が実施権者に対して，許諾対象特許の下で，契約対象化合物から契約対象製品を製造し，かつそのように製造された契約対象製品を契約地域において販売する権利を許諾している。さらに，実施権者は，そのように実施権許諾者から許諾された契約対象化合物から契約対象製品を製造する権利を実施することなく，契約対象製品を実施権許諾者から購入している場合についての例である。この例では，実施権者の契約地域での契約対象製品の使用または販売が第三者の特許権のみならずその他の工業所有権を侵害することとなった場合についての実施権許諾者による実施権者およびその関係会社に対する保証を規定している。この例では，実施権許諾者が実施権者に契約対象製品を供給していることから，実施権許諾者としても，当該行為およびその後の実施権者による契約対象製品の販売が契約地域における第三者特許等の工業所有権の侵害とならなかどうかという点について慎重に調査しているから，このような保証が可能となったと考えられる。

　しかし，実際に実施権者による契約対象製品の使用または販売が第三者の特許権等の工業所有権を侵害することとなった場合，実施権者はその対応に多大な時間と労力を費やすことになり，それによって被る損害も膨大なものとなる可能性があり，仮にこのような保証の規定が実施権許諾契約の中に存在したとしても，実施権者が被った有形および無形の損害のすべてをそれによって回収できるとは限らないし，また得べかりし利益の喪失については全く補償されないので，実施権者は，実施権許諾契約の締結前に，許諾された権利を行使することが権利の侵害となるような第三者の特許権等の工業所有

権が存在するかどうか充分に調査しておくことが必要である。

（例）

"Licensor hereby warrants that the manufacture, use and sales of the Licensed Product by Licensee in the Territory will not constitute any infringement of any patent owned by any third party. In the event that a claim of patent infringement is made against Licensee by a third party in any country of the Territory by reasons of the Licensee's commercial activity hereunder, Licensor shall indemnify and hold Licensee harmless from and against all suits, claims, liabilities, losses, expenses (including legal expenses) and damages arising from such patent infringement."

「実施権許諾者は，契約地域での実施権者による契約対象製品の製造，使用および販売が第三者の所有する特許の侵害を構成しないことを保証する。本契約の下での実施権者の経済的活動を理由に契約地域のいずれかの国で第三者による実施権者に対する特許侵害の訴えがなされた場合，実施権許諾者は，当該特許侵害から生じる訴訟，請求，債務，損失，経費（法的費用を含む）および損害について実施権者を補償し，損害を与えない。」

　この例では，実施権者の契約地域での契約対象製品の製造，使用または販売が第三者所有の特許権を侵害しない旨を保証し，さらに，実施権者のこれらの行為が第三者所有の特許を侵害する場合には，実施権許諾者が実施権者を完全に補償する旨を規定するものである。しかし，次のような保証を与えることもある。

（例）

"Licensor warrants and represents that it has the entire right, title and interest in and to the Licensed Patent, that to the best of its knowledge there are no known outstanding claims or licenses or other encumbrances upon the Licensed Patents, that the only patent and patent application now owned or controlled by Licensor which cover the Licensed Product and/the use or sale of the Licensed Product in the Territory are listed in Schedule attached hereto, and that it is not in a possession of any information which would, in its opinion, render any claim of any Licensed Patent invalid and/or unenforceable."

「実施権許諾者は，以下のことを保証しかつ表明する。すなわち，実施権許諾者は，許諾対象特許に関する全ての権利，所有権および利権を有すること，実施権許諾者の知る限りにおいて，許諾対象特許に関して既知の継続中の請求，実施権またはその他の抵当権は存在しないこと，契約地域において契約対象製品およびその使用または販売をカバーし実施権許諾者が所有または支配する特許および特許出願のみが本契約に添付された付表（スケジュール）に列挙されていること，および実施権許諾者の意見では，許諾対象特許のクレームを無効および／または履行不能とするようないかなる情報も実施権許諾者は有していないこと。」

この例では，実施権許諾者が許諾対象特許に関する正当な権利者であること，実施権許諾者の知る限りにおいては許諾対象特許に関して継続中の抵当権等が存在しないこと，契約対象製品に関連して実施権許諾者が契約地域で所有する特許は付表に記載されているものがすべてであること，および許諾対象特許を無効にしまたは履行不能にするような情報の存在を実施権許諾者が知らないことを保証するのみで，実施権者の本契約に基づく経済行為が第三者の特許権等の侵害となるか否かについては，全く触れていない。

(例)
"Licensor represents that nothing has been brought to its attention to the effect that patent right of third party (except for the Japanese Patent Application

149

No............) would be infringed by the Licensee's purchase from Licensor, use or sale in the Territory of the Licensed Product. In the event, however, that the Licensee's purchase, use or sale in the Territory of the Licensed Product would constitute an infringement of any patent right of third party (including said Japanese Patent Application) either party shall, as soon as it becomes aware of the same, notify the other party thereof in writing, giving in such notice full details known to it of the patent right of such third party and the extent of any alleged infringement. After receipt of such notice the parties hereto shall meet to discuss the situation and, if and to the extent necessary to permit Licensee to practice the right granted hereunder, the parties shall together use their reasonable endeavors to obtain an appropriate license from such third party. In negotiating such a license the parties shall make every efforts to minimize the amount of license fees and royalties payable thereunder, but if such license requires Licensee to pay royalties to such third party, then Licensor and Licensee shall in good faith determine a reasonably fair and equitable reduction of the royalties payable to Licensor hereunder."

「実施権許諾者は，実施権者の契約対象製品の実施権許諾者からの購入，契約地域での契約対象製品の使用または販売が侵害となるような第三者の特許権（日本特許出願　第……号を除く）の存在を知らない旨表明する。しかし，契約地域での契約対象製品の実施権者による購入，使用または販売が第三者の特許権（前記日本特許出願を含めて）の侵害を構成することとなる場合，何れの当事者も，その事実を知るに至ったら速やかに，相手方当事者に文書でそれを知らせ，同時に，同文書で当該第三者の特許およびその侵害の程度について知っていることの詳細を知らせる。当該通知を受領後，本契約の両当事者は，状況について話し合うために会談し，且つ両事当者は，もし実施権者が本契約において許諾された権利を実行するために必要ならその限度において，当該第三者から適切な実施権を取得すべく共に合理的な努力を

する。そのような実施権の交渉において，両当事者は，当該実施権について支払わねばならない実施料やロイヤルティの額を最小限にすべくあらゆる努力をする。しかし，もし当該実施権が当該第三者にロイヤルティの支払いを実施権者に要求するものである場合，実施権許諾者と実施権者は，本契約の下で実施権許諾者に支払われるロイヤルティの合理的にして公正且つ正当な減額について誠意をもって決めるものとする。」

　この例の実施権許諾契約においては，実施権者が実施権許諾者から契約対象製品を購入することになっている。この例において，実施権許諾者は，第三者の特定の特許出願を除いて，実施権者の実施権許諾者からの契約対象製品の購入，その契約地域での使用および販売が侵害となるような第三者の特許の存在を知らない旨表明している。しかし，前記のごとく除かれた第三者の特許出願も含め，実施権許諾契約によって実施権者に与えられた権利を実施権者が実行する場合に侵害となるような第三者の特許が存在するために，その特許について実施権の許諾を受けかつそれについて実施権者が当該特許を所有する第三者にロイヤルティの支払い等が必要な場合には，実施権許諾者に支払われるロイヤルティの減額について実施権許諾者および実施権者の間で話し合うことになっている。このような規定を設ける背景には，1つには，実施権者の本契約の下での行為が前記の日本特許出願を侵害するかどうか必ずしも明らかでないこと（そのために，前記のような非侵害等の表明の対象から前記日本特許出願を除いていると考えられる），さらに，もう1つには，それ以外にも侵害となるような第三者の特許が存在するかどうか明らかでないことがあると考えられる。この例のように，実施権者が第三者にロイヤルティを支払う必要が生じた場合，そのロイヤルティのすべてを実施権許諾者に支払うロイヤルティから減額させるかどうかは，実施権許諾者と実施権者の話し合いによって決められることである。実施権者が第三者に支払うロイヤルティの全額を，実施権者が実施権許諾者に支払うロイヤルティから減額する旨記載することももちろん可能である。その場合には，この例の

……… Licensor and Licensee shall in good faith determine ………the royalties payable to Licensor hereunder. …… の部分が次のように変わることになる。…… the royalty due and payable to Licensor under this Agreement for sale of the Licensed Product in the Territory shall be reduced by an amount equal to that which Licensee is required to pay to said third party……「……契約地域での契約対象製品の販売に対して本契約の下で実施権許諾者に支払われるロイヤルティは，実施権者が当該第三者に支払う額と同額減額される ……」。しかし，このような場合においては，実施権者が当該第三者に支払うロイヤルティがいまだ明らかになっていないので，実施権者が実施権許諾者に支払うロイヤルティよりも実施権者が当該第三者に支払うロイヤルティが高くなることも考えられるので，実施権許諾者は注意を要する。

　上記の点に関する実施権許諾者の懸念は，たとえば，次のような一文をさらに加えることによって防ぐことができる。…… In no event, however, the amount to be so reduced pursuant to this Paragraph shall exceed twenty five percent (25%) of the royalties otherwise due and payable to Licensor under this Agreement. ……「しかしながら，この項に従ってそのように減額される金額は，本契約の下で実施権許諾者に支払われるロイヤルティの25％を如何なる場合においても越えない ……」。ここでの25％は，もちろん，一例であるにすぎず，これを何パーセントにするかは，両当事者の話し合いにより決まるものである。

　今までに列挙した場合と正反対に，実施権許諾者は，実施権許諾契約の下で実施権者に許諾した許諾対象特許が有効であることおよび実施権許諾契約の下で実施権者に与えた権利を実施権者が行使することについてそれが第三者の特許権等の工業所有権の侵害をしないものであることの保証を全くしない旨表明する場合もある。

次の例のような規定は，実施権者にとって極めて酷であるように思われるかもしれないが，次のような場合には，このような規定が実施権許諾者にとって必要である。すなわち，ある医薬品製造業者が自ら開発した医薬品を製造・販売しようとする場合に，その製造工程の一部について第三者の特許権が存在するとすれば，当該医薬品製造業者は，当該第三者の特許権の侵害とならないような製造方法を開発しない限り，当該医薬品を製造するためには前記の第三者から当該特許権について実施権を取得する必要がある。そこで，当該医薬品製造業者は，前記第三者から当該特許権について実施権の許諾を受けることになるが，その場合の実施権許諾者，すなわち前記第三者は，当該特許権についての実施行為がさらに他の第三者の特許権を侵害するか否かについては，実施権許諾者の預かり知らないことであり，当該医薬品製造業者が当該実施権許諾者の所有に係る特許権について実施権の許諾を希望するから実施権を許諾するのみである。したがって，前記第三者，すなわち，この場合の実施権許諾者は，この例のような規定を実施権許諾契約の中に盛り込む必要が生じる。

（例）

"Nothing in this Agreement or any license pursuant to this Agreement shall be construed or implied as a representation or warranty by Licensor that any Licensed Patent is valid or that the manufacture, exercise, use or sale of the Licensed Product under this Agreement or any license pursuant to this Agreement is not an infringement of any patent not held by Licensor or that such manufacture, exercise, use or sale of the Licensed Product does not otherwise infringe the rights of third parties."

「本契約のいかなる規定もまたは本契約に基づくいかなる実施権も，許諾対象特許が有効であると，または本契約に基づく契約対象製品の製造，実施，利用もしくは販売または本契約の基での実施権が実施権許諾者によって

第 7 章　許諾対象特許および特許侵害

所有されていない特許の侵害でないと，またはそのような契約対象製品の製造，実施，利用もしくは販売が第三者の権利を侵害しない旨の実施権許諾者による表明または保証であると解釈されまたは暗示するものでない。」

　次の例においては，実施権許諾者は，実施権許諾契約締結時点においては，実施権許諾者が知る限り，契約対象製品は第三者の特許を侵害しない旨表明している。しかし，同時に，第三者からの特許侵害の請求に対しては，実施権者に対して一定の条件の下で一定の保障を与えている。

(例)
"Licensor represents that to its knowledge at the date of execution of this Agreement the Licensed Product does not infringe on any patents of third parties. Licensor will hold Licensee harmless from any such claim for patent infringement from third parties, provided that Licensee gives Licensor prompt written notice of any infringement claims. Licensor will at its expense defend such claim, with Licensee to render reasonable assistance. Licensor will pay and discharge eighty (80) percent of any adjustment or award that may be rendered against Licensee by a court of competent jurisdiction which Licensor has accepted in its sole judgment as final and not appealable. Licensee will assume the obligation with respect to the remaining twenty (20) percent of any such adjustment or award, provided that the above provision shall be deemed to constitute Licensor's entire obligation with respect to the consequences of any such infringement."

「実施権許諾者は，本契約締結日において，実施権許諾者が知る限りにおいては，契約対象製品は第三者の特許を侵害しないと表明する。実施権許諾者は，第三者からの特許侵害の請求に対して実施権者を保障する。但し，この場合，実施権者は，侵害の請求についての文書による通知を実施権許諾者に速やかに与えるものとする。実施権許諾者は，実施権者の合理的な支援を

受けて，当該請求を自らの費用で防衛する。実施権許諾者は，実施権許諾者がその独自の判断において最終的で控訴不可として承諾した管轄権を有する裁判所により実施権者に対して出された裁定または調停の80％を負担し，支払う。実施権者は，当該裁定または調停の残りの20％についての義務を引き受ける。但し，上記の規定は，当該侵害の結果に関する実施権許諾者の義務の全てを構成するものと見做される。」

第2節　許諾対象特許の維持

実施権許諾契約において実施権者に許諾された特許（許諾対象特許）を有効な特許として維持することは，実施権許諾者が実施権者からロイヤルティ等の対価を受取る際の根拠となる権利であることから，一般的には，実施権許諾者としては，その維持に努めるものである。したがって，そのこと自体について実施権許諾契約の中で規定することもできる。また，同様の趣旨から，許諾対象特許の有効性が第三者によって争われた場合には，実施権許諾者は，一般的には，その有効性を維持するために必要な手続を採るべく努めるものである。さらに，実施権許諾者は，許諾対象特許の有効性を実施権者自身が争うことができない旨の規定を契約中に入れることを希望する場合がある。これらの許諾対象特許の維持に関する規定の例を以下に示す。

(例)

"In the event that a third party would attack the validity of any particular Licensed Patent in the Territory, then Licensor shall at its own discretion promptly take such legal action as is required to defend the validity of such particular Licensed Patent and Licensee shall give all reasonable assistance (excluding financial assistance) to Licensor. Licensee may be represented by counsel of its own selection at its own expense in any such legal action but Licensor shall have the right to control the suit and proceeding."

第7章　許諾対象特許および特許侵害

「第三者が，契約地域において特定の許諾対象特許の有効性について争った場合，実施権許諾者は，自らの裁量において，当該許諾対象特許の有効性を防衛するために要求される法的手段を速やかに採り，また実施権者は，あらゆる合理的な援助（金銭的援助を除く）を実施権許諾者に与える。実施権者は，かかる訴訟に独自に選んだ弁護士を通じて自らの費用によって参加することができる。しかし，実施権許諾者が当該訴訟および手続きをコントロールする権利を有する。」

　実施権許諾契約において，許諾対象特許が無効となった場合にはロイヤルティが減額される旨の規定が存在する場合，許諾対象特許が第三者の攻撃によって無効にされるということは，一見，実施権者にとって有利なように考えがちであるが，許諾対象特許が無効になったために第三者が契約対象製品と同一の製品の販売を開始し，契約対象製品の市場での販売価格が下落し，実施権者の契約対象製品の販売に大きなダメージを与えることも考えられる。したがって，許諾対象特許が無効となった場合にロイヤルティが減額される旨の規定が存在する場合でも，許諾対象特許が無効になることが即実施権者にとって有利になるとは一概には言い難い。したがって，この例のように，許諾対象特許の有効性の維持に実施権者が協力する旨を規定する場合も多い。また，この例では，許諾対象特許の有効性を第三者が攻撃した場合に，実施権許諾者がその防衛をするか否かは，実施権許諾者自身の裁量によることになっている。これは，実施権許諾者の立場からすれば，許諾対象特許の中には必ずしも重要でないものも含まれているので，極めて重要な許諾対象特許の場合には防衛するけれども，そうでないものは必ずしも防衛しないということであろう。また，当該実施権許諾契約のもとで実施権許諾者が実施権者から受け取る対価が極めて少ないものである場合，許諾対象特許の防衛には相当の時間と経費が必要となることから，実施権許諾者としては，経済的理由から許諾対象特許の防衛に消極的となる場合も考えられる。しかし，実施権者の立場からは，このような場合のことも考慮して，次の例のよ

うな一文を実施権許諾契約に入れておくことも考えておくべきであろう。

(例)

"In the event that all of the Licensed Patents would be invalidated or have not matured into letters patents, then Licensee shall at its own discretion be entitled to terminate this Agreement forthwith by giving a written notice to Licensor."

「全ての許諾対象特許が無効にされた場合または特許として成立しなかった場合，実施権者は，自らの裁量において，実施権許諾者に文書による通知を与えることによって本契約を直ちに終了することができる。」

　実施権許諾契約において，許諾の対象が特許のみでありかつ許諾対象特許がいまだ出願中のものである場合において，最終的に当該出願中の許諾対象特許が特許として成立しなかった場合，または許諾の対象が特許のみであり，そのすべての許諾対象特許が無効となった場合には，この例のように，契約を終了することができるとするのが合理的であろう。しかし，実施権許諾契約の下での許諾の対象が特許および技術的情報の両方である場合，許諾の対象となっている特許のすべてが特許として成立しなかったりまたは無効となったからといって実施権許諾契約そのものを上記の例のごとく解約してしまうと，許諾の対象となっている技術的情報も使用することができなくなる。したがって，このような場合には，実施権許諾契約を解約するよりは，実施権者から実施権許諾者に支払われるロイヤルティを減額する旨の規定を盛り込んだ方が望ましいと考えられる。

第3節　許諾対象特許の侵害

　許諾対象特許が第三者によって侵害されるということは，実施権者にとって正当な権利を有しない競争者が出現することを意味する。したがって，このような場合，実施権許諾者が許諾対象特許を行使して侵害者を排除する旨

第7章　許諾対象特許および特許侵害

の規定を実施権許諾契約の中に盛り込むことを実施権者が実施権許諾者に要求する場合がある。しかし，許諾対象特許が方法特許である場合には，許諾対象特許の行使によっても契約対象製品と同一の製品を販売する第三者を有効に排除できるとは限らないし，さらに，許諾対象特許に基づく権利を行使してそのような第三者を排除するには膨大な時間と労力を要するので，実施権許諾者にとって当該実施権許諾契約に基づく充分な収益がない場合には，大変な負担となる。したがって，実施権許諾者にとっても，そのような規定を実施権許諾契約の中に盛り込むことを安易に受け入れることはできない。また，この第三者侵害者の出現は，実施権者にとっては，競合による契約対象製品の販売の減少を意味し，また実施権許諾者にとっては，実施権者の契約対象製品の販売の減少によるロイヤルティ収入の減少を意味する。したがって，許諾対象特許の第三者による侵害は，実施権許諾者と実施権者の両方にとって重大な問題である。また，許諾対象商標の第三者による侵害の場合も同様な問題を含んでいるので，許諾対象特許および／または許諾対象商標の第三者による侵害に関する規定を以下に示す。

(例)

"Licensee shall promptly notify Licensor of any infringement known to it of any of the Licensed Patents by third party in the Territory, which infringement bears adversely upon the Licensee's exclusive enjoyment of its rights provided hereunder, and shall provide Licensor with any available evidence of such infringement.

Upon reasonable notice of infringement, Licensor shall have the opportunity to bring any suit or action for such infringement. If Licensor is successful in abating the infringement, then any amount recovered, whether by judgment, award, decree or settlement, shall first be applied to reimbursing to Licensor the amount of expenses incurred by Licensor in bringing such suit or action and the remainder, if any, shall be divided appropriately between Licensor and Licensee with reference to the relative monetary injury suffered by each by reason of the past infringement. Licensee shall, if requested by Licensor and at the Licensor's expense, actively assist Licensor in the prosecution of such action. In the event that Licensor fails or is unwilling for any reason to take action with respect to such infringement within a period of six (6) months following the Licensee's giving of notice thereof, Licensee shall have the right to bring any appropriate suit or action against the infringer at the expense of Licensee. If Licensee finds it necessary or desirable to join Licensor as a party plaintiff, Licensor shall execute all papers necessary or perform such other acts as may reasonably be required by Licensee. If Licensee is successful in abating the infringement, then any amount recovered from the infringer, whether by judgment, award, decree or settlement, shall first be applied to reimbursing to Licensee the amount of expenses incurred by Licensee in bringing such suit or action and the remainder, if any, shall be divided appropriately between Licensor and Licensee, with reference to the relative monetary injury suffered by each by reason of the past infringement. Licensor shall, if requested by Licensee and at the expense of Licensee, actively assist Licensee in the prosecution of such action, including execution of papers reasonably necessary and performance of such other action as may be reasonably required by Licensee."

「実施権者は，本契約の下で実施権者に与えられた独占的権利を享受することを妨げるような契約地域での第三者による許諾対象特許の侵害を知ったら速やかに実施権許諾者に知らせ，さらに，当該侵害について入手可能な全ての証拠を実施権許諾者に提供する。実施権許諾者は，侵害の合理的な通知により，当該侵害に対して訴訟を提起する機会を有する。実施権許諾者が当該侵害を排除することに成功した場合，得られた損害賠償金は，それが判決，審判，命令または和解によるものであるかどうかに関わらず，最初に，そのような訴訟を提起するに実施権許諾者が要した費用を補塡するために実

施権許諾者に支払われ，また，もし残余金がある場合には，過去の侵害によって各当事者が被ったそれぞれの金銭損害を参考にして実施権許諾者と実施権者の間で適宜分けられる。実施権許諾者の要求がある場合には，実施権者は，実施権許諾者の費用で，当該訴訟手続きにおいて実施権許諾者を積極的に援助する。実施権許諾者が当該侵害に対して当該侵害の通知を実施権者が送付してから6カ月の期間内に理由の如何を問わず訴訟の提起をしない場合または訴訟の提起を欲しない場合，実施権者は，自らの費用で侵害者に対して適切な訴訟を提起する権利を有する。実施権者が実施権許諾者も原告当事者として参加することが必要または望ましいと考える場合，実施権許諾者は，全ての必要な書類に署名し且つ実施権者が合理的に要求するその他の行為をなす。実施権者が侵害を排除することに成功した場合，侵害者から得られた全ての損害賠償金は，それが判決，審判，命令または和解によるものであるかどうかに関わらず，最初に，当該訴訟を提起するために実施権者が要した費用を補填するために実施権者に支払われ，また，もし残余金がある場合には，過去の侵害によって各当事者が被ったそれぞれの金銭損害を参考にして実施権者と実施権許諾者の間で適宜分けられる。実施権許諾者は，実施権者の要求がある場合には，実施権者の費用で，合理的に必要な書類の署名および実施権者が合理的に要求するその他の行為の遂行を含めて，当該訴訟手続きにおいて実施権者を積極的に援助する。」

　この例において，実施権許諾者は，許諾対象特許の第三者による侵害に対して侵害排除の義務を必ずしも負っていない。実施権者が実施権許諾者に許諾対象特許の第三者による侵害について侵害排除を要求するのは当然のことであるが，侵害者との話し合いによって侵害者が当該侵害行為を中止する場合は問題ないが，侵害の排除には一般的には訴訟を提起する必要があるため多大な費用と時間を要する。したがって，契約対象製品の契約地域での実施権者による売上が充分にある場合には，そのような訴訟費用を実施権許諾者が負担するに充分なロイヤルティ収入を実施権者から得ているかもしれない

が，そうでない場合には，実施権許諾者は，そのような訴訟をしても経済的なメリットがないことも考えられる。実施権許諾者が契約地域での許諾対象特許の第三者による侵害について実施権許諾契約の中で侵害排除の義務を負うか否かは，すべて実施権許諾者の特許侵害に対するポリシー，実施権許諾者のこのような経済的判断並びに許諾対象特許の持つ排他性の強弱等によるし，また実施権者との交渉により決まることでもある。

(例)
"Licensee shall inform Licensor as soon as possible of all infringement of the Trademark and/or the Licensed Patents of Licensor made by any third party in the Territory and coming to the knowledge of Licensee.

Licensor may institute action for any of such infringement of the Trademark. In such event, Licensee shall give all reasonable assistance (excluding financial assistance) to Licensor. If Licensor does not institute infringement proceedings against said third party within ninety (90) days after confirming, based on the written notice from Licensee, that said third party appears to be infringing any of the Trademark, Licensee shall be entitled to institute such proceedings at its expenses. Licensor shall execute any necessary documents to enable Licensee to take such action, and shall make available all those relevant records, papers, information, which may be in its possession. Any amount payable by said third party as a result of such proceedings shall belong to the party which instituted such proceedings.

In the event that a third party would infringe any particular Licensed Patent in the Territory, then Licensee shall, after full consultation with Licensor, institute a legal action for such infringement and Licensor shall give all reasonable assistance (excluding financial assistance) to Licensee. Licensor may be represented by counsel of its own selection at its own expense in any such legal action, provided, however, that Licensee shall obtain a prior written approval of Licensor (which approval will not be withheld by Licensor unreasonably) in case Licensee intends to make settlement with such third party in such patent infringement suit or to withdraw such patent infringement suit. Any recovery obtained by Licensee as a result of such legal action, whether by judgment, award, decree or settlement, shall be the Licensee's property. Licensor shall execute any necessary documents to enable Licensee to take such action, and shall make available all those relevant records, papers, information, which may be in its possession.

In the event that such infringement takes place after Licensor has exercised its right to market the Licensed Product in the Territory or in the event that such infringer submits a counterclaim as to the validity of such particular Licensed Patent in such patent infringement suit instituted by Licensee, then Licensee plus Licensor shall, notwithstanding the provisions of the preceding paragraph of this Article, jointly institute the above legal action and share on an equal basis the expenses and any amounts payable by such infringer as a result of such legal action."

「実施権者は，実施権者が知ることとなった契約地域における第三者によってなされた実施権許諾者の許諾対象特許および／または許諾対象商標の全ての侵害を可能な限り速やかに実施権許諾者に知らせる。

実施権許諾者は，許諾対象商標のかかる侵害に対して訴訟を提起することができる。その場合，実施権者は，実施権許諾者に対しあらゆる合理的な援助（金銭的援助を除く）を与える。もし，実施権許諾者が，許諾対象商標を当該第三者が侵害をしていると思われる事実を実施権者からの文書を基に確認してから90日以内に当該第三者に対して訴訟手続きを採らなかった場合，実

施権者は，自己の費用で当該訴訟を提起することができる。実施権許諾者は，実施権者がかかる行為を採ることを可能にするために全ての必要な書類に署名し且つ実施権許諾者が所有する全ての関連する記録，書類，情報等を実施権者に提供する。当該訴訟の結果として当該第三者によって支払われる全ての金銭は，当該訴訟を提起した当事者に帰属する。

契約地域においてある特定の許諾対象特許を第三者が侵害する場合，実施権者は，実施権許諾者に充分相談の後に，当該第三者に訴訟を提起し，また実施権許諾者は，実施権者に全ての合理的な援助（金銭的援助を除く）を与える。実施権許諾者は，自らが選任した弁護士をして自らの費用でかかる訴訟に参加できる。但し，実施権者が当該特許訴訟において当該第三者と和解または当該特許訴訟の取り下げをしようとする場合，実施権者は，実施権許諾者から事前に文書による承認（当該承認は，実施権許諾者によって不合理には差し控えられないものとする）を得る。当該訴訟の結果，実施権者が得た損害賠償金は，それが判決，審判，命令または和解によるものであるかどうかに関わらず，実施権者の所有となる。実施権許諾者は，実施権者が当該訴訟を提起できるようにするために全ての必要な書類に署名し，また実施権許諾者の所有する全ての関連する記録，書類，情報を実施権者に提供する。

実施権許諾者が契約地域において契約対象製品の販売をする権利を行使した後に当該侵害が起きた場合，または実施権者によって提起された当該特許侵害訴訟において当該侵害者が当該許諾対象特許についてその有効性を争う反訴を提起した場合，実施権許諾者と実施権者は，本条の前項の規定に関わらず，上記の訴訟を共同で提起し且つ費用および当該訴訟の結果当該侵害者によって支払われる金銭を平等に分ける。」

　この例の実施権許諾契約においては，実施権許諾者も契約地域において契約対象製品を販売する権利を留保している。また，この例においても，契約

地域での第三者の許諾対象商標または許諾対象特許の侵害に対して実施権許諾者はその侵害排除の義務を負っていない。それとは逆に，契約地域での許諾対象特許の第三者による侵害に対して実施権者が訴訟を提起しなければならないことになっている。しかし，実施権許諾者も実施権者と並行して契約地域で契約対象製品の販売をしている場合には，許諾対象特許の侵害者の出現に対して実施権者と実施権許諾者の両方で侵害排除のための訴訟を提起することになっている。

また，当該侵害者がそのような訴訟の中で許諾対象特許の無効訴訟を提起した場合にも，実施権許諾者と実施権者が共同で応訴することになっている。許諾対象特許は，実施権許諾者の所有にかかるものであるので，本来実施権許諾者がそれを有効な特許として維持する義務を負うものと考えられることから，実施権許諾者がこのような訴訟に参加することは，むしろ必要かつ当然のことといえるであろう。

許諾対象特許の場合であれまたは許諾対象商標の場合であれ，それが第三者によって侵害されているか否か判断するのは必ずしも容易でない場合がある。特に，契約地域の中で行われるかかる行為について，契約地域の外にいる実施権許諾者がかかる判断をするのは容易なことではない。したがって，実施権許諾者がこれを判断するには，実施権者からの情報に頼ることとなるわけであるが，実施権許諾者がそのことを理由にいつまでも訴訟提起について判断をしない場合，第三者による侵害が実施権者にとって重大な影響を与えることも考えられるので，実施権許諾者がまず訴え提起をすることになっているにもかかわらず，実施権許諾者が実施権者から侵害についての通知を受けてから一定期間内に訴え提起をしない場合には，実施権者が実施権許諾者に代わって訴え提起ができるとするのが合理的であると思われる。

(例)

第 3 節　許諾対象特許の侵害

"Licensee shall advise Licensor promptly upon its becoming aware of any infringement in the Territory by a third party of a Licensed Patent. Licensor shall, within reasonable limits and at its own discretion, promptly take such legal action as is required to restrain such infringement. Licensee may be represented by counsel of its own selection at its own expense in any suit or proceeding brought to restrain such infringement but Licensor shall have the right to control the suit or proceeding. Any recovery obtained by Licensor as a result of such suit or proceeding, whether by judgment, award, decree or settlement, shall be its property. If, within sixty (60) days of the Licensee's giving notice to Licensor of any third party infringement, Licensor fails to institute an infringement suit that Licensee reasonably feels is required, Licensee shall have the right at its own discretion at any time thereafter to institute an action in the Territory for infringement of any of the claim or claims of the Licensed Patents. It is agreed that in such event, Licensee can institute any such suit in its own name or in the names of each party to this Agreement and Licensee shall bear the expenses of any such suit or suits and shall obtain all of the benefits in the recoveries, whether by judgment, award, decree or settlement. Should Licensee bring any such suit, Licensor shall cooperate in all reasonable ways with Licensee in any such suit or suits at the expense of Licensee. Licensor may be represented by counsel of its own selection at its own expense in such suit. Should any claim or controversy arise as a result of a third party's action, then Licensor and Licensee shall reasonably consult before accepting any settlement or judicial finding which is reviewable by a higher authority. Should Licensee as the result of any such infringement action grant a sublicense to the infringing party with the consent of Licensor (which consent shall not be unreasonably withheld), Licensee shall pay to Licensor the royalties actually received from such sub-licensees, or the royalty amount payable by Licensee to Licensor hereunder, whichever is less. Both parties may mutually agree to bear equally the cost and expense in any such suit or proceeding. If the parties so agree, they shall share equally in any and all benefits in the recovery whether by judgment, award, decree or settlement. In addition, if, within sixty (60) days of the Licensee's giving notice to Licensor of a third party substantial infringement in the Territory in which Licensee has at the time an exclusive license hereunder, Licensor fails to institute the infringement suit that Licensee reasonably feels is required, Licensee shall have the right at any time thereafter to cease paying royalties on fifty percent (50%) of the Net Sales of the Licensed Product so long as substantial infringement occurs in the Territory. As used in this Agreement such substantial infringement in the Territory shall mean a market penetration by one or more unlicensed third parties which, with respect to the Licensed Product concerned, cumulatively amounts to more than a twenty percent (20%) market share of units of the Licensed Product determined on a gram basis (including the sales of the same product by such infringers or competitors) in the Territory during any calendar year. This amount of twenty percent (20%) shall be determined on the basis of the IMS Statistical Data available."

「実施権者は，許諾対象特許の第三者による契約地域での侵害を知ったら直ちに実施権許諾者に知らせる。実施権許諾者は，合理的な範囲内においてまた自らの裁量において，当該侵害を阻止するために必要とされる訴訟手続きを直ちに採る。実施権者は，かかる侵害を阻止するために提起された訴訟または手続きに自らの費用で自ら選任した弁護士をして参加することができる。しかし，実施権許諾者がかかる訴訟または手続きをコントロールする権利を有する。かかる訴訟または手続きの結果として実施権許諾者が得た賠償金は，それが判決，審決，命令または和解によるものであるかどうかに関わらず，実施権許諾者に帰属する。もし，実施権者が第三者による侵害について実施権許諾者へ通知してから60日以内に実施権者が合理的に必要であると感じる侵害訴訟を実施権許諾者が提起しない場合，実施権者は，自らの裁量

第3節　許諾対象特許の侵害

においてその後何時にても許諾対象特許のクレームの侵害に対して契約地域で訴訟を提起する権利を有する。かかる場合において，実施権者は，当該訴訟を実施権者自身の名前でまたは本契約の両当事者の各々の名前で提起することができ，さらに，実施権者は，当該訴訟の費用を負担し且つ判決，審決，命令または和解によるものであるかどうかに関わりなく，賠償金の全てを取得できる。かかる訴訟を実施権者が提起した場合，実施権許諾者は，実施権者の費用負担の下で当該訴訟において実施権者にあらゆる合理的な方法で協力する。実施権許諾者は，自らの費用で自ら選任した弁護士をして当該訴訟に参加できる。第三者訴訟の結果何らかの請求または論争があった場合，実施権許諾者と実施権者は，より高次の判断を仰ぐ機会のある判決または和解を受託する前に合理的に相談する。実施権者が当該侵害訴訟の結果として当該侵害者に実施権許諾者の同意（かかる同意は実施権許諾者によって不合理には差し控えられない）の下で再実施権を許諾する場合，実施権者は，当該再実施権者から実際に受け取ったロイヤルティ額または実施権者が本契約の下で実施権許諾者に支払うロイヤルティ額のいずれか少ない方を実施権許諾者に支払う。両当事者は，当該訴訟または手続きにおける費用を均等に負担するよう合意することができる。両当事者がそのように合意した場合，両当事者は，それが判決，審決，命令または和解によるものであるかどうかに関わらず，賠償金を均等に分ける。さらに，もし，実施権者がその時点で独占的実施権を有する契約地域での第三者の実質的侵害について実施権者が実施権許諾者に通知を与えてから60日以内に，実施権者が合理的に必要と感じる侵害訴訟を実施権許諾者が提起しなかった場合，実施権者は，契約地域で実質侵害が起きている期間，契約対象製品の正味販売高の50％についてロイヤルティの支払いをその後何時にても中止する権利を有する。本契約において用いられる契約地域での"実質的侵害"とは，実施権を受けていない第三者による市場占有率，すなわち，契約対象製品に関して，ある暦年における契約地域でのグラム単位で決定される契約対象製品の実施権を受けていない第三者によるマーケットシェア（同一製品の侵害者および競争者に

よる売上も含む）が累計で20％を越えることを意味する。この20％の額は，IMSの統計データをベースに決められる。」

　この例の実施権許諾契約では，実施権許諾者も契約地域において契約対象製品を販売する権利を留保している。この例では，実施権者が合理的に必要と考えている侵害排除のための訴訟を実施権許諾者が実施権者から当該侵害について実施権許諾者に通知してから60日以内に提起しない場合，実施権許諾者から実施権を受けていない第三者の契約対象製品のシェアが一定の割合に達するとロイヤルティが減額されることになっている。侵害者のシェアを計算する際に，全体の売上に侵害者の売上を含めて侵害者のシェアを計算するのか，侵害者の売上高を含めないでシェアを計算するのかは，実際上はかなりの差となって現れることがある。したがって，このようなシェアについて契約の中に規定する場合には，その計算方法およびシェアの数字をどのようにするかについて充分注意する必要がある。

　なお，このようなロイヤルティ減額の例については，第4章第2節の『ロイヤルティの減額』にも記載されているので参照してほしい。

第8章 実施権許諾者および実施権者の各種の義務

　実施権許諾契約における実施権許諾者および実施権者の基本的な権利・義務は，実施権許諾者が実施権者に一定の実施権を許諾し，実施権者は許諾された実施権を実施する権利を取得し，同時に，実施権許諾者に一定の対価を支払う義務を負い，実施権許諾者はこれを収受する権利を持つことにある。しかし，実施権許諾者および実施権者は，この基本的な権利・義務以外に，これに関連したいろいろな義務を実施権許諾契約の中に規定することが多い。そのような義務は，単に特許のみを対象とする実施権許諾契約であるのかあるいは特許および技術的情報の両方を対象とする実施権許諾契約であるのか等の実施権許諾契約の態様によっても異なるが，そのいくつかについては，今までにすでに述べている。本章においては，それ以外の実施権許諾者および実施権者の各種の義務について説明する。本章において説明するそのような義務としては，実施権者に課される契約対象化合物および／または契約対象製品を開発しかつ契約対象製品について製造販売承認または製品登録等を取得する義務，契約対象製品を販売する義務，競合品を取り扱わない義務，契約対象製品等にライセンサー表示をする義務，契約対象化合物の製造禁止および契約対象製品の輸出禁止義務，および実施権許諾者および実施権者が負担する製造物責任並びに実施権許諾者に課される実施権者に対する技術援助義務等についてである。

第1節　製品開発

　契約対象製品が医薬品である場合，契約対象製品を販売する前にまず契約対象製品について契約地域の政府から製造販売承認や製品登録等，各国によってそのシステムは異なるが，契約対象製品の製造および販売のための各種

の許認可を取得する必要がある。また，その許認可を取得するためには，契約地域のそれぞれの国の規定に従って，契約対象製品に関する有効性，安全性，安定性等について一定の試験・研究，すなわち，製品開発を行いその結果を契約対象製品の製造法等と共に政府へ申請をする必要がある。このような製品開発は，実施権許諾契約の下では，当然実施権者がこれを行うべきものであり，実施権者の義務となるが，実施権許諾者の側においても，実施権者に実施権許諾者が有する各種の技術的情報を提供することによって実施権者を援助するのが一般的である。このような製品開発に関する規定の例を以下に示す。

(例)

"Within ninety (90) days following the effective date of this Agreement, Licensee shall prepare and submit to Licensor the time-schedule for obtaining the health registration of the Licensed Product in each country of the Territory. In such schedule, Licensee shall indicate the estimated date of filing the application seeking the health registration of the Licensed Product in each country of the Territory. Licensee shall also submit to Licensor for its prior review and comment the detailed plan and timetable of any clinical or preclinical or other tests which Licensee proposes, at its own discretion, to carry out with respect to the Licensed Compound and/or the Licensed Product in the Territory. Licensor may give a comment on such plan and timetable of Licensee and Licensee shall take into account such comment of Licensor as far as it is practically feasible. Licensee shall carry out all of such experiments at its own expense and responsibility. Licensee shall, wherever possible, file with the governmental authorities in each country of the Territory an application for the health registration of the Licensed Product, as soon as possible."

「本契約の発効日の後90日以内に，実施権者は，契約地域の各国で契約対

第1節　製品開発

象製品の製品登録の取得に関する計画表を実施権許諾者に作成し提出する。実施権者は，かかる計画表に，契約地域の各国で契約対象製品の製品登録のための申請予定日を示す。実施権者は，契約地域において契約対象化合物および／または契約対象製品に関して実施権者が自らの裁量で実施することを提案する臨床，非臨床またはその他の試験の詳細な計画およびタイムテーブルを実施権許諾者による事前の検討およびコメントのために実施権許諾者に提出する。実施権許諾者は，実施権者の当該計画およびタイムテーブルについてコメントすることができ，また実施権者は，それが実際的に可能である限り，実施権許諾者のかかるコメントを考慮する。実施権者は，当該試験を自らの費用と責任において実施する。実施権者は，可能な限り，契約対象製品の製品登録申請を契約地域の各国で政府の関係官庁にできるだけ速やかに提出する。」

　契約対象製品が契約地域においてできるだけ早急に販売されるようにすることは，実施権許諾者および実施権者の共通の願いであるが，特に実施権許諾者にとって，実施権者がどのようなタイムテーブルで契約対象製品を開発しかつ販売するかを知ることは，極めて重要なことである。それは，実施権許諾者の収入に直接関係することであり，また実施権許諾者が契約対象化合物を実施権者に供給することになっている場合，実施権許諾者の契約対象化合物の生産計画にも関わることであるからである。したがって，実施権許諾者は，この例のように，契約対象製品の販売までのタイムテーブルの提出を実施権者に要求するのが一般的である。実施権者がそのようなタイムテーブルを作成して実施権許諾者に提出するのに契約締結からどの程度の期間が必要かは，必ずしも一概に言えるものではないが，実施権者が実施権許諾者から契約対象化合物および契約対象製品についての資料等を入手することになっている場合，その資料を何時入手できるか，また入手した資料を実施権者が検討して開発計画を作成するまでにどの程度の期間が必要か等によって決まる問題である。この例では，実施権許諾者が契約締結後何日以内に当該資

171

料等を実施権者に開示するかについては明らかでないが，実施権許諾者がこの開示に手間取るようであれば，実施権者が契約締結日から90日以内に要求されている計画表を実施権許諾者に提出できないことにもなるので，実施権許諾契約の中では，実施権許諾者が契約締結から何日以内に当該資料等を実施権者に開示するかについても規定しておく方が望ましいであろう。また，ここでの契約対象化合物および契約対象製品の製品登録に関するスケジュールおよび契約対象化合物および／または契約対象製品の試験に関する詳細な計画およびタイムテーブルとは，どの程度詳細なものを指しているのか必ずしも明らかでないので，実施権許諾者がどの程度詳細なものと考えているのかを話し合いによって明らかにしておくことが望ましいであろう。さらに，実施権者が契約地域で契約対象化合物および契約対象製品について行う試験の結果が，契約地域以外での契約対象化合物および契約対象製品の開発に重大な影響を与えることがあり，実施権許諾者は，実施権者がどのような試験を契約対象化合物および契約対象製品について行おうとするのかについて当然重大な関心を寄せている。したがって，実施権許諾者は，実施権者が行うことを予定している各種の試験について事前にチェックし，必要があると考える場合には，それについて意見を述べてその修正等を求める機会を持つことを希望するのが一般的である。しかし，すべての試験のプロトコールについて実施権許諾者の事前の承認を得なければ試験を開始できない旨の規定を設けることは，実施権者にとつて極めて過酷な条件となることがあるので，実施権者は充分注意する必要がある。

(例)

"Within one hundred twenty（120）days following the date of the receipt by Licensee of the first package of the Technical Information from Licensor hereunder, Licensee shall prepare and submit to Licensor for its prior review a general development program（hereinafter referred to as "Development Program"）necessary for the evaluation and study of the Licensed Compound and the

第1節　製品開発

Licensed Product in the Territory by Licensee during the term of this Agreement. The Development Program will comprise the general time-table of the studies and investigations which Licensee proposes to carry out with respect to the Licensed Compound and/or the Licensed Product. Such studies and investigation shall be directed towards the registration and commercialization of the Licensed Product in the Territory. Licensor may give a comment, if any, for the Development Program within thirty (30) days from the receipt thereof and Licensee shall always take into account such comment from Licensor as far as it is scientifically and objectively appropriate and reasonable. Licensee shall diligently carry out at its own expenses and responsibility all studies necessary to evaluate the Licensed Compound and/or the Licensed Product in accordance with as practically as possible the Development Program and relevant time-table."

「本契約の下で実施権許諾者から技術的情報の最初の資料を実施権者が入手した日から120日以内に，実施権者は，本契約期間中に実施権者が契約地域において契約対象化合物および／または契約対象製品の評価および研究のために必要な概略的な開発計画（以下"開発計画"）を作成し実施権許諾者の事前の検討のために実施権許諾者に提出する。当該開発計画は，契約対象化合物および／または契約対象製品に関して実施権者が実施することを提案する研究および調査の概略的タイムテーブルを含むものとする。当該研究および調査は，契約地域での契約対象製品の製品登録および商品化に向けられるものとする。実施権許諾者は，開発計画を入手してから30日以内にコメントがあれば実施権者に知らせ，実施権者は，それが科学的にも客観的にも適切且つ合理的である限り，実施権許諾者からのそのようなコメントを常に考慮する。実施権者は，実際的に可能である限り，開発計画および関連するタイムテーブルに従って，契約対象化合物および／または契約対象製品の評価に必要な全ての試験を自らの費用と責任において誠実に実施する。」

この例の実施権許諾契約において，実施権許諾者は，実施権者に対して自らが実施権許諾契約締結時点で有する契約対象化合物および／または契約対象製品に関する技術的情報をまず開示し，さらに，実施権許諾者がその後に開発または取得した技術的情報も実施権許諾契約の有効期間中随時実施権者に開示することになっている。したがって，実施権者は，実施権許諾契約を締結の後，実施権許諾者がその時点で有する契約対象化合物および／または契約対象製品に関する技術的情報をパッケージで入手することができることを意味しており，さらに，そのことは，実施権許諾契約締結時点で契約対象化合物および契約対象製品に関して入手可能なすべての技術的情報をもとに，実施権者は，契約対象化合物および契約対象製品の開発計画を立てることができることを意味するものでもある。

　一般に，研究開発は，その研究開発が極めて初期的な段階にあればあるほど，その過程においていろいろな困難に遭遇するものである。したがって，その開発が初期的な段階にある場合には，契約対象製品の開発のスタート時点において，詳細な開発計画を作成しても途中で何度もその修正を余儀なくされることが多い。このようなことから，開発の初期的な段階にある契約対象製品の開発のスタート時点での開発計画は，極めて概略的なものとなるのが一般的である。この例でも，実施権許諾者が実施権者に提出を求めているのは，概略的な開発計画とそのタイムテーブルである。

(例)

"The responsibility for the development and commercialization of the Licensed Product in the Territory shall rest solely with Licensee and Licensor shall not be liable for any loss or damage suffered or incurred by Licensee or any third party arising from the testing, manufacture, use or sale of the Licensed Product."

「契約地域での契約対象製品の開発および商品化に関する責任は，全て実

施権者にあり，実施権許諾者は，契約対象製品の試験，製造，使用または販売から生じる実施権者または第三者の如何なる損失または被害についても責任を負わない。」

　この例は，契約対象製品の開発および商品化に伴うリスクのみならず，契約対象製品の製造，使用および販売に伴うリスクのすべてが実施権者の負担である旨を明記したものである。この例のみでは，他の規定との関係が必ずしも明らかでないが，契約中にこれに反する規定がない限り，この規定は，実施権者が本契約のもとで許諾された権利を実施することによって第三者の特許権または商標権を侵害することとなっても，そのようなリスクも含めてすべて実施権者が負担するものであることを意味している。

　契約対象製品の製品登録を取得するために，実施権者は，契約対象化合物および契約対象製品について研究開発を行うが，この研究開発に必要とする契約対象化合物および／または契約対象製品のサンプルをどのように手当てするかの問題がある。実施権者が，これらのサンプルを自ら製造する場合もあるかもしれないが，実施権許諾者から供給してもらう場合の例について以下に示す。

（例）
"Licensor shall supply Licensee with the total quantities of the Licensed Compound and/or the Licensed Product in any form acceptable to both parties which Licensee requires for conducting any development works for obtaining the health registration of the Licensed Product in the Territory. Such supply shall be made free of charge as to the quantities which Licensee conducts such animal tests and clinical trials as agreed upon between the parties and at a price agreed upon between the parties as to any other quantities that Licensee requires for conducting any other development works hereunder, it being, however, understood that

this price sets forth no precedent for the price applicable to the future commercial supplies of the Licensed Compound and/or the Licensed Product."

「実施権許諾者は，実施権者が契約地域において契約対象製品の製品登録の取得を目的に行う開発作業に必要な契約対象化合物および／または契約対象製品の全量を両当事者に受け入れ得る形態で実施権者に供給する。かかる供給は，実施権者が両当事者間で合意された動物試験および臨床試験を行うに必要な量については無償で，また実施権者が本契約の下で行うその他の開発作業に必要な量については，両者間で合意される価格でなされる。但し，この価格は，契約対象化合物および／または契約対象製品の将来における商業ベースでの供給時の価格の前例とはならないものとする。」

　実施権者が，契約対象製品の製品登録を取得する目的で行う研究開発に必要な契約対象化合物および契約対象製品のサンプルを実施権許諾者からの供給に依存する限り，実施権許諾者は，その全量を実施権者に供給するのは当然である。しかし，それを有償で供給するかあるいは無償で供給するかは，両当事者の合意により決まる問題である。この例の実施権許諾契約において，実施権者は，実施権者が将来契約対象製品を販売する場合には，実施権許諾者から契約対象化合物または契約対象製品の供給を受けることになっているので，最後の一文が挿入されている。実施権許諾者から実施権者にこの例のような目的で供給される契約対象化合物または契約対象製品は，有償で供給される場合でも，特別価格で供給されることが多いので，この時の供給価格が将来の商業ベースでの供給価格の前例とならない旨明記したものである。特別価格にする理由はいろいろあるであろうが，たとえば，実施権許諾者での契約対象化合物および契約対象製品の生産がいまだに小スケールであり大量生産をしていないから大量生産した場合の製造原価がどの程度になるかわからないから特別価格とする，あるいは実施権者における契約対象化合物および契約対象製品の開発費負担を軽くするために特別に安い価格とする，

または，実施権者の購入量そのものが少量であるために特別の価格とする等の理由が考えられる。

(例)
"The quantity of the Licensed Compound required in each step of preclinical and clinical evaluation will be described in the development program to be submitted by Licensee to Licensor hereunder. Licensor shall supply Licensee, free of charge, with all quantities of the Licensed Compound and/or the Licensed Product required and reasoned for fulfilling the development program in accordance with the delivery time-table to be furnished by Licensee."

「非臨床および臨床評価の各段階において必要な契約対象化合物の量は，本契約の下で実施権者から実施権許諾者に提出される開発プログラムの中で記載される。実施権許諾者は，開発プログラムを遂行するために必要であると理由づけられている契約対象化合物および／または契約対象製品の全量を実施権者が提出する供給のタイムスケジュールに従って無償で実施権者に供給する。」

　この例の実施権許諾契約では，実施権者は，開発プログラムを実施権許諾者に別途提出することになっている。したがって，この例では，実施権者が開発プログラムに記載された試験を行うために必要な契約対象化合物および／または契約対象製品はすべて実施権許諾者から無償で実施権者に供給されることになる。しかし，実施権者は，開発プログラムに記載された試験を行うために必要な契約対象化合物および／または契約対象製品の量を契約対象化合物換算量で当該開発プログラムの中に記載することを要求されている。

(例)

"In the event that Licensee files the Investigational New Drug Application with the United States Food and Drug Administration or any corresponding application thereof in any other country of the Territory or files the health registration application for the Licensed Product in any country of the Territory, Licensee shall consult fully with, and obtain a prior review of Licensor on the contents of such application and any following report or documents to be filed from time to time thereafter, before filing thereof. Licensor shall complete its review without any loss of time."

「実施権者が，米国食品医薬品局に IND の申請または契約地域の他の国でこれに相当する申請をする場合または契約地域の国々で契約対象製品の製品登録を申請する場合，実施権者は，当該申請およびその後随時提出される報告または書類の内容についてその申請または提出の前に実施権許諾者と充分に相談し，且つ実施権許諾者の事前の検討を受ける。実施権許諾者は，時間的なロスのないようにその検討を完了する。」

　実施権許諾者または実施権許諾者の他の実施権者が契約対象製品を契約地域外で開発を行っている場合，実施権者による契約対象製品に関する IND の申請書，製品登録申請書等の内容は，契約地域外での契約対象製品の開発に影響を及ぼすことがある。したがって，実施権許諾者はその内容について事前に知ることを希望することが多い。また，実施権許諾者によっては，それらの申請書の契約地域の当局への提出または申請の前に，その内容について必ず実施権許諾者の承認を得るよう要求する場合もある。実施権者の立場からは，これらの申請書等について実施権許諾者の承認を得ること自体は特に問題ではないかもしれない。しかし，実施権許諾者によるこれらの申請書等の検討や承認を得るためにいたずらに長時間を要するということは，実施権許諾者および実施権者の両方にとって決して好ましいことではない。特に，これらの申請書等が日本語で書かれていて，そのような実施権許諾者の

検討や承認を得るためにその書類の英訳等を作成する必要がある場合には，その翻訳に長時間を要し実施権者にとって大変な負担となるので充分注意を要する。一般的には，そのような申請書等の要約を必要に応じてその英訳等を付して実施権許諾者に提出すれば充分であろう。

(例)

"Licensee shall use its reasonable best efforts at its own expense to file an application for and obtain the approval of the health registration for marketing the Licensed Product in accordance with the timetable provided by it to Licensor. Licensor agrees to provide assistance to Licensee to the extent possible in answering any questions that be submitted by any governmental authorities of the Territory in connection with the processing of the health registration application and shall provide Licensee with copies of all available data and document, if any, necessary for such purpose. Licensee agrees that Licensee shall not withdraw or transfer to any third party the health registration of the Licensed Product in the Territory without prior written consent of Licensor."

「実施権者は，実施権許諾者に提出したタイムテーブルに従って契約対象製品の販売に必要な製品登録の申請およびその承認取得のために自らの費用で合理的な最善を尽くす。実施権許諾者は，製品登録申請手続きに関連して契約地域の政府当局から出される質問に可能な限り答えることによって実施権者を援助することに合意し，さらに，当該目的のために全ての手持ちのデータおよび書類の写しを実施権者に提供する。実施権者は，実施権許諾者の文書による事前の同意なしに契約地域で契約対象製品の製品登録を取り下げたりまたは第三者に譲渡したりしないことに合意する。」

契約地域において製品登録の申請およびその取得に実施権者が最善を尽くすこと，また製品登録の取得に関して実施権許諾者が実施権者に協力するこ

とを規定する。実施権許諾者によっては，製品登録のための申請または製品登録の取得を契約締結の日から何年以内にまたは何時までに行い，それが達成できない場合には契約の解約や独占的実施権を非独占的実施権に変更する等のペナルテイを契約中に規定することを希望することがある。しかし，先にも述べたように，製品登録のための研究開発は，実施権者が予測していなかったようなことが途中で発生してスケジュールどおりにいかないことも多く，実施権者の立場からは，このような規定を契約中に入れることには充分注意する必要がる。特に，製品登録の取得について期限や期間を設定された場合に，製品登録申請を行った後においては，実施権者のコントロールが及ばないことから注意が必要である。実施権者の立場からは，どうしてもそのような規定を契約中に入れることが必要となった場合には，スケジュールどおりいかなかった場合でもペナルテイのない次の例のような努力規定とするかまたは実施権者の予測できないことが途中で起きた場合には，期間の延長または期日の延期ができるような規定とすべきであろう。

(例)

"Licensee shall use its reasonable best efforts to file the health registration application for the marketing of the Licensed Product in the Territory within sixty (60) months following effective date of this Agreement and to obtain the health registration approval of the Licensed Product in the Territory within eighty four (84) months following the effective date of this Agreement."

「実施権者は，契約地域での契約対象製品の販売のための製品登録申請を本契約の発効日から60カ月以内にまた契約対象製品の製品登録の承認取得を本契約の発効日から84カ月以内にするよう合理的な最善を尽くす。」

(例)

"If the health registration application is not filed in any particular country of the

Territory by such dates as indicated by Licensee in its time-table or modifications thereof mutually agreed from time to time, Licensor may terminate this Agreement with respect to such particular country of the Territory, provided that Licensor shall not exercise its right under this paragraph in the event Licensee clearly demonstrates to Licensor that it is exercising due diligence in pursuing such application."

「契約地域の特定国で実施権者がそのタイムテーブルの中で示した日または両当事者相互の合意によって随時変更された日までに製品登録申請がなされなかった場合，実施権許諾者は，契約地域の当該特定国について本契約を終了することができる。但し，実施権許諾者は，実施権者が当該申請をするために誠実に努力していることを実施権許諾者に明確に証明した場合には，本項に規定された権利を行使しない。」

この例のように，製品登録申請のタイムテーブルは，両者の合意に基づき変更されること，および実施権許諾者は，製品登録申請が予定どおりになされなかった場合でも実施権者が誠実にその義務を履行している限りペナルティを課さないとするのがより現実的であると考えられる。

(例)
"Licensee shall promptly submit to Licensor a copy of the application for registration of the Licensed Product filed in each country of the Territory together with a summary in English and from time to time the information on the date of filing of said applications, the date of obtaining registration of the Licensed Product, the date of obtaining the price listing in the price list of the National Health Insurance Scheme for the Licensed Product in Japan and the date of launch of the Licensed Product in each country of the Territory. Licensee agrees to inform Licensor at least every half a year of the progress of the registration procedures for the

第8章　実施権許諾者および実施権者の各種の義務

Licensed Product in each country of the Territory."

　「実施権者は，契約地域の各国において申請された契約対象製品の製品登録申請書の写しをその英文要約と共に実施権許諾者に速やかに提出し，また，当該申請の申請日，契約対象製品の製品登録の取得日，日本での契約対象製品の健康保険薬価の収載日および契約地域の各国での契約対象製品の発売日に関する情報を随時実施権許諾者に提供する。実施権者は，契約地域の各国での契約対象製品の製品登録手続の進捗状況を少なくとも半年ごとに実施権許諾者に知らせる。」

　この例は，契約対象製品の製品登録申請から販売開始までの期間において実施権者が実施権許諾者に提出する各種の資料および情報の一部であるが，実施権許諾者がこのような資料および情報を実施権者から入手することを希望するのは当然のことであろう。

　実施権許諾者が開発していない契約対象化合物に関する新しい剤型や合剤を実施権者が開発を希望する場合がある。このような実施権者による新しい剤型や合剤の開発は，必ずしも実施権者による改良技術の開発や改良発明となるとは限らないが，このような新しい剤型や合剤の実施権者による開発に関する規定の例について示す。

(例)

"During the term of this Agreement, in the event Licensee intends to develop any new formulation of the Licensed Product in the Territory, Licensee shall inform Licensor of that effect for obtaining a prior approval of Licensor which approval shall not be unreasonably withheld."

「本契約期間中，実施権者が契約地域で契約対象製品の新しい剤型を開発

しようとする場合，実施権者は，実施権許諾者の事前の承認を取得するためにその旨を実施権許諾者に知らせる。かかる承認は不合理には差し控えられないものとする。」

　この例では，実施権許諾契約において実施権者は，契約対象製品についてすべての剤型について開発する権利を許諾されているが，実際に実施権許諾者が開発を行っていないような剤型を実施権者が開発しようとする場合について実施権許諾者の事前の承認を要することを規定したものである。契約対象製品について実施権許諾者が開発していない新しい剤型を開発するということは，その新しい剤型がすでに開発されている剤型よりも有効性および／または安全性の面で劣ることも考えられ，またそのことがすでに開発されている剤型の販売に悪影響を与えることもあり得るので，実施権許諾者は，新しい剤型の開発には実施権許諾者の事前承認を要するとする場合が多い。

(例)
"In the event that Licensee wishes to develop any injectable preparations containing the Licensed Compound, Licensee shall prepare and submit to Licensor for obtaining a prior approval of Licensor the detailed plan and timetable of the development of such injectable preparations. In the event that Licensor considers it useful and beneficial for both parties to develop such injectable preparations in parallel with the development of the Licensed Product, both parties shall negotiate and agree on the terms and conditions of the license agreement with respect to such injectable preparations."

　「実施権者が契約対象化合物を含む注射剤の開発を希望する場合，実施権者は，当該注射剤の開発の詳細な計画とタイムテーブルを作成し且つ実施権許諾者の事前の承認を得るために実施権許諾者に提出する。実施権許諾者が契約対象製品の開発と平行して当該注射剤を開発することが両者にとって有

用且つ有益である考える場合，両当事者は，当該注射剤に関する実施権許諾契約の諸条件について交渉し且つ合意する。」

　この例の実施権許諾契約において契約対象製品は経口剤のみを対象にするものであり，注射剤は実施権許諾契約の中に含まれている剤型ではないので，その開発のためには実施権許諾契約を変更するかまたは新しい実施権許諾契約を締結する必要がある。実施権許諾者は，実施権許諾契約の変更の可否あるいは新たな実施権許諾契約の締結を検討するために当該注射剤に関する開発計画とタイムテーブルを実施権者が実施権許諾者に提出することを求めている。経口剤として有効である医薬品が注射剤としても経口剤の場合と同様の効果と安全性を有するかどうかは必ずしも明らかではないので，実施権許諾者がその開発計画等について実施権者から情報の入手を希望するのは当然であろう。このような実施権許諾契約の変更または新たな実施権許諾契約の締結に応じるか否かは，当然実施権許諾者の裁量によるものであることは言うまでもないことである。

(例)

"During the term of this Agreement and with respect to any particular country of the Territory, if and when Licensee intends to develop any Licensed Product which contains any active ingredient in addition to the Licensed Compound in that country, Licensee shall inform Licensor of that effect for obtaining a prior approval of Licensor which approval shall be withheld only in the case where such combination of active ingredients is inadequate or damaging for the Licensed Product."

「本契約の期間中契約地域の何れかの国で実施権者が契約対象化合物と共に他の有効成分を含有する契約対象製品を当該国で開発することを意図する場合，実施権者は，実施権許諾者の事前承認を得るためにその旨を実施権許

諾者に知らせる。当該承認は，そのような有効成分の合剤が不適切または契約対象製品に損害を及ぼす場合においてのみ差し控えられるものとする。」

新しい剤型や合剤の開発は，その新しい剤型や合剤の販売によって契約対象製品全体の売上増に繋がると考えられるので実施権許諾者にとっても基本的には好ましことであるといえる。実施権許諾者にとって新しい剤型や合剤が問題となるのは，この例のようにすでに開発されている契約対象製品に悪影響を及ぼすと考えられる場合あるいはそのような新しい剤型や合剤が適切でないと考えられる場合であろう。したがって，実施権許諾者の立場からは，そのような場合には，この例のように，実施権者による新しい剤型や合剤の開発を拒否できるとしておくべきであろう。

第2節　契約対象製品の販売

契約対象製品の実施権者による販売に関連して，実施権者が契約対象製品についての製造販売承認あるいは製品登録等を取得した後に速やかに契約対象製品の販売を開始する義務，契約対象製品の販売努力義務，契約対象製品に関する販売計画，販売促進計画，計画の進捗状況，販売実績等の報告義務，契約対象化合物および契約対象製品の在庫状況の報告義務，契約対象製品に使用するパッケージ，ラベル，添付文書等のサンプルの提出義務等に関する規定の例を以下に示す。

(例)

"Licensee shall start marketing of the Licensed Product in finished package form in each country of the Territory within six (6) months after obtaining necessary licenses and/or health registration in that country of the Territory."

「実施権者は，契約地域の各国で必要なライセンスおよび製品登録を取得した後6カ月以内に契約地域の当該国で契約対象製品を最終包装品として販

売開始する。」

　契約対象製品についての製造販売承認あるいは製品登録等を取得したらできるだけ早く契約対象製品の販売を開始したいというのが実施権者の希望であると考えられるので，このような規定が本当に必要かどうか疑問にも思えるが，特許権と技術的情報が許諾の対象となっているような実施権許諾契約においては，このような規定も設けることが一般的である。しかし，日本やその他のいくつかの国では，契約対象製品について製造販売承認あるいは製品登録を取得してから，さらに販売価格（たとえば，日本での健康保険薬価）についての承認を得る必要があり，その承認取得に要する時間を考慮する必要がある。したがって，契約対象製品についての製造販売承認や製品登録あるいは必要に応じて販売価格についての承認を得てから何カ月以内に販売開始するように規定する場合もある。

（例）

"Licensee shall market and sell the Licensed Product to the best of its ability and at its own expense by an intensive and adequate marketing and detailing in order to obtain optimum turn-over for the Licensed Product. This marketing and detailing shall be carried out by all means recognized as effective to sustain the sale of the Licensed Product in the Territory, according to the methods and in the manner recognized as effective by the profession in the Territory."

　「実施権者は，契約対象製品について最高の販売高を達成するために集中的且つ適切なマーケッティングと学術宣伝によってその自らの能力の最善を尽くして自らの費用で契約対象製品を販売する。当該マーケッティングと学術宣伝は，契約地域の専門家によって効果的であると認められている方法および方式に従って，契約地域で契約対象製品の販売を維持するのに有効と認められたあらゆる手段によって行われるものとする。」

第 2 節　契約対象製品の販売

(例)

"Licensee shall use its reasonable efforts, at its sole responsibility and expense, to market and promote the Licensed Product in finished package form in each country of the Territory so as to obtain the largest possible turnover."

「実施権者は，自らの責任と費用で，最大の売上を得るために契約地域の各国で契約対象製品を最終包装品の形で販売し且つ販売促進することに合理的な努力をする。」

　上記の 2 例は，実施権者による契約対象製品の販売の姿勢，方法あるいは努力に関する規定である。この 2 例は，いずれも実施権者が自らの費用と責任で契約対象製品を販売する旨を規定している。この「自らの責任で契約対象製品を販売する」との規定は，契約対象製品に有効成分として含まれている契約対象化合物に由来する未知の副作用によって薬害事故が発生したような場合においても，それはすべて実施権者の責任となるかどうか必ずしも明らかでないが，実施権許諾契約の中でこの点に関する別段の規定がない限り，肯定的に考えるべきであろう。

　契約対象製品の最低販売高に関する規定は，実施権許諾契約では一般にミニマムロイヤルティの支払いとして規定されることがほとんどであるので，第 4 章第 3 節の『ミニマムロイヤルティ』を参照してほしい。

(例)

"Licensee agrees to submit to Licensor at least sixty (60) days prior to the beginning of each calendar year during the term of this Agreement sales and promotion plans for the Licensed Product of such calendar year and upon obtaining a consent of Licensor to use its best efforts to implement such sales and promotion plans for sales of the Licensed Product and to conduct its activities so as to enhance the goodwill and reputation of the Licensed Product.

Licensee shall submit to Licensor within thirty (30) days after the close of each calendar quarter during the term of this Agreement the progress of implementation of such sales and promotion plans during such calendar quarter with its comments as well as the stock reports of the Licensed Compound and the Licensed Product at the end of the aforementioned calendar quarter.

Licensee agrees to give Licensor opportunely but in any case not less often than once a calendar half-year general information of the submarket situation in the Territory."

「実施権者は，本契約の期間中，各暦年の始まる少なくとも60日以上前に当該暦年についての販売および販売促進計画を実施権許諾者に提出し，且つ実施権許諾者の同意を得た上で契約対象製品の販売のために当該販売および販売促進計画を遂行すべく最善の努力を尽くし，さらに，契約対象製品の信頼と評価を高めるべく行動することに合意する。

実施権者は，本契約の期間中の各暦四半期の終了から30日以内に，当該暦四半期における当該販売および販売促進計画の進捗状況，並びに当該暦四半期の最終日における契約対象化合物および契約対象製品の在庫量についての報告を実施権許諾者に提出する。

実施権者は，随時しかし少なくとも半暦年に1回，契約対象製品に関する契約地域での市場情報を実施権許諾者に提供することに合意する。」

実施権者の契約対象製品に関する販売および販売促進計画の提出，同計画の進捗状況の報告，契約対象製品の販売実績の報告，契約対象化合物および

契約対象製品の在庫状況の報告，契約対象製品に関する市場状況の報告に関する規定である。

　販売および販売促進計画について実施権許諾者の同意を得ることが条件となっているが，同意が得られなかった場合どうなるか等の問題があり注意を要する。同意が得られないままに販売および販売促進計画を実施し，その結果について何らの罰則規定がない場合には，特に大きな問題にはならないであろうが，その計画未達成の場合には，罰則規定が適用になるような場合が問題となる。契約対象製品についてどのような販売促進政策あるいは販売計画を実施するかは，基本的に実施権者に委ねられるべき問題であると考える。実施権許諾者が実施権許諾契約の下で一定の収益を確保したい場合には，ミニマムロイヤルティの規定を設けて処理すべきであると考えるからである。また，この例では，契約期間中毎年，販売計画および販売促進計画を実施権者が実施権許諾者に提出することになっているが，実際には，契約締結後，契約対象製品の製造販売承認または製品登録等の取得までの期間は，契約対象製品の販売は行われないので，契約対象製品の製造販売承認または製品登録等を取得した後の契約期間中にこのような計画を実施権者が実施権許諾者に提出する旨の規定を設ければ十分であると思われる。しかし，この例の規定に従えば，実施権者は，契約対象製品の製造販売承認または製品登録等の取得前であっても実施権許諾者にこのような計画を提出する義務があることになる。この場合，実施権者はそのような計画が存在しない旨を実施権許諾者に報告することになるであろう。

　実施権者が契約対象化合物および契約対象製品を自ら製造している場合には，契約対象化合物および契約対象製品についての実施権者からの在庫報告は，実施権許諾者に必要ないかもしれないが，この例の契約では，実施権者は，実施権許諾者から契約対象化合物を購入することになっているので，実施権者の在庫報告義務が規定されている。このような契約対象化合物および

第 8 章　実施権許諾者および実施権者の各種の義務

契約対象製品についての実施権者による在庫報告は，これを実施権者からの契約対象製品についての販売報告と共に検討することにより，実施権許諾者が実施権者による契約対象製品の販売状況を一層正確に把握できることになり，実施権許諾者による契約対象化合物の供給計画さらには製造計画を容易にするものである。

(例)
"During the period Licensee is marketing the Licensed Product in each country of the Territory on an exclusive basis, Licensee agrees to submit to Licensor at least sixty (60) days prior to the beginning of each calendar year during the term of this Agreement its promotion plans and sales estimates for the Licensed Product of such calendar year in each country of the Territory.

Within thirty (30) days after the close of each calendar month, Licensee shall provide Licensor with monthly sales reports for the Licensed Product for such calendar month in each country of the Territory together with its comments thereon as well as stock reports of the Licensed Compound and the Licensed Product as of the last day of such calendar month. Such sales reports shall show the relevant gross sales amount invoiced to the first customers indicating the breakdown of sales by each line item of the Licensed Product."

「実施権者が契約対象製品を契約地域の各国で独占的に販売している期間，実施権者は，本契約の期間の各暦年の始まる少なくとも60日前迄に契約地域の各国での当該暦年の契約対象製品に関する販売促進計画および販売予測を実施権許諾者に提出することに合意する。

各暦月の終了から30日以内に，実施権者は，契約地域の各国での契約対象製品に関する月次販売報告に実施権者のコメントを付して，当該暦月の末日

における契約対象化合物および契約対象製品の在庫報告と共に，実施権許諾者に提出する。当該報告には，契約対象製品の包装単位ごとの販売高と共に直接の顧客への総仕切価が示されるものとする。」

　この例の実施権許諾契約では，実施権許諾者は，契約対象製品を契約地域で実施権者と並行して販売する権利を留保している。実施権者が契約対象製品を独占的に販売している間，すなわち実施権許諾者が販売権を行使していない間だけ，実施権者は，販売促進計画や販売予測を実施権許諾者に提出することになっている。これは，実施権許諾者および実施権者の両方が並行して契約対象製品を販売している場合には，両者は契約対象製品に関して互いに競争相手であり，実施権者がその販売促進政策や販売予測を実施権許諾者に知らせることは，競争相手である実施権許諾者に実施権者の手の内をすべて知らせることを意味するから，これを避けたものである。

(例)

"Licensee shall promptly provide Licensor for reference of Licensor with samples of any and all introductory promotional materials and thereafter during the term of this Agreement shall provide Licensor with samples of all new and different promotional materials relating to the Licensed Product in each country of the Territory."

「実施権者は，導入期の全ての販売促進用資料のサンプルを実施権許諾者の参考のために実施権許諾者に速やかに提供し，またその後本契約の期間中契約地域の各国における契約対象製品に関する新規且つ異なった販売促進用資料の全てのサンプルを実施権許諾者に提供する。」

(例)

"Licensee undertakes to furnish Licensor with samples of all packages, labels and inlay leaflets which it wishes to use for the Licensed Product before the final printing thereof and copies of all promotional materials of the Licensed Product for the Licensor's prior inspection and approval."

「実施権者は，契約対象製品に関して実施権者が使用することを希望するパッケージ，ラベルおよび添付文書のサンプルをそれらの最終印刷の前に，並びに契約対象製品に関する販売促進用資料の写しを，実施権許諾者の事前の校閲と承認のために実施権許諾者に提出する。」

　上記の2つの例は，販売促進用資料，パッケージ，ラベルおよび添付文書等のサンプルの実施権許諾者への提供に関する規定である。実施権許諾者へのこれらの提供が，実施権許諾者の参考のためになされるのかあるいはそれらについて実施権許諾者の事前承認を得るためになされるのかは，もちろん，両当事者の話し合いにより決まることである。実施権者は，契約対象製品に関する販売促進用資料，パッケージ，ラベルおよび添付文書等を契約対象製品に関する製造販売承認あるいは製品登録等が得られた後に最終的に確定するものであることを考えると，これらサンプルが実施権許諾者の承認を得ることを目的として提供される場合には，実施権者がこれらのサンプルを実施権許諾者に提出してから実施権許諾者からその承認が得られるまでの期間に注意する必要がある。実施権者は，契約対象製品について製造販売承認あるいは製品登録等を取得してから販売開始までの期間をできるだけ短縮しようとするのが一般的であるので，実施権者の立場からは，実施権許諾者が迅速にその可否を検討して実施権者に知らせること，あるいは実施権者の提出後一定期間内にその可否について実施権許諾者から連絡がない場合には，実施権許諾者が承認したものと見なす等の規定を入れるようにすべきであろう。たとえば，次のような文章をこの前記2つの例の後の方の例文の最後に入れることが考えられる。……Licensor shall within thirty (30) days after receipt thereof inform Licensee of its conclusion on such inspection and, in case that Licensor fails to inform Licensee of its conclusion within said thirty (30) day period, it shall be deemed that such approval shall have been given by Licensor.......「実施権許諾者は，それらを入手後30日以内に実施権者にその校閲の結論を知らせる。実施権許諾者が，前記30日の期間内にその結論を実施権者に知らせなかった場合，実施権許諾者によって承認が与えられたものと見做される。」

(例)

"Licensee shall promptly advise Licensor if it decides not to commercialize the Licensed Product in any particular country of the Territory or should Licensee for any reason other than force majeure discontinue commercializing the Licensed Product in any particular country of the Territory during the term of this Agreement or should Licensee not resume the commercialization of the Licensed Product reasonably promptly following expiration of such force majeure in any particular country of the Territory, then such particular country shall thereafter be automatically excluded from the Territory hereof unless Licensee demonstrates to Licensor the reasonableness of its discontinued commercialization of the Licensed Product."

「実施権者が契約地域の特定の国で契約対象製品の商品化をしないと決定した場合，実施権者が本契約期間中に不可抗力以外の理由で契約地域の特定の国で契約対象製品の商品化を中止した場合，または実施権者が契約地域の特定の国で不可効力の終了の後合理的に速やかに契約対象製品の商品化に取りかからなかった場合，実施権者は実施権許諾者に速やかにその旨知らせる。かかる場合，実施権者が契約対象製品の商品化の中止の合理性について実施権許諾者に説明しない限り，当該特定国は，本契約の契約地域からその後自動的に除外される。」

第8章 実施権許諾者および実施権者の各種の義務

　この例では，実施権者は，契約地域の特定の国で契約対象製品の商品化および販売に興味をすでに失っている場合であると考えられるので，当該国が契約地域から除外されるのは当然のことであろう。

　実施権者は，契約対象製品の販売に関連して，マーケットでの契約対象製品の急激な需要の増加等に対応するために，契約対象製品について一定の在庫を保有することが一般的である。もちろん，実施権者が実施権許諾者から契約対象化合物を購入して，契約対象化合物から契約対象製品を製剤している場合には，契約対象製品に加えて，契約対象化合物の在庫を保有することも考えられる。また，実施権許諾者が実施権者に対して，契約対象化合物および／または契約対象製品について一定の在庫を持つよう義務付ける場合もある。次の例は，実施権者が契約対象製品について市場の需要に対応できるだけの十分な在庫を保有し，在庫を一定の保存条件の下で保管しかつ当該在庫は有効期限の満了以前に販売することを実施権者の義務として課している規定である。

(例)

"Licensee shall store and have the custody of the sufficient stocks of the Licensed Product for full satisfaction of sales demand in the Territory for the Licensed Product under the conditions that will prevent deterioration and in conformity with the storage instruction given by Licensor. Licensee shall be responsible for selling all stocks of the Licensed Product prior to the expiry date being reached on each batch or consignment."

「実施権者は，契約地域における契約対象製品に対する販売需要を十分に満たすために契約対象製品の十分な在庫をその劣化を防止し且つ実施権許諾者が与えた保存に関する指示に従った条件の下で保有し且つ管理する。実施権者は，バッチまたは船積みごとにその有効期限切れの前に契約対象製品の

第 2 節　契約対象製品の販売

全ての在庫を販売する責任を有する。」

　契約対象製品の販売に関連して，契約対象製品がもたらした重篤な副作用や契約対象製品への異物混入等，様々な理由で契約対象製品を市場から回収する必要が生じる場合がある。契約対象製品の回収に関連しては，回収についての最終的な決定は，実施権許諾者および実施権者のいずれが行うか，また，回収された契約対象製品について実施権許諾者は実施権者に対して補障する必要があるかおよび当該回収に要する費用を実施権許諾者および実施権者のいずれが負担するか等の問題が存在する。次の例は，これらの問題について参考となる規定である。

(例)
"In the event that either party has reason to believe that one or more batch of the Licensed Product should be recalled or withdrawn from the market, such party shall immediately notify the other party in writing. If a recall of the Licensed Product is required for any reason because of a breach by Licensor of any of its warranties contained in this Agreement, such recall shall be conducted by Licensee subject to prior consultation with Licensor, but the decision to initiate or not to initiate a recall in the Territory will be Licensor's alone. If it is confirmed by Licensor that such failure does exist at the time of receipt by Licensee of the Licensed Product, subject to the second paragraph herein below, Licensor shall promptly reimburse Licensee for the reasonable cost and expense directly incurred in connection with such recall, and replace any recalled Licensed Product by qualifying Licensed Product or credit or refund the purchase price of any recalled Licensed Product.

If a recall is required because of a negligent act or omission of Licensee in handling, storage or distribution of the Licensed Product, then such recall shall be conducted by Licensee at its sole cost and expense.

If such recall is required because of a joint act or omission, Licensee shall conduct the recall and the parties shall negotiate in good faith an appropriate allocation of the cost and expense of such recall to reflect the contributory causation of each party.

In the event of a dispute between the parties as to causation in respect of a recall, the Licensed Product in question or a sample thereof shall to the extent applicable be sent to an independent laboratory to be agreed upon by the parties for analysis. It is agreed that the decision of the independent laboratory shall be final and binding upon the parties."

　「何れかの当事者が契約対象製品の1つまたはそれ以上のバッチを市場から回収すべきであると信じる理由を有する場合，当該当事者は，文書で直ちに相手方当事者に知らせる。契約対象製品の回収が本契約に含まれる保証の実施権許諾者による違反が理由である場合，当該回収は，実施権許諾者との事前相談を条件として，実施権者によって行われる。しかし，契約地域において回収を開始するか否かの最終決定は，実施権許諾者にある。当該保証違反が契約対象製品を実施権者が受け取った時点で存在することを実施権許諾者が確認した場合，実施権許諾者は，本条の第2項の規定に従うことを条件に，当該回収に実施権者が要した合理的な費用および経費を実施権者に支払い，回収された契約対象製品を規格に合った契約対象製品と取り替えるかまたは回収された契約対象製品の購入代金をクレジットするかまたは払い戻す。

　当該回収が実施権者の契約対象製品の取扱い，保存またはディストリビューションにおける怠慢行為または懈怠が原因で要求された場合，当該回収

は，専ら実施権者の費用と経費で行われる。

　当該回収が共同の行為または懈怠によって要求される場合，実施権者は，当該回収を行い，且つ，両当事者は，各当事者の寄与原因を反映するように当該回収の費用および経費を適切に分担するよう誠実に交渉する。

　回収に関連する原因について当事者間で紛争となった場合，当該契約対象製品またはそのサンプルは，両当事者で合意できる独立の研究所に分析のために送られる。当該独立の研究所の決定は，最終的なものであり且つ両当事者を拘束する。」

　契約対象製品の市場からの回収は，いかなる原因で契約対象製品についてそのような回収を行うことになったのかが問題であり，当該回収に対して実施権者および実施権許諾者のいずれがその責任を負うかが異なってくる。この例においては，実施権許諾者は，契約対象製品を最終品の形で実施権者に提供しているので，実施権許諾者による本契約のもとでの保証違反は，契約対象製品の規格不適合，異物混入等が主な理由と考えられる。契約対象製品の未知の重篤な副作用等が原因で当該回収が行われることとなった場合に，実施権許諾者の本契約での保証違反となるか否かは，本契約のもとでの実施権許諾者による保証がいかなるものであったかによって異なることになるが，この規定のみからでは，その点は，明らかではない。

第3節　品質管理

　実施権許諾者にとって契約対象製品の品質を国際的に一定に保つことは，契約対象製品の有効性および安全性を維持するうえでひいては契約対象製品に対する評価を維持するうえで重要なことである。したがって，実施権許諾者は，実施権者が製造した契約対象製品についてその品質維持のために，契約対象製品のサンプルについて品質検査を実施することを希望する場合があ

第8章 実施権許諾者および実施権者の各種の義務

る。また，実施権許諾者が実施権者に契約対象化合物または契約対象製品を供給している場合，実施権者が契約対象製品を販売する国，すなわち，契約地域の国の所轄官庁が契約対象化合物および／または契約対象製品を製造する実施権許諾者の製造設備を検査することを希望する場合がある。さらに，実施権許諾者は，実施権者が契約対象化合物または契約対象製品を製造している場合には，実施権者の当該製造設備を検査することを希望する場合がある。以下に，製造設備の検査および品質検査に関する規定の例について示す。

(例)

"(a) Licensee agrees to submit to Licensor, whenever Licensor so requests, sufficient quantities of the Licensed Product manufactured from the Licensed Compound by Licensee hereunder for the Licensor's analysis and/or quality control. The first five (5) batches of the Licensed Product so foumulated by Licensee shall be approved by Licensor before release of the same for sale in any country of the Territory, and Licensor shall submit to Licensee its comments on the obtained results without any loss of time.

(b) If Licensor is satisfied with the first five (5) batches of the Licensed Product formulated by Licensee from the Licensed Compound hereunder, Licensee shall thereafter be entitled to perform its own quality control testing of the formulation of the Licensed Product and to decide on the release of the Licensed Product therefrom but shall supply Licensor from time to time upon request of Licensor with samples also of the further batches for reference purpose.

(c) In the event that Licensor determines that any of the samples so submitted discloses a variance from the specifications specified by Licensor or such other specifications as agreed upon between the parties, Licensee shall, upon request of Licensor, stop the marketing of and, if necessary, withdraw from the market, the Licensed Product deriving from the defective batch in question until the parties hereto agree otherwise."

「(a) 実施権者は,実施権許諾者の要求ある場合は,実施権者が本契約の下で契約対象化合物から製剤した契約対象製品の充分な量を実施権許諾者の分析および／または品質管理のために実施権許諾者に提出することに合意する。実施権者がそのように製剤した契約対象製品の最初の5バッチは,契約地域の各国で販売の前に実施権許諾者によって承認される。実施権許諾者は,得られた結果にそのコメントを付して時間のロスのないよう実施権者に提出する。

(b) 実施権許諾者が本契約のもとで実施権者によって契約対象化合物から製剤された契約対象製品の最初の5バッチに満足した場合,実施権者は,契約対象製品の以後の製剤について自ら品質管理試験を行い,契約対象製品の出荷を決めることができる。しかし,実施権者は,実施権許諾者の要求ある場合,以後のバッチのサンプルを参考のために実施権許諾者に提出する。

(c) そのように提出されたサンプルの何れかが,実施権許諾者の指定する規格または両者で合意されたその他の規格から外れていると実施権許諾者が決定した場合,実施権許諾者の要求に応じて,実施権者は,両者間で別段の合意がなされるまで,欠陥のあるバッチから生産された契約対象製品の販売を中止し,また,必要に応じて契約対象製品を市場から回収する。」

実施権者の製造した契約対象製品について実施権許諾者がどの程度の品質検査を行うかは,実施権者の有する技術水準,契約対象製品の製造の困難さ,実施権許諾者が契約対象製品に要望する品質の高さ等によって異なるであろう。しかし,実施権者が製造した契約対象製品の最初の数バッチを実施

権許諾者が検査して実施権者による契約対象製品の製造技術の水準を見定めて，実施権者の契約対象製品を製造する技術が一定の水準に達したと実施権許諾者が判断した場合には，その後は，実施権者自身が品質管理を行っていくようにするのが一般的である。しかし，そのような場合においても，実施権許諾者は，この例のように，実施権者が製造した契約対象製品をその後何時でも検査できる権限を留保しておくべきであると考える。

　契約対象製品の規格については，当該契約対象製品が販売される国において製造販売承認または製品登録等の際に認められた規格に合致することは，言うまでもないことであるが，一般的には，実施権許諾者および実施権者が一段と厳しい規格を設定していることが多く，契約対象製品はこれらの両方の規格に合致することが必要となる。

(例)
"In the event that the relevant authorities in the Territory require the inspection of the facilities of Licensor where Licensor is manufacturing the Licensed Compound, Licensor shall permit the government officials of said authorities to inspect such facilities of Licensor."

「契約地域の所轄官庁が実施権許諾者の契約対象化合物の製造設備を検査することを要求する場合，実施権許諾者は，当該官庁の係官が実施権許諾者の当該設備を検査することを認める。」

　実施権者が実施権許諾者から医薬品の有効成分または医薬品製剤を購入している場合，輸入国での輸入手続を簡単にするためまたはそれらの製品がGMP（Good Manufacturing Practices）の規定に従って製造されているかどうかを調べるために実施権者の国の所轄官庁が実施権許諾者の当該医薬品の製造設備を検査することがある。この例は，そのような場合に，実施権許

諾者の製造設備を実施権者の国の所轄官庁の役人が検査することを実施権許諾者が認める旨の規定である。

(例)

"Licensor shall at all times during the term of this Agreement comply with all the regulations concerning the manufacture of the Licensed Product as may be required by Licensee or the relevant authorities in every country of the Territory. Licensee shall promptly inform Licensor of such requirements and changes in such requirements. In compliance with the regulations Licensor acknowledges that its manufacturing facilities for the Licensed Product may be inspected by representatives of the health (or other relevant) authorities in certain countries of the Territory or at the request of Licensee by an independent inspector acceptable to both parties and Licensor shall afford such representatives or inspector rights of inspection upon reasonable notice to Licensor and at reasonable business hours of Licensor."

「実施権許諾者は，契約期間中常時，実施権者または契約地域の各々の国によって要求される契約対象製品の製造に関する規則を遵守する。実施権者は，かかる規則およびその変更を実施権許諾者に速やかに知らせる。当該規則の遵守に際し，実施権許諾者は，契約対象製品の製造設備が契約地域の国の保健当局（またはその他の官庁）の代表者，または，実施権者の要求がある場合には，両者に受け入れられ得る独立の検査官によって検査されるかもしれないことを認める。実施権許諾者は，当該代表者または検査官に実施権許諾者への合理的な通知により実施権許諾者の合理的な営業時間内での検査権を与える。」

この例の実施権許諾契約においては，実施権許諾者が実施権者に契約対象製品を供給することになっている。このような場合，実施権許諾者は，供給

する契約対象製品について，実施権者が契約対象製品を販売する国での規則・規制に従う必要がある。 しかし，実施権者が契約対象製品を販売する国での当該規則・規制について実施権許諾者は熟知しているとは必ずしも限らないので，実施権者が当該規則・規制またはその変更について実施権許諾者に知らせると同時に実施権許諾者が契約対象製品の製造設備の検査に応じる旨を規定するものである。

　実施権許諾者は，実施権者が製造した契約対象製品の品質検査のみならず，実施権者が契約対象製品を実際に製造している施設への立ち入る検査を行うことを希望する場合もある。実施権者としては，そのような実施権許諾者の要請には当然従う必要があるが，次の例は，そのような実施権許諾者による実施権者の契約対象製品の製造施設等の立ち入り検査に関するものである。

(例)

"Licensee shall make the Licensed Product manufacturing and quality control testing facilities, including records and samples related to the manufacture of the Licensed Products from the Licensed Compound, available for inspection by Licensor. Such inspections shall be available to Licensor with a reasonable prior written notice by Licensor to Licensee during ordinary business hours of Licensee and not more often than once a year, unless otherwise reasonably required. The inspections shall be conducted by Licensor's quality assurance and quality control personnel and shall be limited to determining whether there is compliance with Current Good Manufacturing Practices (cGMP) and the relevant laws of the Territory. The information obtained from any such inspection shall be held in confidence by Licensor and shall not be used by Licensor for any purpose other than to determine whether Licensee complies with the cGMP and the relevant laws of the Territory or to report to Licensee lacking in compliance with the cGMP and the relevant laws of the Territory. Licensor shall bear its own costs and expenses of such inspections. Licensor shall inform Licensee promptly of the results of such inspection of the Licensed Product manufacturing facilities of Licensee."

「実施権者は，契約対象製品の製造および品質管理試験施設を，契約対象化合物から契約対象製品の製造記録およびサンプルを含めて，実施権許諾者の査察に供する。当該査察は，他に合理的な要求がない限り，実施権許諾者から実施権者への合理的な事前通知により，実施権者の通常の営業時間内に，1年間に1回を超えない範囲で実施権許諾者に認められる。当該査察は，実施権許諾者の品質保証および品質管理担当者によって行われ，契約地域の現行の Good Manufacturing Practices（cGMP）および関連する法律に合致しているか否かを決めるためにのみ行われる。当該査察から得られた情報は，実施権許諾者によって秘密に保持され且つ実施権者による契約地域の cGMP および関連する法律の遵守の有無を決めるかまたは実施権者の契約地域における cGMP および関連する法律の遵守の欠落を報告する目的以外には実施権許諾者によって使用されない。実施権許諾者は，当該査察における自らの費用および経費を負担する。実施権許諾者は，実施権者の契約対象製品の製造施設の査察の結果を速やかに実施権者に知らせる。」

第4節　競合品の取扱い禁止

契約地域での実施権者による契約対象製品販売の極大化を図るのが実施権許諾者の希望であることは言うまでもないことである。しかし，実施権者が契約対象製品と競合するような製品を開発および販売する場合，実施権者の契約対象製品に対して向けられる努力はその分だけ弱められるであろうことは明らかである。したがって，実施権許諾者は，実施権者に対して契約対象製品と競合するような製品の取扱いを禁止することがある。以下に競合品取扱い禁止規定の例を示す。

第8章　実施権許諾者および実施権者の各種の義務

(例)

"Licensee agrees not to manufacture, distribute or otherwise handle or deal in any products which are directly competitive with the Licensed Product or directly or indirectly cause or assist any other party, including any Affiliate of Licensee, to manufacture, distribute or otherwise handle or deal in any products which are competitive with the Licensed Product for the term of this Agreement and, in addition, in the event that this Agreement is terminated prior to expiration of its term by reason of the Licensee's breach, for whichever is shorter of 1) two (2) years following the date of such termination, or 2) a period corresponding to that which would have been the unexpired balance of the term hereof had this Agreement not been so terminated prior to the expiration of its term."

「実施権者は，本契約期間中，およびその後本契約が実施権者の契約違反によってその本来の期間よりも早期に終了した場合には，1）当該終了日から2年間または，2）本契約がその本来の期間前にそのように終了しなかった場合には本来存在したであろう本契約の残存期間，の何れか短い期間，契約対象製品と直接競合するいかなる製品も製造，販売またはその他取扱いをしないし，さらに，直接にもまた間接にも第三者（実施権者の関係会社を含む）をして契約対象製品と競合する製品を製造，販売またはその他取扱いをさせたりしないし，またそのようなことを行う第三者（実施権者の関係会社を含む）を直接にも間接にも援助したりしない。」

　競合品取扱い禁止規定において最も多く問題となるのは，実際に実施権者が製造，販売または取扱うこととなる製品が契約対象製品と競合するか否かの判断の問題である。この例では，直接的に競合するまたは間接的に競合する製品とするのみでどのような基準で競合するか否かを判断するのか明らかでない。したがって，実施権者が実際に製造，販売または取扱いを意図する具体的製品が契約対象製品に競合するか否かで実施権許諾者と実施権者の間

で意見の食い違いが生じることが考えられる。このような事態を避けるためにはできるだけ競合品の範囲を具体的に記載することである。たとえば，契約対象製品がペニシリンの注射剤であれば，競合品の範囲を契約対象製品以外のペニシリン注射剤に限定するとか，また契約対象製品が胃潰瘍の治療剤である場合に，その競合品の範囲を契約対象製品と同種の効能・効果を有する製品でも契約対象製品と併用が認められないような製品に限定する等，できるだけ競合する製品と見なす範囲を明確にしておくことが望ましい。

　また，実施権者が実施権許諾者との間で実施権許諾契約を締結する以前からすでに製造，販売または取扱いを行っている契約対象製品と競合するような製品は，当然競合品禁止の規定の対象から除外されるべきである。このような製品を競合品禁止規定の対象外とするには，たとえば，この例の最初の部分に次のようなフレイズを挿入することによって可能となる。

"Except for those products which Licensee is already manufacturing, distributing or otherwise handling or dealing in at the time of execution of this Agreement,"

「本契約締結の時，実施権者が既に製造，販売またはその他取扱いをしている製品を除き，」

　競合品取扱い禁止の期間は，基本的には契約期間と同一期間とすべきであろう。競合品取扱い禁止の期間が，契約期間を越える場合には，独占禁止法違反となる可能性もあるので注意を要するが，この例のようなケースでは違反とならないと考えられる。

(例)
"Licensee shall not, for whichever is the shorter period of either the life of the Licensed Patent in the Territory or up to the five (5) years after termination of

this Agreement for whatever cause in the Territory, sell or otherwise deal in any product having a similar therapeutic activity with the Licensed Compound and/or the Licensed Product and shall not during the term of this Agreement sell or otherwise deal in any product which substantially competes with or adversely affects the sales of the Licensed Product (excepting those product which shall have been notified to Licensor and agreed in writing prior to the execution of this Agreement)."

「実施権者は，契約地域での許諾対象特許の有効期間中または理由の如何を問わず契約地域において本契約が終了した後5年間の，何れか短い期間中，契約対象製品および／または契約対象化合物と類似の治療効果を有する製品を販売またはその他取扱いをしないし，また本契約の期間中契約対象製品と実質的に競合するようなまたは契約対象製品の販売に不利に働くような如何なる製品も販売またはその他取扱いをしない（但し，本契約の締結前に実施権許諾者に知らされ且つ文書で合意された製品を除く）。」

この例で，契約対象化合物および／または契約対象製品と類似の治療効果を有する製品とは，たとえば，契約対象製品が鎮痛／消炎作用を有する場合に，当該製品の鎮痛作用のみを有するというように，当該製品の薬効が一部でも契約対象製品と重複する部分があれば契約対象製品と類似の治療効果を有する製品とされるのか必ずしも明らかでない。また，契約対象製品と競合する製品または契約対象製品の販売に不利に働くような製品というのもかなり漠然としているので，実施権者にとって不利に働く可能性を持っていると言えるであろう。したがって，実施権者の立場からは，これらの点をもう少し明確かつ具体的にしておくべきであろう。

(例)

"During the original term of this Agreement, Licensee undertakes not to enter into

第 4 節　競合品の取扱い禁止

any other license agreement concerning the production, formulation or sale in the Territory of generally like products having the same therapeutic activity with the Licensed Product. In the event that Licensee intends to enter into such license agreement, Licensee shall give Licensor a prior notice of such Licensee's intention and explain Licensor how Licensee could differentiate the Licensed Product from the product under such license agreement. In the event that Licensor is not satisfied by such Licensee's explanation, Licensor may change the exclusive right and license granted to Licensee hereunder to a non-exclusive right and license. In such event :

i) if Licensor grants to its Affiliate in the Territory a non-exclusive right and license on the Licensed Product and/or the Licensed Compound, Licensee undertakes to provide assistance to such Affiliate in the Territory in connection with the filing of an application for the health registration of the Licensed Product and shall provide copies of all available data and documentations necessary for such purpose.

ii) if Licensor gives a non-exclusive right and license to any third party other than said Affiliate in the Territory on the Licensed Compound and/or the Licensed Product upon more favorable financial conditions than those granted to Licensee hereunder, Licensee shall be automatically entitled to have such more favorable financial conditions."

「本契約の本来の有効期間中，実施権者は，契約対象製品と同一の治療的効果を有する類似の製品を契約地域において製造，製剤または販売することに関わる他の実施権許諾契約を第三者と締結しない。実施権者がそのような実施権許諾契約の締結を意図する場合，実施権者は，そのような実施権者の意図をあらかじめ実施権許諾者に文書で知らせ且つ当該実施権許諾契約に基づく製品を契約対象製品とどのように差別化できるのかを実施権許諾者に説明する。実施権許諾者が実施権者のそのような説明に満足しなかった場合，

第8章　実施権許諾者および実施権者の各種の義務

実施権許諾者は，本契約の下で実施権者に与えられた独占的権利および実施権を非独占的権利および実施権に変えることができる。かかる場合：
  i) 実施権許諾者が実施権許諾者の契約地域での関係会社に契約対象製品および／または契約対象化合物について非独占的権利および実施権を許諾する場合，実施権者は，契約対象製品の製品登録申請に関して当該実施権許諾者の関係会社に援助を与え，また当該目的のために必要な全ての入手可能なデータおよび書類の写を提供する，
  ii) 実施権許諾者が契約対象製品および／または契約対象化合物に関して契約地域において本契約の下で実施権者に与えられている条件より有利な経済的条件で前記の実施権許諾者の関係会社以外の第三者に非独占的権利および実施権を与える場合，実施権者は，自動的にそのようなより有利な経済的条件を享受できる。」

　この例では，実施権者自身の研究開発から出てくる契約対象製品と競合する製品については，製造・販売等の禁止の対象となっておらず，実施権者が第三者から契約対象製品と競合する製品を導入することを規制するものである。また，契約対象化合物および／または契約対象製品と競合する製品の第三者からの導入を完全に禁止するのではない点が特徴であると言える。さらに，この例の特徴は，実施権者が第三者から導入する製品が契約対象製品と競合するか否かの判断において両者の意見が食い違う可能性のあることを考慮して，その場合の問題の処理方法について規定していることであろう。実施権者が契約対象製品と競合する製品を自ら研究開発または第三者から導入することを実施権許諾契約において禁止することが何らかの理由で困難な場合，そのような状況が現実のものとなった場合に実施権許諾者の取りうる現実的手段としては，この例のように独占的実施権を非独占的実施権に変えることであろう。

　この例文の中の第 ii) 項は，いわゆる最恵条項であるが，最恵条項に関す

る説明については，第4章の第4節を参照されたい。

　また，この例では，競合品取扱いの禁止期間も契約の本来の有効期間（Original term）のみについてであり，契約が延長された場合，その延長期間については適用がない。

(例)
"In the event that Licensee considers introducing any product which is competitive with the Licensed Product in the Territory, Licensee agrees to immediately advise Licensor of that effect and shall prior to the introduction of such competitive product discuss with Licensor by which ways and means the sales of the Licensed Product should not be jeopardized by the introduction of such competitive product."

「実施権者が契約対象製品と競合する製品を契約地域において導入することを考える場合，実施権者は，その旨を直ちに実施権許諾者に知らせ且つ当該競合品の導入に先立ち契約対象製品の販売が如何なる方法および手段によれば当該競合品の導入によって阻害されないか実施権許諾者と協議する。」

　この例は，競合品取扱いの禁止規定とは言えないが，実施権者が契約対象製品と競合する製品を導入する場合に，実施権許諾者のとり得る対応の1つであると言えるであろう。

第5節　技術援助

　実施権許諾契約においては，実施権者が許諾された技術を実施する際に実施権許諾者の技術的支援を必要とする場合がある。実施権者が実施権許諾者から技術的支援を得る方法としては，実施権者の技術者が実施権許諾者の工場や研究所を訪問して実地に技術を習得する場合と，実施権許諾者の技術者

が実施権者の工場等を訪問して実施権者の技術者に技術を教える場合とが考えられる。以下に技術援助に関する規定の例文を示す。

(例)

"Licensee may, at its own cost and during the term of this Agreement, request Licensor to allow personnel of Licensee to visit the Licensor's plants for reasonable periods of time and at mutually prearranged dates to receive technical assistance with respect to the formulation of the Licensed Product from the Licensed Compound.

Upon specific written request of Licensee, Licensor shall send Licensee such specialized technical and scientific personnel of Licensor as agreed upon between the parties hereto, for reasonable period of time and at mutually prearranged dates, to render technical assistance with respect to the formulation of the Licensed Product.

In such event, Licensee shall reimburse to Licensor reasonable expenses incurred by Licensor in rendering such technical assistance to Licensee, including air freight and lodging expenses but excluding salaries and fringe benefits of such personnel and head office overhead."

「実施権者は，自らの費用で本契約期間中に，実施権者の従業員が合理的な期間および事前に相互に合意された期日に契約対象化合物から契約対象製品の製剤に関する技術援助を受けるために実施権許諾者の工場を訪問することを認めるよう実施権許諾者に要求できる。

実施権者の文書による要求に基づき，実施権許諾者は，合理的な期間および事前に相互に合意された期日に契約対象製品の製剤に関する技術援助を与

えるために両者間で合意された実施権許諾者の専門技術者を実施権者の所に送る。

　この場合，実施権者は，実施権許諾者が当該技術援助を実施権者に与えるに際し要した合理的な費用を実施権許諾者に支払う。かかる費用には，当該技術者の航空運賃および宿泊費を含むが給与，給与以外の付帯給付および本社経費を含まない。」

　この例は，実施権許諾者の技術者が実施権者の施設を訪問する場合と実施権者の技術者が実施権許諾者の施設を訪問する場合の両方を含むものであるが，一般に技術援助においては，実施権者および実施権許諾者のどちらの技術者が何人，何時，相手方の何処を，何日間，どのような技術の習得のために，どちらの当事者の費用で，訪問するのか等たくさんの問題を明らかにしておく必要がある。特に，実施権許諾者の技術者の派遣を実施権者が要請し，それに要した実施権許諾者の費用を実施権者が負担する場合において，実施権許諾者が要した費用のどの範囲について実施権者が負担する必要があるのか明確にしておく必要がある。この例では，航空運賃および宿泊費を実施権者が支払うことになっているが，航空運賃はファーストクラス，ビジネスクラスまたはエコノミークラスなのか，また1泊のホテル代および1日の食事代はどの程度にするのか等は明らかでないが，これらの点もできるだけ明確にしておくことが望ましい。技術援助における費用負担の一般原則なるものは存在しないが，実施権者の技術者が実施権許諾者の施設を訪問して技術の習得をする場合には，実施権者が当該技術者の派遣に要する費用はすべて実施権者が負担し，実施権許諾者は当該技術援助に要する費用について一切実施権者には請求しない，またこれとは逆に，実施権許諾者の技術者を実施権者の施設に派遣して実施権者の技術者に技術の指導を行う場合には，この例のように，実施権許諾者が技術者を派遣するに要した費用の中から旅費，宿泊費および食事代等を実施権者が負担するようにするのが最も合理的

ではないかと考える。

(例)

"Licensor shall upon specific request of Licensee give personnel(s) of Licensee (number of such personnel(s) shall be agreed upon between the parties in case of training at the Licensor's plant) sufficient technical training necessary for the manufacture of the Licensed Product at either of the Licensor's or Licensee's plant. Each party shall bear all costs and expenses incurred by it in connection with such technical training.

The number of technical and other personnel of Licensee who may be sent to the plant of Licensor, the schedule and particular purposes of all such visits and facility or facilities of Licensor to be visited shall be agreed upon in writing between the parties in each case when such visits are proposed by Licensee. Licensee agrees to give reasonable notice in writing to Licensor of all such proposed visits and to comply with all reasonable requests by Licensor for modification thereto in order to minimize interference with the activities of Licensor.

Each technical and other personnel of Licensee who shall be sent to any facility of Licensor shall be required to execute a secrecy agreement, in the form acceptable for the both parties, as a condition precedent to his receipt of training. Further, all of such technical and other personnel of Licensee shall fully abide by all rules and regulations of Licensor pertaining to the facility in which a visitation so to be made.

The entire expense of all technical and other personnel of Licensee who shall be sent to any facility of Licensor, including but not limited to all salary, fringe benefits, traveling, living and related expenses, shall be for the sole account of Licensee. Licensee hereby assumes full and complete responsibility for any loss or damage resulting from any visit or visits to any facility of Licensor and agrees to indemnify and hold harmless Licensor from any such loss or damage (including the expense of any claim or suit), excepting only loss or damage which results from willful or grossly negligent acts or omissions of Licensor or its agents or employees.

Licensee may, from time to time during the effective term of this Agreement, request that Licensor sends specialized technical and other personnel of Licensor or its Affiliates to the facility of Licensee for reasonable periods of time and at mutually prearranged dates to render technical assistance with respect to the manufacture of the Licensed Product. The parties shall then determine, by mutual written agreement in each case, the purpose, number, time of dispatch and duration of stay of each such technical and other personnel who may be sent to Licensee by Licensor. Licensee hereby agrees and undertakes to reimburse Licensor the United States dollars one half (1/2) of the cost and expenses incurred by Licensor in rendering the technical assistance to be furnished to Licensee, up to a maximum of one hundred United States dollars (US$ 100) per day for each calendar day (including travel time) each such technical or other personnel shall be absent from his usual place of employment in connection with the assistance to be furnished to Licensee. Thus, the Licensee's share of the total costs and expenses for such technical assistance will not be in any case greater than one hundred United States dollars (US$ 100) per day per person. It is understood that such costs and expenses will include, but not be limited to, costs of air transportation to and from the destination, hotel and other living expenses, as well as miscellaneous expenses incurred by the technical or other personnel of Licensor, but excluding salary and head office overhead expenses. Licensor hereby assumes full and complete responsibility for any loss and damage resulting from any visit or visits to any facility of Licensee and agrees to indemnify and hold harmless Licensee from any such loss or damage (including the expense of any claim or suit), excepting only loss or damage which results from willful or grossly negligent acts or omissions of Licensee or its agents or employees."

「実施権許諾者は，実施権者の要求がある場合，実施権者の従業員に対し（実施権許諾者の工場での訓練の場合，当該従業員の数は両者間で合意される）実施権者または実施権許諾者の何れかの工場において契約対象製品の製造のために必要且つ充分な技術訓練を行う。各当事者は，当該技術訓練に関して各々が要した経費および費用の全てを負担する。実施権許諾者の工場に派遣される実施権者の技術者およびその他の従業員の数，スケジュールおよび当該派遣の目的並びに訪問する実施権許諾者の施設は，当該訪問が実施権者によって提案される度ごとに両者間において文書で合意される。実施権者は，当該訪問提案の全てについて実施権許諾者に合理的な文書による通知を与え，また実施権許諾者の活動との摩擦を最小限にするために実施権許諾者による全ての合理的なその修正要求に従うことに合意する。

実施権許諾者の施設に派遣される実施権者の各技術者およびその他の従業員は，訓練を受ける前提条件として，両当事者にとって受け入れることのできる秘密保持契約を締結することが要求される。さらに，実施権者の当該技術者およびその他の従業員の全ては，訪問先の施設に関連する実施権許諾者の全てのルールおよび規則に完全に従う。

実施権許諾者の施設に派遣される実施権者の技術者およびその他の従業員の全費用（給与，給与以外の付帯給付，旅費，生活費および関連費用を含むがこれらに限らない）は，全て実施権者の負担となる。実施権者は，実施権許諾者の施設を訪問することから生じる損害および損失に対し完全なる責任

を負い，また当該損失および損害（請求および訴訟の費用を含む）に対し実施権許諾者を免責し且つ補償することに合意する。但し，実施権許諾者，その代理人または従業員の故意または重大な怠慢または過失によって生じた損失または損害を除く。

　実施権者は，本契約の有効期間中随時，実施権許諾者が契約対象製品の製造に関連して技術援助を与えるために，合理的な期間および事前に相互に調整された期日に，実施権許諾者またはその関係会社の専門技術者またはその他の従業員を実施権者の施設に送るよう要求できる。両当事者は，その後，実施権許諾者によって実施権者の施設に派遣される各技術者およびその他の従業員の派遣の目的，人数，派遣日，滞在期間について，それぞれのケースごとに相互の文書による合意によって決定する。実施権者は，実施権許諾者が実施権者に対して提供する技術援助に関連して要した全費用および経費の半分を米ドルで実施権許諾者に支払うことに合意する。但し，実施権者に提供される技術援助に関連して当該技術者またはその他の従業員が本来の就業地を不在にした各暦日（旅行日を含む）の1日当たり最大限100米ドルを越えない。かくして，当該技術援助に関連する総経費および費用の中で実施権者の分担割合は，1日1人当たり100米ドルをいかなる場合においても越えない。当該経費および費用は，実施権許諾者の技術者およびその他の従業員が要した目的地までの往復航空運賃，ホテル代およびその他の生活費並びにその他の雑費を含み，これらに限られないが，給与および本社経費は含まれない。実施権許諾者は，実施権者の施設の訪問により生じる一切の損失および損害に対して全責任を負い，また当該損失および損害（請求および訴訟の費用を含む）に対して実施権者を免責し且つ補償する。但し，実施権者，その代理人または従業員の故意または重大な過失または怠慢により生じた損失または被害を除く。」

　この例は，技術援助に関するほとんどすべての事項を含んでいるといえる

であろう。また，技術者を実施権許諾者が派遣するのに要した総費用の半分を1日1人当たり100米ドルを越えない範囲で実施権者が支払うことになっているが，これらの費用には，航空運賃，ホテル代および旅行中の生活費が含まれる。しかし，実際の取り決めでは，航空運賃はファーストクラス，ビジネスクラスまたはエコノミークラスのいずれかを指定してその実費払いとし，旅行中の生活費は，ホテル代および食事費を含めて1日1人当たり何ドルを越えない範囲で支払うと決める方がより現実的かも知れない。

第6節　ライセンサー表示

　実施権許諾者は，契約対象製品の添付文書，ラベル，包装，広告宣伝用資料，学術宣伝用資料等に契約対象製品が実施権許諾者から実施権者にライセンスされたものである旨を示す適切な表示を行うよう実施権者に要求することがある。このような表示を一般にライセンサー表示と言うが，このようなライセンサー表示により，契約対象製品が実施権許諾者の研究開発にかかるものであることを契約対象製品の顧客に示すことができる。ライセンサー表示に関しては，どのように表示するのか，また添付文書，ラベル，広告宣伝用資料，学術宣伝用資料等のすべてに表示するのかそれともこれらの一部について表示を行うよう実施権者に要求するのかの問題がある。以下にライセンサー表示に関する規定の例を示す。

(例)

"Licensee agrees to indicate, where practicable and subject to space available, on every labels, packages, package inserts, promotional materials, etc. for the Licensed Product, to the extent permitted by the laws of the Territory, the words indicating name of Licensor as licensor of the Licensed Product, together with the Licensor's logo, in such reasonable shape, color and size so as to render the indication plainly discernible and as specified or approved by Licensor."

第6節 ライセンサー表示

「実施権者は，契約対象製品の全てのラベル，包装，添付文書，広告宣伝用資料等に，スペースがあり実際的に可能な場合には，契約地域の法律において認められる範囲において，契約対象製品のライセンサーである旨の言葉を実施権許諾者の名前およびその社章と共に，当該表示が明白に認められるような合理的の形，色およびサイズで且つ実施権許諾者が特定したまたは承認したものを表示することに合意する。」

（例）
"Licensee shall sell the Licensed Product in the package of Licensee, and, to the extent permitted by the laws of the Territory, there shall on the outside of each package appear in plainly discernible lettering the words "Under license from (name of Licensor)" or a translation of such words into the local official language of each country of the Territory where the Licensed Product is sold, as well as the logo of Licensor. The same note shall appear on label, promotional materials and package insert of the Licensed Product sold by Licensee and its Affiliates.

「実施権者は，実施権者の包装で契約対象製品を販売し，また契約地域の法律で認められる範囲において，各包装の外面に明瞭に認められる字体でもって『Under license from（ライセンサーの社名）』なる言葉または契約対象製品が販売されている契約地域の各国の公用語に当該表示を翻訳したものを実施権許諾者の社章と共に表示する。当該表示は，実施権者およびその関係会社が販売する契約対象製品のラベル，広告宣伝用資料および添付文書についても行われる。」

上記の2例では，ライセンサー表示を行う対象が，明示されている。しかし，最初の例では，ライセンサー表示を具体的にどのように行うかは必ずしも明示されていない。したがって，文中にもあるように，最終的には文中の要件を満たしかつ実施権許諾者が指定したまたは承認したものが表示される

217

ことになろう。また，極めて小さいラベル等においては，法的に表示を義務付けられている事項を表示するとライセンサー表示をするスペースがなくなることもある。そのような場合には，実施権者はライセンサー表示をしなくてもよいのかあるいは通常行うライセンサー表示の省略形を表示するのか等も取り決めておく方が望ましいことは言うまでもないことである。この点に関しては，たとえば，最初の例の……where practicable and subject to space available……部分を削除して，例文の最後の部分に次のようなフレイズを加えることが考えられる。……, provided, however, that if no sufficient space for such indication is available, Licensee may make such indication in such abbreviation as agreed upon between the parties."「但し，当該表示のための充分なスペースがない場合には，実施権者は，当該表示を両者間で合意された省略形でなすことができる。」

さらに，実施権許諾者の社章の表示に関しては，実施権許諾者において社章に関する社内規格が存在する場合には，実施権者は，当該規格を実施権許諾者から入手して，当該規格に従った社章を表示するようにする必要があるであろう。

第7節 製造および輸出等の禁止

実施権許諾者は，実施権者に対し契約対象化合物および／または契約対象製品を契約地域以外の国で販売することおよびこれらの国へ輸出することを禁止することを希望することがあるが，このような販売禁止および輸出禁止は一定の場合に独占禁止法違反となるので充分な注意が必要である。

(例)

"Licensee undertakes not to sell the Licensed Compound and/or the Licensed Product in any form whatsoever in countries outside of the Territory, within the framework established in the Japanese Anti-Monopoly Act Guideline for international Agreements of May 24, 1968."

「実施権者は，1968年5月24日付の日本の独占禁止法の国際的契約に関するガイドラインに示された枠の範囲において契約対象化合物および／または契約対象製品をいかなる形態であれ契約地域以外の国に販売しない。」

この例で引用されている1968年5月24日付けの公正取引委員会の「国際的契約に関するガイドライン」が出された後に，平成11年7月30日付で公正取引委員会は，「特許・ノウハウライセンスに関する独占禁止法の指針」を公表しているので参照されたい。

(例)
"Licensee shall not sell, transfer or otherwise make available the Licensed Compound and/or the Licensed Product for delivery outside the Territory nor shall sell, transfer or otherwise make available the Licensed Compound and/or the Licensed Product to any third party who Licensee knows intends to sell, transfer or otherwise make available the Licensed Compound and/or the Licensed Product for delivery outside the Territory."

「実施権者は，契約対象化合物および／または契約対象製品を契約地域以外へ販売，譲渡または提供しないし，また契約対象化合物および／または契約対象製品を契約地域以外に運ぶために販売，譲渡または提供する意図を持っていることを実施権者が知っている第三者に契約対象化合物および／または契約対象製品を販売，譲渡または提供しない。」

上記2例の中の最初の例は，契約地域以外への輸出禁止が日本の独占禁止法違反になる場合があることを考慮したうえでの規定である。また，後の例は，実施権者のみに契約地域以外での販売禁止あるいは契約地域以外への輸

出禁止の義務を課しても，第三者を通じて契約地域以外への販売や輸出を行う場合も考えられるのでこの点をも考慮しての規定である。

　また，医薬品の実施権許諾契約では，契約対象化合物から契約対象製品を製造しかつ販売する権利のみを許諾し，契約対象化合物そのものについての製造権を許諾しない場合もある。契約対象化合物の製造権を実施権者に許諾しないのみならず，実施権者に契約対象化合物の製造禁止の義務を課すこともある。契約対象化合物の製造権を許諾されていない場合には，実施権者は，契約対象化合物を実施権許諾者または第三者から購入する必要があるであろう。この場合，実施権者に契約対象化合物を実施権許諾者または第三者からその必要とする全量を購入する義務を課すれば，あえて実施権者に契約対象化合物の製造禁止の義務を課さなくても，実施権許諾者の目的は達せられるであろう。

(例)

"Licensee shall not manufacture in any place either directly or indirectly the Licensed Compound itself during the term of this Agreement."

「実施権者は，本契約の期間中直接にも間接にもまた如何なる場所においても契約対象化合物を製造しない。」

第8節　製造物責任

　実施権許諾契約の中で製造物責任が問題とされるのは，製造物責任の問題が発生した場合にどのような手順で問題の解決を図りまたその責任を実施権許諾者と実施権者の間でどのように分担するかの問題であろう。製造物責任の問題は，いったん発生してしまうとその影響が極めて甚大となることが考えられること，またその責任の所在が実施権許諾者と実施権者のどちらにあるか明らかにすることが極めて困難な場合もあり，発生した製造物責任問題

を実施権許諾者と実施権者の間でどのような手順で解決するか，またその責任を実施権許諾者と実施権者の間でどのように分担するか等について実施権許諾契約の交渉においては両者間でなかなか合意に至らないことが多い。したがって，実施権許諾契約中にこれらの合意事項が盛り込まれていることは稀のようである。しかし，クロスライセンスの場合には，それぞれの実施権許諾契約に製造物責任に関する同様の規定を盛り込むことができることから，両者の合意が比較的得られやすいこともあって，製造物責任に関する規定が盛り込まれているケースが多いようである。いずれにしても，最近の製造物責任問題への関心の高まりもあって，できるだけこの問題に関する取り決めを契約中に盛り込むようにすべきであろう。以下に製造物責任に関する規定あるいは製造物責任の問題に言及した規定の例を示す。

(例)

"Licensor shall indemnify and hold Licensee harmless from and against any and all damages, liabilities, losses, cost and expenses (including reasonable counsel fees) of any kind or nature whatsoever which may be sustained or suffered by Licensee by virtue of personal death or injury caused by the intrinsic nature of the Licensed Compound or caused by the defectiveness of the Technical Information (e.g. formulation know-how of the Licensed Product) supplied by Licensor to Licensee hereunder and adopted by Licensee effectively as such, provided, however, that upon the filing of any such claim or suit against Licensee, Licensee shall immediately notify Licensor thereof, and, at the cost of Licensor permit the attorney(s) appointed by Licensor to handle and control such claim or suits."

「実施権許諾者は，契約対象化合物に内在する性質により，または実施権許諾者が実施権者に本契約の下で提供し且つ実施権者がそのまま実際に適用した技術的情報（例えば，契約対象製品の製剤方法に関するノウ・ハウ）の欠陥により引き起こされた死亡または人的傷害により，実施権者が被ったま

たは受けたあらゆる種類の損害，責任，損失，経費および費用（合理的な弁護士費用を含む）について実施権者を免責し且つ補償する。但し，実施権者に対するかかる請求または訴訟が提起された場合には，実施権者は，直ちにそのことを実施権許諾者に知らせ，また実施権許諾者の費用で実施権許諾者が指名した弁護士が当該請求または訴訟を指揮・統制することを認める。」

　この例の実施権許諾契約においては，実施権者は，実施権許諾者から契約対象化合物を購入して，実施権許諾者から入手した製剤技術を用いて契約対象化合物を契約対象製品に製剤している。

　この例で，契約対象化合物が本来的に持っている性質が原因で人が死亡しまたは傷害を受けた場合とは，契約対象化合物が原因の主作用，副作用またはその他の物性等による人の死亡または傷害と言うことができるであろう。したがって，契約対象化合物の投与を受けた人が契約対象化合物の本来的に持っている性質によって死亡または傷害を受けた場合には，もちろん，実施権許諾者が責任を負うと言うことになる。また，実施権許諾者から提供を受けた技術的情報に何らかの欠陥があり，実施権者がそれを何ら変更することなく実際に利用して，実施権者がその技術的情報の利用により製造した契約対象製品が原因となり人が死亡しまたは傷害を受けた場合にももちろん実施権許諾者が責任を負うと言うことになる。また，技術的情報の欠陥により同様の事故が起きた場合でも，実施権許諾者から入手した技術的情報に実施権者が何らかの変更を加えて使用している場合には，この文章からは，そのような事故に対して実施権許諾者が当然に責任を負うと言うことにはならない。この例は，実施権許諾者が責任を負う範囲について明示するが，この明示された範囲以外の部分について実施権許諾者および実施権者のどちらが責任を負うのかについては必ずしも明らかでない。明示された範囲については，実施権許諾者が責任を負うことが示されていることから，それ以外の部分についてはすべて実施権者が責任を負うとの反対解釈も可能かもしれない

が，明示された範囲以外については実施権許諾者と実施権者のどちらが責任を負うかは別段の判断が必要であろう。

この例は，契約対象化合物の人への投与による事故（製造物責任の問題）とは限定されていないので，契約対象化合物の人への投与による事故およびその他の事故も含まれると解すべきある。たとえば，契約対象化合物が爆発性の物質でありその取扱いに関する説明が実施権許諾者から実施権者に提供された技術的情報に充分記載されておらず，それが原因で契約対象製品の製造工程等において爆発事故が起き人的被害を与えたような場合にも実施権許諾者は実施権者に対して責任を負うことになるであろう。

（例）

"a) Licensee shall indemnify and hold Licensor harmless against any and all liability, damage, loss, cost or expense arising out of third party claims or suits based upon or arising out of the Licensee's sole negligence in the formulation or resale of the Licensed Compound sold by Licensor to Licensee hereunder, provided, however, that upon the filing of any such claims or suits against Licensor, Licensor shall promptly notify Licensee thereof and, at the cost of Licensee, permit Licensee's attorneys to handle and control the defense of such claims or suits and shall cooperate with Licensee in the defense thereof.

b) Each party assumes the responsibility of any personal or property injury shown in litigation involving it as a party to have arisen solely from its manufacture, handling or use of the Licensed Compound. Each party assumes, pro rata, the responsibility of any personal or property injury shown in litigation involving it as a party to have arisen in part from its comparative negligence in the manufacture, handling or use of the Licensed Compound.

第8章　実施権許諾者および実施権者の各種の義務

c) Licensor shall indemnify and hold Licensee harmless against any and all liability, damage, loss, cost or expense arising out of third party claims or suits based upon or arising out of the Licensor's negligence in the manufacture of the Licensed Compound sold by Licensor to Licensee, provided, however, that upon the filing of any such claims or suits against Licensee, Licensee shall promptly notify Licensor thereof and, at the cost of Licensor, permit the Licensor's attorney to handle and control the defense of such claims or suits and shall cooperate with Licensor in the defense thereof."

「a) 実施権者は，本契約の下で実施権許諾者から実施権者へ販売された契約対象化合物の製剤または再販売における専ら実施権者の過失が原因で提起された第三者による請求または訴訟から生じる全ての責任，損害，損失，費用または経費について実施権許諾者を免責し且つ補償する。但し，実施権許諾者にそのような請求または訴訟が提起された場合，実施権許諾者は，直ちにそのことを実施権者に知らせ且つ実施権者の費用で実施権者の弁護士が当該請求または訴訟の防衛を指揮・統制することを認め，さらに，その防衛において実施権者と協力する。

b) 各当事者は，その者が当事者となっている訴訟において自らの契約対象化合物の製造，取扱いまたは使用から専ら生じたことが示された人的傷害または財産的損害について責任を負う。各当事者は，契約対象化合物の製造，取扱いまたは使用において一部が自らの相対的過失によって生じたことが示された人的傷害または財産的損害についてその割合に応じた責任を負う。

c) 実施権許諾者は，本契約の下で実施権許諾者から実施権者に販売された契約対象化合物の製造における実施権許諾者の過失が原因で提起された第三者による請求または訴訟から生じる全ての責任，損害，損失，費用または

経費について実施権者を免責し且つ補償する。但し，実施権者にそのような請求または訴訟が提起された場合，実施権者は，直ちにそのことを実施権許諾者に知らせ且つ実施権許諾者の費用で実施権許諾者の弁護士が当該請求または訴訟の防衛を指揮・統制することを認め，さらに，その防衛において実施権許諾者と協力する。」

　この例の第 a) 項においては，実施権許諾者から購入した契約対象化合物の製剤または再販売において，専ら実施権者の過失が原因で第三者により提起された請求または訴訟が問題とされている。したがって，たとえば，実施権者が契約対象化合物から医薬品製剤を製造する過程において当該医薬品剤製に異物が混入してそれが原因でその投与を受けた人が死亡したりまたは傷害を負ったりする等の事故が起き第三者に損害を与えたような場合は，この規定によって実施権者がその全責任を負うことになる。

　しかし，契約対象化合物が本来的に持っている副作用による第三者被害，すなわち薬害の場合については，この第 a) 項の規定からは，直ちに実施権者に全面的に責任があるということにはならないであろう。当該薬害が実施権者の全面的な過失によるとは必ずしもいえないからである。同じ薬害の場合でも，契約対象化合物が本来的に持っている副作用でありすでにそのような副作用の存在が実施権者にもよく知られていたが，その副作用に対する充分な使用上の注意あるいは警告が実施権者によってなされなかったような場合には，実施権者の契約対象化合物の販売上における過失により生じたものとして実施権者が責任を負うことになるであろう。

　この例の第 c) 項は，実施権許諾者が販売した契約対象化合物の製造における実施権許諾者の過失が原因で提起された第三者請求または訴訟については実施権許諾者が責任を負う旨を規定する。したがって，たとえば，契約対象化合物に本来含まれないはずの異物が混入していてそれが原因で当該異物

第8章 実施権許諾者および実施権者の各種の義務

の混入した契約対象化合物から製造された医薬品製剤を投与された人が死亡したりまたは傷害を受けたりした事故が起き第三者に被害を与えたような場合は，この規定により実施権許諾者が責任を負うことになる。しかし，契約対象化合物に由来する副作用であって，その存在がよく知られていなかったような副作用によってその投与を受けた者が被害を被ったような場合については，この第 c) 項によって実施権許諾者が直ちに全面的な責任を負うとは必ずしもいえないであろう。そのような場合において，実施権許諾者に契約対象化合物の製造上過失があったとは必ずしも考えられないからである。

　この例の第 b) 項の第1文は，過失の有無を問題にすることなく，本契約の各当事者に提起された訴訟においてその当事者の契約対象化合物の製造，取扱いまたは使用から専ら発生したことが当該訴訟において明らかとなった人的被害または財産的損害に対して当該当事者が責任を負うということになる。また，契約対象化合物の製造，使用またはその取扱いが原因で人的被害または財産的損害が発生し，かつ実施権許諾者および実施権者のそれぞれに過失が存在することが訴訟において明らかとなった場合，この例の第 b) 項の第2文からそれぞれの過失の割合に応じて責任を分担することになる。

　また，この例は，製造物責任についてのみ規定するものではないことに注意する必要がある。たとえば，この例の第 a) 項は，実施権者が契約対象化合物を製剤する過程において実施権者の過失により爆発事故が起きその事故により第三者が被害を被ったような場合には，当該被害について実施権者が実施権許諾者を免責することもまた規定するものである。

(例)

"Licensor shall indemnify and hold Licensee, its employees, agents, distributors and contractors harmless from any liability for costs and damages in respect of claims made against it for death or personal injury which has resulted from the use of the Licensed Product purchased from Licensor and which is attributable to the nature and properties of the Licensed Product, except to the extent that such death or personal injury has resulted from any negligent act or default or omission of Licensee, its employees, agents, distributors or contractors whether in the processing, packaging, sales, technical servicing or promotion of the Licensed Product, subject to the following:

a) Licensee shall comply with all terms of this Agreement relating to the Licensed Product,

b) Licensee shall observe all reasonable instructions given by Licensor in respect of the Licensed Product including instructions as to warning to be given with respect to potential and actual adverse effects of the Licensed Product and instructions to cease the sale of the Licensed Product because of such potential or actual adverse effects,

c) Licensee shall immediately advise Licensor in writing of any previously unknown adverse reactions of which it may become aware and which may possibly be attributable to the Licensed Product, whether or not Licensee considers such reaction to have been caused by the Licensed Product,

d) Licensee shall immediately advise Licensor of, and permit Licensor to have full control of, any legal proceedings brought by any third party and will give to Licensor all reasonable assistance which Licensor may require in connection with such proceedings."

「実施権許諾者は，実施権許諾者から購入した契約対象製品の使用の結果発生しまた契約対象製品の性質および特性に由来する死亡および人的傷害について実施権者に提起された請求に関連する全ての経費および損害にいての責任に対して実施権者，その従業員，代理人，ディストリビューターおよび委託者を免責し且つ補償する。但し，それが契約対象製品の加工，包装，販売，技術サービスおよび宣伝においてであるか否かにかかわらず当該死亡

または人的傷害が実施権者，その従業員，代理人，ディストリビューターまたは委託者の不注意または怠慢の結果として生じた場合を除き，さらに，以下のことに従うことを条件とする；

 a) 実施権者は，契約対象製品に関する本契約の条件を遵守する，

 b) 実施権者は，契約対象製品の潜在的および現実の副作用に関して与えられる警告に関する指示およびそのような潜在的および現実の副作用のために契約対象製品の販売中止の指示を含めて契約対象製品に関にして実施権許諾者から与えられる全ての合理的な指示に従う，

 c) 実施権者は，実施権者が知り得たもので且つ契約対象製品に由来する以前には知られていなかった副作用を，実施権者が当該副作用を契約対象製品によって生じたと考えるか否かにかかわらず，文書で直ちに実施権許諾者に知らせる。

 d) 実施権者は，第三者によって提起された法的手続について直ちに実施権許諾者に知らせ，当該法的手続を実施権許諾者が完全に支配することを認め，且つ当該法的手続において実施権許諾者が必要とする全ての合理的な援助を実施権許諾者に与える。」

 この例は，実施権者が契約対象製品を最終品の形で実施権許諾者から購入することになっている場合についての規定である。したがって，このような場合，契約対象製品の製造物責任は原則的にはすべて実施権許諾者にあると言えるであろう。これは，実施権者が契約対象製品の販売において何らかのミスを犯す可能性はあるかも知れないが，実施権者が契約対象製品の製造上においてミスを犯すという可能性は全くないからである。この例においては，したがって，契約対象製品の潜在的または現実の副作用により死亡または人的傷害の事故が起き，当該事故に関連して実施権者等が訴えられ，それによって実施権者等に何らかの損害および経費が発生した場合には，一定の条件付ではあるが，それに対して実施権許諾者が実施権者等を補償することになっている。

(例)

"Licensor warrants that the Licensed Product supplied hereunder shall be of a pharmaceutical quality. If any quality of the Licensed Product supplied by Licensor hereunder does not conform to such specifications as agreed between the parties or is otherwise defective, Licensor shall be liable for any damages resulting from the death or injury of a person who has been administered such defective Licensed Product as well as the Licensee's out-of-pocket expense incurred as a direct result of the sale of such defective Licensed Product, whereby Licensee shall bear all consequential losses such as loss of potential sales, loss of market share, loss of goodwill and the like, all provided that:

(i) Licensee has notified Licensor of the defective quality within sixty (60) days of defect being noticed by or reported to Licensee, and

(ii) Licensee has observed of the instructions given by Licensor as to the handling, storage and the like of the Licensed Product. Licensee shall be liable for any damages which are a result from Licensee selling the Licensed Product after the expiration date of the shelf-life thereof."

「実施権許諾者は，本契約の下で供給された契約対象製品が医薬品としての品質の物であることを保証する。本契約の下で実施権許諾者により供給された契約対象製品の品質が両当事者間で合意された規格に合致しないかまたはその他の欠陥がある場合，実施権許諾者は，当該欠陥のある契約対象製品の投与を受けた人の死亡または傷害から生じる全ての損害および当該欠陥のある契約対象製品の販売の直接の結果として実施権者が要した第三者支払い費用に対して責任を負うが，潜在的販売の喪失，マーケットシェアの喪失，信用の失墜等による間接損害については，実施権者の負担とする。また，以下のことを条件とする。

(i) 実施権者が，当該欠陥が実施権者に通知または報告されてから60日以内に実施権許諾者に品質の欠陥を知らせたこと，および

(ii) 実施権者が，契約対象製品の取扱い，貯蔵等において実施権許諾者が与えた指示を遵守したこと。実施権者は，有効期限切れの契約対象製品の実施権者による販売の結果として生じた損害に対して責任を有する。」

　この例は，実施権許諾者が契約対象製品を最終品として実施権者に供給している場合についての規定である。このような場合に，規格外の契約対象製品あるいは欠陥ある契約対象製品の投与によってその投与を受けた人が死亡または傷害を受けた場合に，実施権許諾者が責任を負うのは当然であると言えよう。しかし，実施権者の潜在的販売の喪失，マーケットシェアの喪失，信用の失墜等について，この例では，実施権者は実施権許諾者に対して損害の請求をできないことになっている。しかし，一般論としては，実施権者は実施権許諾者に対してこのような損害について損害賠償を請求できるとすることも可能である。

　この例は，実施権許諾者により実施権者に供給された契約対象製品が規格に合致しないかまたは欠陥品である場合に，その投与等により事故が発生し実施権者に損害が生じた場合についての規定であり，供給された契約対象製品が規格に合致しておりまた欠陥品であると判断されない限り，この規定の適用はあり得ない。したがって，契約対象製品が本来的に持っている主作用または既知もしくは未知の副作用等によってその投与を受けた人が被害を被った場合に，そのような主作用または副作用を有する契約対象製品そのものが欠陥品であると判断されない限り，そのような被害についてまで実施権許諾者がすべて責任を負うというものではないことに注意する必要がある。

(例)
"a) Subject to the provisions of paragraph b) below, Licensor shall indemnify and hold Licensee harmless from and against any and all damages, liabilities, losses, costs and expenses (including reasonable counsel fees) of any kind or nature

whatsoever which may be sustained or suffered by Licensee by virtue of formulation, distribution and sale of the Licensed Compound and/or the Licensed Product, provided, however, that upon the filing of any such claim or suit against Licensee, Licensee shall immediately notify Licensor thereof, and, at cost of Licensor permit attorneys of Licensor to handle and control the defense of such claim or suit and will cooperate in such defense thereof.

b) Licensee shall indemnify and hold Licensor harmless from and against any and all damages, liabilities, losses, costs and expenses (including reasonable counsel fees) arising out of third party claim or suit based upon the Licensee's sole negligence in the formulation, distribution and sales of the Licensed Product in the Territory, provided, however, that upon filing of any such claim or suit against Licensor, Licensor shall promptly notify Licensee thereof and at the cost of Licensee, permit attorney of Licensee to handle and control the defense of such claim or suit and shall cooperate with Licensee in such defense thereof."

「a) 下記第b) 項の規定に従うことを条件として，実施権許諾者は，契約対象化合物および／または契約対象製品の製剤，ディストリビューションおよび販売により実施権者が被ったあらゆる種類の損害，責任，損失，経費および費用（合理的な弁護士費用を含む）の全てについて実施権者を免責し且つ補償する。但し，当該請求または訴訟が実施権者に提起された場合，実施権者は，直ちにその旨を実施権許諾者に知らせ且つ実施権許諾者の費用で実施権許諾者の弁護士が当該請求または訴訟の防衛を指揮・統制することを認めまた当該防衛において実施権許諾者と協力する。

b) 実施権者は，契約地域での契約対象製品の製剤，ディストリビューションおよび販売において専ら実施権者の過失を理由に提起された第三者による請求または訴訟から生じる全ての損害，責任，損失，経費および費用（合

理的な弁護士費用を含む)について実施権許諾者を免責し且つ補償する。但し,当該請求または訴訟が実施権許諾者に提起された場合,実施権許諾者は,速やかにその旨を実施権者に知らせ且つ実施権者の費用で実施権者の弁護士が当該請求または訴訟の防衛を指揮・統制することを認めまた当該防衛において実施権者と協力する。」

　この例では,契約地域における契約対象製品の製剤,ディストリビューションおよび販売における専ら実施権者の過失が原因で第三者から請求または訴訟が提起された場合の損害等については実施権者がそのすべての責任を負うことを条件に,実施権許諾者は,その他の契約対象化合物および/または契約対象製品の製剤および販売により実施権者が被ったすべての損害等について実施権者を補償するというものである。したがって,この例は,製造物責任の問題のみならず特許権侵害の場合等も含む非常に広い規定である。すなわち,実施権者が契約対象化合物および/または契約対象製品の製剤,ディストリビューションおよび販売において第三者の特許権等の工業所有権を侵害することとなった場合,そのようになったことについて実施権者に過失がない限り,実施権許諾者は,当該工業所有権の侵害により実施権者が被った損害等について実施権者に補償する責任があることになる。製造物責任の問題であれその他の問題であれ,実施権者が契約対象化合物および/または契約対象製品の製剤,ディストリビューションおよび販売において何らかの損害を被った場合,実施権者においてそれが専ら実施権者の過失によって起きたものでないことさえ明らかにすれば,実施権許諾者は,それによって実施権者が被った損害等を実施権者に補償する義務を負うことになる。

　製造物責任の問題に関連して,実施権者および実施権許諾者が相手方に対して製造物責任保険の付保を要求する場合がある。次の例は,実施権許諾者が製造物責任保険を付保することに関する規定である。

（例）

"During the term of this Agreement, Licensor shall maintain in force the product liability insurance coverage with commercially reasonable limits, in consultation with Licensee. Licensor shall use its best effort to cause Licensee to be named insured. The document which confirms such insurance coverage of the Licensed Product shall be provided to Licensee."

「本契約の期間中，実施権許諾者は，実施権者と相談のうえ，合理的な範囲の製造物責任保険を維持する。実施権許諾者は，実施権者が被保険者として含められるよう最善を尽くす。当該保険の付保を確認する書類は，実施権者に提供される。」

（例）

"Licensor undertakes to indemnify Licensee in respect of all third party claims arising out of any proceedings brought against Licensee for reason of any death or personal injury caused by administration of the Licensed Product in the Territory and properties inherent to the Licensed Compound (except to the extent that the same arises or are caused by negligence of Licensee or its employees) but only to the extent that Licensor has actually received the compensation for such third party claims under its product liability insurance."

「実施権許諾者は，契約地域での契約対象製品の投与によりおよび契約対象化合物に潜在する性質により引き起こされた人の死亡または傷害を理由に実施権者に対して提起されて訴訟手続（それが実施権者またはその従業員の過失によって引き起こされた場合を除く）から生じる請求に対して実施権者を免責する。ただし，実施権許諾者がその製造物責任保険のもとで当該第三者請求に対して実際に補償を受け取った範囲に限定される。」

第9章　契約対象化合物等の供給および購入

　実施権許諾契約において実施権者が契約対象化合物を製造する権利を許諾されておりかつ実施権者がその権利を行使する場合，すなわち，実施権者が契約対象化合物さらには契約対象製品を自らまたは第三者に委託して製造する場合には，実施権者が契約対象化合物あるいは契約対象製品を実施権許諾者または実施権許諾者が指定する第三者等から購入する必要はない。しかし，実施権許諾契約において実施権者が契約対象化合物さらには契約対象製品を製造する権利を有するにもかかわらず，実施権者が契約対象化合物の製造をせず，実施権許諾者から契約対象化合物または契約対象製品を購入することを希望する場合もある。また，実施権許諾者が実施権者に契約対象化合物の購入義務を課する場合もある。このような場合には，実施権許諾契約の中で，契約対象化合物または契約対象製品の供給および購入に関連する各種の規定を置くことがある。本章では，この契約対象化合物および／または契約対象製品の供給および購入に関する規定，供給価格に関する規定，供給される契約対象化合物および／または契約対象製品の品質に関する規定，実施権者が実施権許諾者に提出する購入予測および注文書に関する規定，実施権許諾者が供給義務を有するにもかかわらず供給できない場合に関する規定等について説明する。

第1節　供給および購入

　実施権者は，実施権許諾契約において契約対象化合物を製造する権利を許諾されているにもかかわらず，種々の理由から契約対象化合物を自ら製造することをせず，実施権許諾者または実施権許諾者が指定する第三者から契約対象化合物または契約対象製品の完成品または半完成品を購入することを希

望する場合がある。実施権者が契約対象化合物の製造を希望しない理由としては，たとえば，契約対象化合物の必要量が少量であり，実施権者自身が製造設備を整えて製造するよりも実施権許諾者または実施権許諾者が指定する第三者から購入する方がコスト的にも割安であるとか，契約対象化合物の製造原料の安定的供給を受けるのに難点がある等の理由が考えられる。また，実施権許諾契約において実施権者が契約対象化合物の製造権を許諾されておらず，契約対象化合物を製剤して契約対象製品を製造し，これを販売する権利のみを許諾されている場合もある。このような場合には，実施権者が，契約対象化合物を実施権許諾者または実施権許諾者が指定する第三者から供給を受けることが前提となっている。これらの場合に対応するために，契約対象化合物および／または契約対象製品の完成品または半完成品の供給に関する規定が実施権許諾契約の中に盛り込まれる場合がある。以下にその例文を示す。

(例)

"For the period commencing from the execution date of this Agreement and ending on the expiration date of the last-to-expire Licensed Patent, Licensor shall supply Licensee, directly or through the nominee designated by Licensor, with, and Licensee shall purchase exclusively from Licensor or such nominee of Licensor, on the terms and conditions herein contained, all requirements by Licensee of the Licensed Compound for preparing and selling the Licensed Product in the Territory.

Thereafter, Licensee shall use its best efforts to purchase from Licensor or such nominee of Licensor, at a price mutually agreed between the parties hereto, all quantities of the Licensed Compound which Licensee requires for the preparation and sales of the Licensed Product in the Territory."

第9章 契約対象化合物等の供給および購入

「本契約の締結日に始まり最長の許諾対象特許の満了日に終了する期間中，本契約に含まれる各種の条件に従って，実施権許諾者は，直接または実施権許諾者が指定する者を通じて実施権者に，実施権者が契約地域での契約対象製品の製造および販売のために必要とする契約対象化合物の全量を実施権者に供給し，また，実施権者は，その全量を実施権許諾者または実施権許諾者の指定人から独占的に購入する。

その後，実施権者は，実施権者が契約地域において契約対象製品の製造および販売に必要とする契約対象化合物の全量を，両当事者間で合意される価格で，実施権許諾者またはその指定人から購入するよう最善を尽くす。」

この例では，実施権者が実施権許諾者等から契約対象化合物を購入することになっている期間は，実施権許諾契約の締結日から許諾された最長特許の満了日までの期間である。許諾された特許の有効期間を越えて実施権者に契約対象化合物等の購入義務を課すことは，独占禁止法上問題となるが，許諾された特許の有効期間の終了後であっても，実施権許諾者と実施権者の両者の合意により契約対象化合物等が実施権許諾者から実施権者に供給される場合には，独占禁止法上の問題は生じない。また，この例において，契約地域が複数の国にまたがっている場合には，許諾対象特許の満了日がその国ごとに異なることはもちろんであるが，さらに，契約地域の中には許諾対象特許が存在しない国もあることが考えられる。したがって，そのような場合には，実施権許諾者が実施権者に契約対象化合物の購入義務を課しているのであれば，契約地域の中のある国の許諾対象特許が満了したにもかかわらず，また契約地域のある国では許諾対象特許が存在しないにもかかわらず実施権者に契約対象化合物の購入義務が課されていることになり理論的には問題が残る。しかし，実施権者が実施権許諾者から購入した契約対象化合物を使用して契約対象製品を製造している契約地域の国において，当該契約対象製品の製造に関して実施権許諾者の特許が存在する場合には，実施権者は当該特

許を利用していることになり，問題はないであろう。また，実施権許諾者および実施権者の合意でそのようになっているのであれば，独占禁止法上，特に問題となることはないであろう。

(例)
"The parties hereto shall agree to negotiate and execute, before commencement of commercial supply of the Licensed Compound, the supply contract, under which Licensor shall supply Licensee with, and Licensee shall purchase exclusively from Licensor, all commercial quantities of the Licensed Compound which Licensee and its Affiliates require for the preparation and sale of the Licensed Product in the Territory."

「両当事者は，契約対象化合物の商業ベースでの供給開始の前に，供給契約を交渉し且つ締結することに合意し，当該契約のもとで，実施権許諾者は，実施権者およびその関係会社が契約地域において契約対象製品の製造および販売のために必要とする契約対象化合物の全量を実施権者に供給し，また，実施権者は，これを実施権許諾者から独占的に購入する。」

この例は，契約対象化合物の供給について，実施権許諾者および実施権者の間で別途供給契約を将来締結することのみを実施権許諾契約の中で取り決めたものである。供給契約を実施権許諾契約とは別途締結することは，特にめずらしいことではない。実施権許諾契約を締結する時点までは，実施権許諾者は，実施権者に対して契約対象化合物を供給する意思があり，また実施権者は，実施権許諾者から契約対象化合物を購入する意思があるにもかかわらず，実施権許諾者が契約対象化合物をいまだ本格的に製造していないため，その製造原価が明らかでないとか，また，契約地域での契約対象製品の1回のあるいは1日の投与量さらには契約対象製品の販売価格がわからない等の理由で，供給契約を同時に締結することが困難である場合がしばしば存

第9章 契約対象化合物等の供給および購入

在する。次の例は，このような場合にどのように対応すればよいかの参考となるであろう。

(例)

"The parties hereto shall use their best efforts to negotiate and agree, within thirty (30) months after the effective date of this Agreement, on all terms and conditions of the supply contract, under which Licensor shall supply Licensee with, and Licensee shall purchase exclusively from Licensor, at a price to be mutually agreed, all commercial quantities of the Licensed Compound which Licensee requires for the preparation and sale of the Licensed Product in the Territory as long as Licensee continues the marketing of the Licensed Product. In order to reach a mutual agreement on a supply price of the Licensed Compound within said thirty (30) month period, Licensee shall inform Licensor of its proposed daily dosage of the Licensed Product as soon as it gets an idea for it and Licensor shall, based upon such daily dosage of the Licensed Product, inform Licensee of its supply price idea for the Licensed Compound taking into consideration the manufacturing cost of the Licensed Compound at Licensor. Furthermore, the parties hereto shall meet within eighteen (18) months after the execution date of this Agreement to discuss the prospects of each party concerning said daily dosage of the Licensed Product, manufacturing cost of the Licensed Compound at Licensor and any other relevant factors."

「本契約の両当事者は，本契約の発効日の後30カ月以内に，供給契約の諸条件について交渉し且つ合意し，当該契約の下で，実施権許諾者は，実施権者が契約対象製品を販売し続ける限り，両者間で合意される価格で，実施権者が契約地域で契約対象製品の製造および販売に必要な契約対象化合物の全量を実施権者に供給し，また，実施権者は，それを実施権許諾者から独占的に購入する。前記の30カ月の期間内に契約対象化合物の供給価格について相

互の合意に達するように，実施権者は，契約対象製品の1日投与量についてのアイデアを得たら直ちに実施権許諾者に知らせ，また，実施権許諾者は，当該1日投与量をもとに，契約対象化合物の実施権許諾者における製造原価を考慮に入れて契約対象化合物の供給価格案を実施権者に知らせる。さらに，本契約の両当事者は，本契約の締結日の後18カ月以内に，前記の契約対象製品の1日投与量，契約対象化合物の実施権許諾者での製造原価およびその他の関連する要因について各当事者の見込みを話し合うために会談する。」

契約対象化合物の製造原価が比較的高いとみなされている場合には，1日投与量の多寡は，契約対象製品の販売価格との関係で全体の収益性に大きな影響を与える場合がある。これは，契約対象製品の販売価格は，競合品との関係である程度予測ができるが，実施権許諾者が契約対象化合物を本格的にいまだ製造していないため，商業ベースで契約対象化合物を生産した場合の製造原価が明らかとなっておらず，また契約対象化合物および／または契約対象製品の開発がいまだ初期の段階にあるために契約対象製品の1日投与量も定まっていない状態において，実施権許諾約契が締結されたために，契約対象化合物の供給価格が決められない状況にある場合についての例である。実施権許諾契約締結の後どの程度の期間があれば，契約対象化合物の供給価格を含めて契約対象化合物の供給に関するすべての条件を決めて供給契約を締結できるかは，契約対象製品の開発状況や製品登録までに要する期間等の種々の要件を加味して決まる問題である。

第2節　供給価格

実施権者が契約対象化合物および／または契約対象製品について実施権許諾者または実施権許諾者の指定する第三者から購入する場合，その購入価格は，ロイヤルティ率と共に，実施権許諾者および実施権者の収益に大きな影響を与えることは言うまでもないことである。したがって，この価格をどのように決めるか，何を目安として決めるかは，実施権許諾者および実施権

者にとって極めて重要な問題である。以下に供給価格の取り決めに関する規定の例を示す。

(例)
"The supply price of the Licensed Compound (excepting for those of the Licensed Compound to be supplied by Licensor for the purpose of the development of the Licensed Product for obtaining the health registration thereof in the Territory) shall be agreed upon between the parties no later than six (6) months prior to the launching by Licensee of the Licensed Product in the Territory. It is, however, clearly understood and agreed that the supply price per unit (gram) of the Licensed Compound shall in no event exceed ten percent (10%) of the price listed in the price list of the National Health Insurance Scheme for the Licensed Product in Japan."

「契約対象化合物(契約地域での契約対象製品の製品登録を得るために行われる契約対象製品の開発の目的のために実施権許諾者から供給される契約対象化合物を除く)の供給価格は,契約地域での契約対象製品の実施権者による販売開始より6カ月前までに両当事者間で合意される。しかし,契約対象化合物の単位(グラム)当たりの供給価格は,いかなる場合においても,日本での契約対象製品の健康保険薬価の10%を超えないものであることが両者間で明瞭に了解且つ合意される。」

　米国のように,医薬品の販売価格がその製造業者によって自由に決められる国においては,実施権者は,販売する契約対象製品の販売価格を競合する他の製品の販売価格や契約対象製品の有効性や安全性等の特性を競合する他の製品のそれと比較勘案して,自由にその販売価格を決めることができる。また,他に比較する競合品が市場に存在しないような独創的な契約対象製品である場合には,実施権者は,そのような国では,当該契約対象製品がもた

らすであろう経済効果を勘案して契約対象製品の販売価格を自由に決めることができるであろう。しかし，日本においては，健康保険制度の下で販売される医療用医薬品については，そのすべてについて薬価が政府によって決められる（薬価とは，医療機関等が健康保険制度の下で，ある特定の医療用医薬品を患者に使用した場合に，当該医療用医薬品について健康保険支払基金から償還を受ける薬剤費である）。また，医療用医薬品についてのこの薬価は，当該医療用医薬品について製造販売承認が得られた後に，製造業者の申請を待って，政府によって決められる。したがって，日本においては，米国におけるような意味での医療用医薬品についての価格決定における自由はない。さらに，日本においては，医療用医薬品の製造業者（この場合の実施権者）は，そのほとんどのケースにおいて，当該医療用医薬品を病院や診療所等の医療機関や薬局に直接販売するのではなく，卸売販売業者を通して病院，診療所等の医療機関および薬局に販売している。したがって，医薬品製造業者（この場合の実施権者）の医療用医薬品の販売価格は，当該医療用医薬品の卸売販売業者への販売価格ということになる。ここで言う販売価格とは，医療用医薬品の製造業者から卸売業者への仕切価格である。しかし，医療用医薬品の場合，卸売販売業者から医療機関や薬局への販売価格（納入価格）が当該医療用医薬品の薬価から一定幅以上に大きく乖離している場合，当該医療用医薬品についての薬価が政府によって引き下げられることになっている。したがって，医療用医薬品の製造業者としては，自ら販売する医療用医薬品が卸売販売業者から医療機関や薬局に販売される価格（納入価格）を可能な限り薬価に近い価格とされることを希望する。したがって，医療用医薬品の製造業者は，自らが販売する医療用医薬品の卸売販売業者への販売価格を可能な限り薬価に近い価格で販売することによって，当該卸売販売業者が当該医療用医薬品を医療機関や薬局へ販売する価格も薬価に近いものとなるようにしている。しかし，当該卸売業者としては，医療用医薬品を製造業者から購入する価格とそれを医療機関や薬局に販売する価格（納入価格）が共に薬価に近いものであれば，当該販売によってほとんど利益を得ること

はできないこととなる。この点を解消するために，医療用医薬品の製造業者は，自ら販売する医療用医薬品の卸売販売業者への販売に際して，卸売販売業者に対してその販売高等に応じて一定率のリベートおよびインセンティブ等を与えることになっている。製造業者が自らの製品の販売に際して，その販売業者や小売店に対してリベートやインセンティブを与えることは，医薬品以外の業界においても一般に行われているものであり，値引きとは異なり，販売価格そのものに影響を与えるものではないと見なされている。医療用医薬品の製造業者は，このようなシステムを採用することによって，自らが販売する医療用医薬品について薬価が引き下げられることを可能な限り抑制するようにしている。

　このようなシステムの下で医療用医薬品を販売する製造業者が医療用医薬品の販売によって実際に得る収入（正味販売価格）としては，当該製造業者がその卸売販売業者へ当該医療用医薬品の販売に際して仕切った価格（仕切価格）から卸売販売業者に与えたリベートやインセンティブを差し引いたものとなる。新製品等の場合，当該仕切価格は，薬価の98-95％であるとも言われており，それに卸売業者に対して与えられるリベートやインセンティブは，上記の仕切価格の14-17％程度であると言われている。したがって，製造業者の正味販売価格は，薬価の79-84％程度に相当するので，この例の薬価の10％と言うことは，実施権者の正味販売価格に対しては約12.6-11.9％に相当することになる。また，販売される医療用医薬品の市場での競合が激しい場合には，その卸売販売業者から医療機関や薬局への納入価格の薬価からの乖離も大きくなるのが一般的である。したがって，実施権者の立場からは，別途に実施権許諾者に支払われるロイヤルティの率およびこれらのことを充分に考慮したうえで契約対象化合物の購入価格を決めるべきである。また，実施権許諾者へ支払うロイヤルティは，契約対象製品の中に含まれる原価の一部とも考えることができる。このように考えた場合，実施権者の立場から，契約対象製品の原価（契約対象化合物の購入価格＋関税および輸入諸

掛＋製剤および包装費＋ロイヤルティ）を正味販売価格の何パーセント程度にすればよいか等の原則はもちろんないが，一応の目安としては30％以下にすることを考えるべきであろう。しかし，このような目安だけで契約対象化合物の供給価格やロイヤルティ率を交渉しても，実施権者が実際に契約対象製品を販売して充分な利益を得ることができるかどうかの判断には必ずしも充分とはいえない。このような判断をするためには，契約対象製品の予想販売高，契約対象製品の販売のための経費，契約対象製品の開発に要した費用，実施権許諾者に一時金を支払った場合にはその一時金の額，契約対象製品の製造原価，ロイヤルティ率等のすべての要因を勘案して，契約対象製品の製品登録を取得するために要した研究開発費や実施権許諾者へ支払った一時金等の全投資額を販売開始から何年で回収して利益を上げることができるようになるか等について検討すべきである。この期間が短ければ短いほど，実施権者にとっては，有利な取引と言うことができる。

(例)

"The supply price of the Licensed Compound and/or the Licensed Product shall be determined after the fixing of the selling price of the Licensed Product by the Health Authorities in the Territory. Such supply price shall be determined in a way that the landed cost at Licensee of the Licensed Compound and/or the Licensed Product (supply price plus transportation and insurance costs, plus custom duty and handling charge excluding the value added tax), added to the royalty to be paid to Licensor by Licensee hereunder should never have together an incidence higher than twenty five percent (25%) of the average ex-factory price per sales presentation package of the Licensed Product."

「契約対象化合物および／または契約対象製品の供給価格は，契約地域で契約対象製品の販売価格が政府当局によって決定されてから決められる。当該供給価格は，契約対象化合物および／または契約対象製品の実施権者にお

ける受取価格（供給価格＋運送料および保険料＋関税および輸入諸掛を含む。但し，付加価値税を除く）に本契約の下で実施権者から実施権許諾者に支払われるロイヤルティを加算したものが，契約対象製品の包装単位ごとの実施権者の平均出荷価格の25％をいかなる場合においても上回らないように決められる。」

　この例で「契約対象製品の実施権者による出荷（ex-factory）価格」とは，実施権者が契約対象製品を実際に販売した価格という意味である。日本における医療用医薬品の販売においては，医療用医薬品の製造業者が卸売販売業者に製品を発送する時に仕切った価格ということになる。しかし，前述のとおり，医療用医薬品の製造業者による卸売販売業者への販売に際しては，仕切価格とは別に，リベートやインセンティブが卸売販売業者に与えられるので，ここで言う出荷価格とは，仕切価格からさらに当該リベートやインセンティブを差し引いたものであると考えられる。また，この例のように，契約対象化合物および／または契約対象製品の実施権者の受取価格にロイヤルティを加えたものが契約対象製品の出荷価格の25％以下であれば，これに，契約対象化合物を購入した場合に必要となる契約対象製品にするための製剤費および包装費を加えた後においても，契約対象製品の正味販売価格は，契約対象製品の製剤費および包装費によっても多少異なるが，出荷価格の30％以上にはならないであろう。

(例)

"Licensee shall pay to Licensor for each gram of the Licensed Compound supplied to Licensee by Licensor hereunder an amount equal to twenty percent (20%) of the estimated price per gram of the Licensed Compound contained in the Licensed Product in finished dosage package form to be sold by Licensee in the Territory during the same calendar year in which the sale by Licensor to Licensee occurs, and if the estimated price per gram of the Licensed Compound is less or greater than the average price per gram of the Licensed Compound contained in the Licensed Product in finished dosage package form actually sold by Licensee in the Territory during said calendar year, the amount paid shall be adjusted and settled on or before March 31 of the following year and Licensee shall promptly pay to Licensor any deficiency or Licensor shall credit Licensee for any excess, as the case may be."

「実施権者は，本契約の下で実施権許諾者から実施権者に供給される契約対象化合物の各グラムにつき，実施権許諾者から実施権者への当該販売が行われた暦年に契約地域で実施権者によって販売される契約対象製品の最終包装製品の中に含まれている契約対象化合物のグラム当たりの予想販売価格の20％に等しい額を実施権許諾者に支払う。契約対象化合物のグラム当たりの予想販売価格が前記暦年に契約地域において実施権者によって実際に販売された契約対象製品の最終包装製品の中に含まれていた契約対象化合物の平均販売価格よりも高かったりまたは低かったりした場合，支払われた額は，翌暦年の３月31日またはそれ以前に，場合に応じて，実施権者が実施権許諾者に不足額を支払い，または実施権許諾者が実施権者に超過分をクレジットすることによって調整且つ精算される。」

この例では，契約対象製品の実施権者による販売価格をいかに計算するかについて充分に明らかにされているとはいえないであろう。すなわち，実施権者が契約対象製品を卸売販売業者に販売する際に，実施権者が当該卸売販売業者にリベートやインセンティブを与えている場合には，その販売価格（仕切価格）がここで言う販売価格となるのかあるいは当該販売価格からさらに当該卸売販売業者に与えられたリベートやインセンティブを差し引いた価格を指しているのか必ずしも明らかではない。しかし，当該リベートやインセンティブを差し引いた価格と見なして差し支えないであろうが，この点についても契約条文中において明確にしておくことが好ましいことは明白で

第9章 契約対象化合物等の供給および購入

ある。

　実施権者が実際に販売した契約対象製品の販売価格の一定のパーセントで実施権許諾者から実施権者へ契約対象化合物を販売するとする場合には，実施権者の契約対象製品の販売価格の年間の実績は，その年が終わらないとわからないが，実施権許諾者から実施権者への契約対象化合物の販売はそれ以前に発生するので，どうしてもこの例のような契約対象化合物の販売価格についての精算が必要となる。

(例)

"The supply price to be paid to Licensor by Licensee for the Licensed Compound shall be agreed upon between the parties hereto. However, such supply price shall in any event make the C.I.F. by ship (Japanese port) price of the Licensed Compound equal to or lower than twelve percent (12%) of the list price of the Licensed Product in the National Health Insurance Scheme in Japan ("NHIS"). The parties understand that said twelve percent (12%) has been determined on assumptions that the discount to be granted by Licensee to hospitals, clinicians and doctors is equal to twenty percent (20%) of the list price of the Licensed Product in the NHIS and that the total of the rebates and margins to be granted by Licensee to its wholesalers is fourteen percent (14%) of the remaining eighty percent (80%) of the price of the Licensed Product in the NHIS. In the event that such assumption of twenty percent (20%) discount varies upwards or downwards more than five percent (5%) of the list price of the Licensed Product in the NHIS, the parties shall review and determine a new percentage in lieu of said twelve percent (12%) so as to conform to such situation. In the event that Licensee considers it difficult to maintain said fourteen percent (14%) or should Licensee changes its manner of invoicing and/or its system of rebates and margins to be granted to its wholesalers, the parties shall review the supply price fixing mechanism of the Licensed Compound mentioned above and adopt a new system upon the mutual agreement of the parties."

「契約対象化合物に対して実施権者から実施権許諾者に支払われる供給価格は，本契約の両当事者間で合意される。しかし，当該供給価格は，契約対象化合物の船便による CIF（日本港）価格が日本の健康保険制度の下での契約対象製品の薬価の12％に等しいかまたはそれ以下に決められる。両当事者は，実施権者が病院，診療所および医師に与える値引きが健康保険制度の下での契約対象製品の薬価の20％であり，また実施権者がその卸売販売業者に与えるリベートおよびマージンのトータルが健康保険制度の下での契約対象製品の薬価の残り80％の14％であるとの推定の下で前記12％が決められたものであることを理解する。20％値引きの前記推定が健康保険制度の下での契約対象製品の薬価の5％よりも大きく上がったりまたは下がったりした場合，両当事者は，そのような状況に合うようにするため前記の12％に代えて新しいパーセントを検討し且つ決める。実施権者が前記の14％を維持することが困難であると考える場合または実施権者がその価格の仕切方法を変更もしくはその卸売販売業者に与えるリベートおよびマージンのシステムを変更する場合，両当事者は，前記の契約対象化合物の供給価格決定のメカニズムを検討し且つ両当事者の合意により新しいシステムを採用する。」

契約対象化合物の実施権許諾者から実施権者への供給価格を前例のように実施権者による契約対象製品の販売価格に対する一定のパーセンテージで決めるかまたは契約対象製品の薬価に対する一定のパーセンテージで決めるかは，もちろん，実施権許諾者と実施権者の話し合いにより決まるものである。しかし，医療用医薬品の製造業者がその卸売販売業者に与えるリベートやマージンについては各メーカー間でそれほど大きな開きはないものの，メーカーが病院や医師に与える値引きは，販売される製品の市揚での競合度合いによって変わることはすでに述べたとおりであるが，メーカーの当該製品

に対する販売姿勢によっても大きく変わる。したがって，実施権許諾者は，実施権者の契約対象製品についての販売政策をコントロールすることはできないので，実施権許諾者の契約対象化合物の実施権者への販売による収入を安定させるという観点から，契約対象化合物の実施権者への供給価格を契約対象製品の薬価にリンクさせて決める方が好ましいといえるであろう。しかし，そのような観点からのみ契約対象化合物の実施権者への供給価格を決めても，契約対象化合物の供給価格が高すぎて実施権者が契約対象製品の販売により充分な利益を上げることができない場合には，実施権者は，契約対象製品の販売に魅力を失い，契約対象製品の販売に力を入れなくなり，結局は実施権許諾者の契約対象化合物の販売による収入および実施権者の契約対象製品の販売に基づき支払われるロイヤルティ収入も減ってしまうことが考えられるので，この点も充分に注意しておく必要がある。また，この例で出てくる病院や医者への20％の値引きおよび卸売販売業者への14％のリベートやマージンはあくまでも参考のために挙げた数字であり，現在においては，医療用医薬品の販売方法は，次に述べるとおり，大きく変化していることに留意されたい。

　上記の例は，医療用医薬品の製造者がその医療用医薬品の販売において，いったん医療用医薬品の製造業者から卸売販売業者に販売されて医療用医薬品の卸売販売業者による病院，診療所，医師，薬局等への納入（販売）に際して，ある程度その価格決定に影響力を有していた時代のものである。しかし，現在においては，医療用医薬品の製造者がその医療用医薬品の販売において，いったん製造業者から卸売販売業者に販売された医療用医薬品が卸売販売業者によって病院，診療所，薬局等へ納入（販売）される際に，その価格の決定に関わることは，再販売価格の指定と見なされ認められていない。また，すでに述べたとおり，現在においては，医療用医薬品の製造者がその医療用医薬品を卸売販売業者へ販売する価格も，以前とは大きく異なっており，薬価と当該価格との差が以前に比較すると極めて小さいものとなってい

第2節　供給価格

る。

　日本においては，各医療用医薬品について，すでに述べたとおり，薬価が決められている。しかし，この薬価は，政府の見直しによって，随時変更されることになっている。この薬価が変更されると，製造業者（この場合，実施権者）による医療用医薬品の販売価格も当然変わることになる。しかも，この薬価は，常に引き下げられる傾向にある。薬価の引き下げ時点において，実施権者が契約対象化合物または契約対象製品を在庫として保有している分および卸売業者が契約対象製品を在庫として保有している分については，新たな薬価（一般的に，従来の薬価より低い）をベースとして販売がなされることになる。したがって，実施権許諾者から実施権者への契約対象化合物または契約対象製品の供給が行われている場合において，契約対象化合物または契約対象製品の供給価格が特に薬価をベースとして決められている場合には，当該在庫についての実施権許諾者による実施権者に対する価格補障が問題となる。次の例は，そのような，在庫の価格補障についてのものである。

(例)

"Should the National Health Insurance ("NHI") price(s) of the Licensed Product change, the supply price of the Licensed Compound shall be revised on pro-rata basis. Licensor shall compensate Licensee for the amount determined by multiplying the difference between previous supply price of the Licensed Compound and the new supply price thereof by the total quantities of the Licensed Compound in stock, at the time of the revision of the NHI price(s) of the Licensed Product, in the possession of Licensee in the form of the Licensed Compound, the Licensed Product and the Licensed Product in process and also in the possession of wholesalers in the form of the Licensed Product, provided, however, that Licensee makes its best endeavor to keep such total quantities of the Licensed Compound

249

at the reasonable level."

　「契約対象製品の薬価が変更された場合，契約対象化合物の供給価格もその割合に応じて変更される。実施権許諾者は，契約対象化合物の従前の供給価格と新しい供給価格との差額に，契約対象製品の薬価改定時点で，実施権者が契約対象化合物，契約対象製品および契約対象製品の仕掛品の形で保有する契約対象化合物の量および卸売業者が契約対象製品として保有する契約対象化合物の総量を乗じて決められる額を実施権者に補障する。但し，実施権者は，当該契約対象化合物の総量を合理的な水準に保つよう最善を尽くす。」

　また，契約対象化合物の供給価格をどのような通貨で決めるかも大きな問題である。実施権許諾者の立場からは，実施権許諾者の自国の通貨で契約対象化合物の供給価格を決めておく方が為替の変動に左右されることなく契約対象化合物の販売による安定的な収入が得られることになるから好ましいと言える。また，実施権者の立場からは，契約地域が1つの国であれば，その国の通貨で，また契約地域がいくつかの国にまたがっている場合には，最も契約対象化合物の消費の多い国の通貨で，それぞれ契約対象化合物の購入価格を決めておけば，為替の変動に関係なく安定的に契約対象化合物を購入できるメリットがあるといえる。しかし，その反対に，実施権者が契約地域の国の通貨以外の通貨で契約対象化合物の購入価格を決めておけば，契約地域での通貨が当該契約対象化合物の購入価格を決めた通貨に対して強くなった場合には，実施権者は，契約地域の通貨で契約対象化合物の供給価格を決めていた場合には享受できない為替差益を享受できることになる。したがって，契約対象化合物の供給価格をどのような通貨で決める場合でも，為替変動に応じて常にこのような有利あるいは不利の両面の問題を抱えることになるので，為替変動に従って供給価格も変化させるメカニズムを作っておくことも一案である。

第 2 節　供給価格

　次の例は，その為替変動に従って，実施権許諾者から実施権者に供給される契約対象化合物の供給価格の調整および在庫補障に関する規定の例である。

(例)
"After one (1) year following the commencement of supply by Licensor to Licensee of the Licensed Compound and annually thereafter, if the weighted average exchange rate of the United States dollar against the Japanese Yen for Licensee's payment for the Licensed Compound supplied from Licensor to Licensee would be less than one hundred ten Japanese Yen (JP・110) or be more than one hundred thirty Japanese Yen (JP・130), then the parties hereto shall negotiate in good faith to arrive at revised terms which are satisfactory to both and which are consistent with the competitiveness of the market. In calculating said weighted average exchange rate, the central exchange rate of the Untied States dollar against Japanese Yen quoted by an authorized foreign exchange bank in Osaka at the close of business on the day when an invoice is issued by Licensor for each shipment of the Licensed Compound shall be used."

「実施権許諾者から実施権者への契約対象化合物の供給の開始から1年後およびその後毎年，実施権許諾者から実施権者へ供給された契約対象化合物に対する実施権者の支払いについて，日本円に対する米ドルの加重平均交換レートが110円以下または130円以上となった場合，本契約の両当事者は，両当事者が満足し且つ市場での競合にも合致するような条件に変更すべく誠実に交渉をする。前述の加重平均交換レートの計算に際しては，契約対象化合物の各船積みに対して実施権許諾者による仕切書が出された日の最終の大阪の公認外国為替取引銀行によって引用された米ドルの日本円に対する中心交換レートが使用される。」

第9章 契約対象化合物等の供給および購入

第3節 品　質

　供給された契約対象化合物または契約対象製品が一定の品質規格に合致することは当然のことである。供給された契約対象化合物または契約対象製品がその品質規格に合致しない場合の取扱いをどのようにするか等，供給された契約対象化合物または契約対象製品の品質問題の取扱いに関する規定の例を以下に示す。

（例）
"On the date of each shipment leaving the Licensor's warehouse, the Licensed Compound shall conform to the Licensor's specifications and quality control standards and shall be shipped with a certificate of analysis. If any shipment of the Licensed Compound does not comply with such specifications, Licensee shall within thirty (30) days of receipt of such shipment of the Licensed Compound send a sample of such shipment of the Licensed Compound to Licensor. In the event that such shipment of the Licensed Compound does not comply with such specifications due to the Licensor's fault, Licensee shall dispose of such shipment of the Licensed Compound at the Licensor's instruction and at the Licensor's sole cost and expense. Licensor shall replace such faulty shipment of the Licensed Compound at no cost to Licensee as soon as possible.

In the event of a dispute, an independent third party agreeable to both parties shall determine the issue and the decision of such third party shall be final and binding on the parties."

　「各積荷が実施権許諾者の倉庫を出る日に，契約対象化合物は，実施権許諾者の規格および品質管理基準に合致するものとし，また契約対象化合物は，分析証明書を付して出荷されるものとする。契約対象化合物の積荷の何

れかが当該規格に合致しない場合，実施権者は，当該契約対象化合物の積荷の受け取りから30日以内に当該契約対象化合物の積荷のサンプルを実施権許諾者に送る。当該契約対象化合物の積荷が実施権許諾者の過失によって当該規格に合致しない場合，実施権者は，実施権許諾者の指示に従って実施権許諾者の費用で当該契約対象化合物の積荷を処分するものとする。

　意見が分かれた場合，両当事者に受け入れ可能な独立の第三者がその問題を決定し且つ当該第三者の決定は最終的で両当事者を拘束するものとする。」

　この例では，実施権許諾者は，実施権許諾者の所を離れる時点（日）で規格に合致している契約対象化合物を供給する必要がある。しかし，実施権者は，供給された契約対象化合物についてそれを受け取ってから30日以内に検査することになる。したがって，実施権許諾者が検査した日（すなわち，実施権許諾者が契約対象化合物を送り出した日以前）には規格に合致したが，実施権者がこの契約対象化合物を検査した日（すなわち，その契約対象化合物を受け取ってから30日以内）には規格に合致しなかったということも起こり得る。この例においては，実施権許諾者の過失による場合には，実施権許諾者の指示に従って実施権許諾者の費用で欠陥ある契約対象化合物を実施権者が処分することになっているが，実施権許諾者の過失であると証明することは必ずしも容易ではない場合もあるであろう。したがって，この規定から欠陥ある当該契約対象化合物については，すべて実施権許諾者の責任であるとすることはもちろんできない。しかし，いかなる場合においても，実施権者は，供給された契約対象化合物の受け取り時点で規格に合わないような契約対象化合物を受け取っても意味はない。したがって，この例では，輸送時におけるリスクを実施権許諾者と実施権者のどちらが負担するかまた契約対象化合物の所有権はどの時点で実施権許諾者から実施権者に移転するかについて明確な規定はないが，これらのことも契約の中で明確にしておく方が好ましいといえる。次の例は，その所有権およびリスクの移転時期に関する規

定である。

(例)
"Title to and risk of loss of the Licensed Compound shall transfer from Licensor to Licensee upon physical delivery of such Licensed Compound to Licensee's warehouse"

「契約対象化合物の所有権および損害についてのリスクは，当該契約対象化合物が実施権許諾者から実施権者の倉庫に物理的に配送された時点で実施権者に移転する。」

　また，先の例では，実施権者が受け取った契約対象化合物を検査し規格に合わないと判断した場合，実施権者は，実施権許諾者に当該契約対象化合物のサンプルを送ることになっている。しかし，実施権許諾者が当該サンプルを再度検査した結果では，当該契約対象化合物は規格に合致していたということが起こり得る。このような場合には，両当事者は，この例の最後の文に従って第三者に検査を依頼することになる。このような場合に，第三者に検査を依頼して問題の解決を図ることは，極めて有効な方法である。しかし，このような方法にもいくつかの問題点があることを認識しておく必要がある。第1に，国際間の争いであるために実施権許諾者および実施権者の両方に受け入れ可能な第三者をなかなか見つけ出すことが困難であること。第2に，当該第三者が契約対象化合物の分析方法に精通しているとは限らないし，むしろ精通していないのが通例であろう。そのような場合には，当該第三者にできるだけ正確に契約対象化合物の分析を行ってもらうために，実施権許諾者および実施権者は，当該第三者に契約対象化合物の分析方法を開示し，当該第三者をして契約対象化合物の分析に慣れてもらう必要がある。したがって，大変な時間と費用を要し，その費用を実施権許諾者と実施権者のいずれが負担するかの問題がでてくると同時に，秘密情報に属する契約対象

化合物の分析方法を当該第三者に開示することが必要となることである。

(例)

"Licensor warrants that all of the Licensed Compound supplied hereunder shall comply with the specifications agreed upon between the parties hereto or thereafter modified, if necessary, in accordance with the mutual agreement between the parties hereto. In the event that Licensee has found that any quantity of the Licensed Compound supplied by Licensor hereunder does not comply with such specifications and if Licensor has confirmed the defectiveness of such quantity of the Licensed Compound, Licensee shall have the right to request the replacement thereof by the quantity of the Licensed Compound of the quality specified in such specifications and return to Licensor such defective quantity of the Licensed Compound at the Licensor's expense, provided that Licensee notify, within a period of thirty (30) days after receipt of such quantity of the Licensed Compound, Licensor of such defectiveness and such notification shall be made in any event before Licensee has utilized such defective quantity of the Licensed Compound into production.

In the event that the concurrent quality control testing conducted by the parties leads to significant differences of the results between the parties, the parties shall endeavor to settle such matter amicably and constructively between themselves. In the event that the parties fail to settle, the parties shall agree to refer such defective quantity of the Licensed Compound to such independent laboratory as agreed upon between the parties located outside either of the Licensor's and the Licensee's countries for analysis. The results of the independent laboratory shall be final and binding upon the parties. All expenses incurred on such analysis will be borne by the party whose quality control results do not conform to the results of the independent laboratory. In the event that the independent laboratory upholds the results of Licensee relating to the quantity of the Licensed Compound being defective, then Licensor shall replace at its cost and expense the entire quantity of the Licensed Compound as soon as possible and also reimburse Licensee all cost and expense incurred by Licensee in the testing and handling of such defective quantity of the Licensed Compound.

It is agreed and understood that the Licensor's responsibility on the Licensed Compound shall be limited to such replacement of the defective quantity of the Licensed Compound."

「実施権許諾者は，本契約の下で供給された契約対象化合物のすべてが両当事者間で合意されたまたは必要に応じてその後両当事者の合意により修正された規格に合致するものであることを保証する。実施権許諾者により本契約の下で供給された契約対象化合物のある量が両当事者間で合意された当該規格に合致しないことを実施権者が見つけ，さらに，実施権許諾者が契約対象化合物の当該量の欠陥を確認した場合，実施権者は，当該量を当該規格に特定された品質の契約対象化合物と取り替えることを要求し，さらに，欠陥のある契約対象化合物の当該量を実施権許諾者の費用で実施権許諾者に送り返す権利を有する。ただし，実施権者は，実施権者が当該欠陥ある契約対象化合物の量を受領してから30日以内に当該欠陥を実施権許諾者に知らせ且つ当該通知は如何なる場合においても実施権者が当該欠陥ある契約対象化合物を生産に利用する前になされなければならない。

　両当事者によって平行的に行われた品質検査試験の結果に大きな差異がある場合，両当事者は，問題を友好的且つ建設的に両者間で解決すべく努力する。両者が解決できなかった場合，両当事者は，問題の契約対象化合物を両当事者が合意する両当事者の国の外に存在する独立の研究所に分析のために託することに合意する。当該独立の研究所の結果は，最終のものであり且つ

両当事者を拘束する。当該分析に関して要した費用の全ては，品質検査の結果がその独立の研究所の結果と合わなかった当事者の負担とする。独立の研究所が，契約対象化合物が欠陥あるとの実施権者の結果を認めた場合，実施権許諾者は，自らの費用で契約対象化合物の全量を可能な限り速やかに取り換え且つ当該欠陥ある契約対象化合物の試験および取扱いにおいて実施権者が要した費用の全てを実施権者に支払う。

契約対象化合物に関する実施権許諾者の責任は，欠陥ある契約対象化合物の分量の取り換えのみに限られる。」

この例は，極めて包括的な規定である。また，この例では，実施権者は，供給された契約対象化合物に欠陥がある場合には，それを生産に使用する前に実施権許諾者に通知する必要があり，さらに，実施権許諾者の契約対象化合物に関する責任は，当該欠陥のある契約対象化合物の交換に限定される旨規定されているので，実施権許諾者は，この例の実施権許諾契約に別段の規定がない限り，上記のこと以外は製造物責任を含めて契約対象化合物の隠れた瑕疵等についても責任を負わないことになる。

(例)

"The Licensed Compound supplied to Licensee hereunder shall be in conformity with mutually agreed specifications (neither parties' agreement to the proposed specifications to be unreasonably withheld). Any claim by Licensee of non-confirming with such specifications of the Licensed Compound supplied by Licensor hereunder must be submitted to Licensor within ninety (90) days after delivery thereof to Licensee, and be accompanied by a report (including sample of the Licensed Compound from the batch analyzed) of analysis of the allegedly non-conforming Licensed Compound that shall have been made within sixty (60) days after delivery of the Licensed Compound by the quality control group at the appropriate facility of Licensee using methods generally approved within the industry. If after the Licensor's own analysis of the sample so sent to it (which shall be completed within sixty (60) days after receipt by Licensor) Licensor agrees with the claim of non-confirming and Licensee has paid for the non-conforming Licensed Compound, Licensor shall replace the non-conforming Licensed Compound with the conforming Licensed Compound within thirty (30) days following such confirmation by Licensor of such non-conformity or, at the Licensee's option, credit Licensee for the amount paid for the non-conforming Licensed Compound. The non-conforming Licensed Compound shall be returned to Licensor upon request of Licensor and at its expense, absent such request, Licensee may dispose of the non-conforming Licensed Compound as it sees fit without accounting to Licensor therefor."

「本契約の下で実施権者に供給された契約対象化合物は，相互に合意された規格に合致するものとする（提案された規格への両当事者の合意は不合理には差し控えられないものとする）。本契約の下で実施権許諾者によって供給された契約対象化合物の規格不適合に関する実施権者による申し出は，当該契約対象化合物の実施権者への配達の後90日以内に実施権許諾者に対して，業界内で一般に認められた方法を用いて実施権者の適切な施設において品質管理担当グループによって契約対象化合物の配達から60日以内に行われた規格不適合を主張する契約対象化合物の分析の報告書（分析されたバッチからの契約対象化合物のサンプルを含めて）と共に，提出されなければならない。実施権許諾者にそのように送られて来たサンプルの実施権許諾者自身による分析の後（その分析は，実施権許諾者が当該サンプルを入手してから60日以内になされるものとする），実施権許諾者が規格不適合の申し入れに合意しまた実施権者が当該規格不適合の契約対象化合物について支払いを済ませている場合，実施権許諾者は，当該規格不適合の契約対象化合物を規格適合の契約対象化合物と当該不適合を実施権許諾者が確認してから30日以内

に交換するか，または，実施権者の選択により，当該規格不適合の契約対象化合物に対して支払われた金額を実施権者にクレジットする。規格不適合の契約対象化合物は，実施権許諾者の要求がある場合，実施権許諾者の費用負担により実施権許諾者に返送される。しかし，そのような要求がない場合には，実施権者は，実施権許諾者に負担を与えることなく，当該規格不適合契約対象化合物を適当な方法で処分することができる。」

この例では，実施権者が供給された契約対象化合物を受領してから当該契約対象化合物について規格不適合を実施権許諾者に申し出るまでの期間，実施権者が契約対象化合物を受け取ってから当該契約対象化合物について品質検査を完了するまでの期間，実施権許諾者が実施権者から規格不適合の契約対象化合物のサンプルを入手してからそれについて再品質検査を完了するまでの期間，さらに実施権許諾者が契約対象化合物の品質不適合を確認してから当該品質不適合の契約対象化合物を品質適合の契約対象化合物と取り替えるまでの期間について明記してあることが特徴といえるであろう。

次に例は，供給された契約対象化合物の品質に関するさらに詳細な規定である。

"The Licensed Compound supplied by Licensor to Licensee shall (i) be in conformity with the specifications as set forth on the Schedule (hereinafter referred to as "Specifications") which are acceptable to Licensee, and (iii) have at least eighty-five percent (85%) or twenty (20) months, whichever is longer, of remaining shelf life before the expiration date. Licensor shall provide Licensee, free of charge, with samples for each lot of the Licensed Compound to be supplied hereunder for Licensee's receiving tests, together with its quality testing result and the certificate of analysis for such lot. The details of such receiving tests shall be separately discussed and agreed upon between the parties hereto before the expected date of the commercial sales of the Licensed Product in Japan. Licensee shall conduct, on or before the third (3rd) business day prior to the expected delivery date of the Licensed Compound the receiving tests to examine its quality in compliance with the Specifications. When the said samples have passed such receiving tests, Licensee shall notify Licensor and definitely accept the delivery of the Licensed Compound as being in conformity with the Specifications. If Licensor does not receive any notice on or before the third (3rd) business day prior to the expected delivery date of the Licensed Compound, the relative lot of the Licensed Compound shall be deemed definitely accepted by Licensee as being in conformity with the Specifications. In case that any samples have not passed such receiving tests as referred to in this Article above. Licensee shall notify Licensor immediately of the non-compliance together with the testing result thereof. In the event that Licensor does not agree on this result, the parties shall endeavor to promptly settle such matter amicably and constructively between themselves. In the event that the parties fail to so settle, the parties shall refer the subject Licensed Compound for tests to such independent laboratory as then agreed upon between the parties. The independent laboratory will use the same test method as specified in the Specifications. The results of the independent laboratory shall be final and binding upon the parties. All expenses incurred on such tests to be conducted by the independent laboratory will be borne by the party whose testing result does not conform to the testing result of such independent laboratory. Within five (5) business days from the receipt of the Licensed Compound, Licensee shall make an inspection of the Licensed Compound regarding the amounts, weight and appearance of the Licensed Compound or packaging in such manner as separately agreed upon between the parties. In case that the supplied Licensed Compound has passed such inspection, Licensee shall send to Licensor its certificate of acceptance of such Licensed Compound. If Licensor does not receive such certificate on or before the fifth (5th) business day from the delivery date of the

第 3 節 品 質

Licensed Compound, the Licensed Compound shall be deemed to pass this inspection, and such certificate of acceptance shall be deemed to be issued on the fifth (5th) business day from the delivery, provided, however, that this shall not apply in the case where an abnormality in appearance could not reasonably have been detected by Licensee in the course of its routine inspection and Licensee can in such case demonstrate to Licensor that such abnormality in appearance was already present upon delivery by Licensor. In the event any Licensed Compound fails in such inspection as referred to in this Article above, Licensor shall replace such Licensed Compound at Licensor's cost promptly after Licensee's notification of such failure and any no-conforming Licensed Compound shall be returned to Licensor by Licensee in accordance with Licensor's instruction and all costs incurred therefor shall be borne by Licensor. In case of the shortage of the supplied Licensed Compound, Licensor shall make up for the relevant shortage without delay."

「実施権許諾者によって実施権者に供給された契約対象化合物は，(i) 付表（スケジュール）に規定された実施権者にも容認される規格（以下「本規格」と言う）に合致し，さらに，(ii) 少なくとも有効期限の満了まで85％または20カ月の何れか長い残存有効期間を有する。実施権許諾者は，本契約の下で供給される契約対象化合物の各ロットのサンプルを実施権者の受入試験のために，当該各ロットについての品質試験結果および分析証明書と共に，無償で実施権者に提供する。当該受入試験の詳細については，日本で予定されている契約対象製品の販売開始の前に両当事者間で別途協議且つ合意される。実施権者は，予定されている契約対象化合物の配送の 3 営業日またはそれ以前にその品質が本規格に合致するか否かを調べるために受入試験を行う。当該サンプルが当該受入試験に合格した場合，実施権者は，実施権許諾者に知らせ且つ本規格に合致するものとして契約対象化合物の配送を明確に受け取る。実施権許諾者が契約対象化合物の予定されている配送日の 3 営

業日またはそれ以前に何らの通知も受領しなかった場合，契約対象化合物の当該ロットは，本規格に合致しているものとして実施権者によって承認されたものと見做される。何れかのサンプルが本条の上記に規定する受入試験に合格しなかった場合，実施権者は，そのことを受入試験の結果と共に実施権許諾者に直ちに通知する。実施権許諾者が当該試験結果に合意しない場合，両当事者は，彼ら自身で当該問題を友好的且つ建設的に解決すべく努力する。両当事者が解決できなかった場合，両当事者は，問題の契約対象化合物を試験のためにその時点で両当事者によって合意された独立の研究所に託する。当該独立の研究所は，本規格において指定された方法と同じ方法を使用する。当該独立の研究所の結果は，最終的なものであり且つ両当事者を拘束する。当該独立の研究所によって実施された試験に要した全ての費用は，その試験結果が当該独立の研究所の試験結果と合致しなかった当事者が負担する。実施権者は，契約対象化合物を受領してから5営業日以内に，両者間で別途合意された方法で，契約対象化合物の数量，重量および外観について検査する。供給された契約対象化合物が当該検査に合格した場合，実施権者は，当該契約対象化合物の受領証明書を実施権許諾者に送る。実施権許諾者が契約対象化合物の配送日から5営業日以内に実施権者から当該受領証明書を受領しなかった場合，当該契約対象化合物は検査に合格したものと見做され，且つ，当該受領証明書は，配送日から5営業日目に出されたものと見做される。但し，実施権者の通常の検査では合理的には見つからないような外観異常であり，且つ，実施権者が係るケースにおいては実施権許諾者による配送の時点で当該外観異常がすでに存在していたことを実施権許諾者に示すことができる場合については，この規定は適用されない。契約対象化合物が本条で言及された検査に合格しなかった場合，実施権許諾者は，当該契約対象化合物を実施権許諾者の費用で実施権者の当該不合格の通知の後に取り替え，当該不合格の契約対象化合物は，実施権許諾者の指示に従って実施権者によって実施権許諾者に返還され，さらに，それに要した費用は，全て実施権許諾者が負担する。供給された契約対象化合物の量目不足については，実

施権許諾者が遅滞なく当該不足分を補填する。」

　医療用医薬品については，その製造および販売を行うためには，たとえば，日本においては，厚生労働省から製造販売承認を得る必要がある。当該製造販売承認の取得に際しては，製造販売承認申請書を厚生労働省に提出し，当該申請書には当該医療用医薬品の製造法についても記載する必要がある。したがって，当該医療用医薬品の有効成分について，当該製造販売承認申請書に記載された製造法を変更する場合には，製造法の変更について再度厚生労働省に申請する必要がある。次の例は，このような，製造法や製造施設の変更に関する規定である。

(例)
"In the event that Licensor wishes to change the manufacturing method or the manufacturing site of any Licensed Compounds, Licensor shall provide Licensee with at least six (6) months prior written notice to that effect and also with a reasonable quantity of samples of such Licensed Compound, free of charge, manufactured by such changed method or at such changed manufacturing site for Licensee's formulation investigation to be undertaken.

As far as such change is acceptable to Licensee, in accordance with such method as agreed by the parties hereto. Licensor shall reimburse Licensee any reasonable cost and expense incurred by Licensee for such formulation investigation, within thirty (30) days after Licensor's receipt of the report thereon from Licensee. Should such Licensee's testing reveal that any Licensed Compound manufactured according to such changed method of manufacture or manufacturing factory do not meet the specifications of such Licensed Compound specified in the Licensed Compound Standard Code, regulations (including Good Manufacturing Practice), authorizations or any other requirements as agreed upon between the parties hereto, both parties shall discuss in good faith how to deal with the matter."

　「実施権許諾者が契約対象化合物の製造法または製造場所を変更することを希望する場合，実施権許諾者は，その少なくとも 6 カ月前にその旨の文書通知を実施権者に提供し，且つ実施権者による製剤検討のために当該変更された製造法または変更された製造場所において製造された契約対象化合物の合理的な量のサンプルを実施権者に提供する。

　当該変更が実施権者に了解できるものである場合，実施権許諾者は，本契約の両当事者によって合意された方法に従って，実施権者が当該製剤検討に要した合理的なコストおよび経費を，実施権者から実施権許諾者が当該報告書を受領した後30日以内に，実施権者に支払う。当該変更された製造法または製造場所において製造された契約対象化合物が契約対象製品基準（Product Standard Code）に特定された契約対象化合物の規格（GMPを含めて），規則，承認またはその他両当事者間で合意された要件に合致しないことが実施権者による当該テストによって明らかとなった場合，両当事者は，いかに問題を処理するかについて誠実に協議する。」

第 4 節　購入予測・注文書の提出

　実施権者の契約対象化合物または契約対象製品の購入予測の実施権許諾者への提出は，実施権許諾者の契約対象化合物または契約対象製品の生産計画作成に欠かせないものである。購入予測をどのようなインターバルでどの期間についてどのようなタイミングで提出するかは，実施権許諾者が契約対象化合物または契約対象製品を生産するのにどの程度の期間（リードタイム）を要するかと関係する。実施権者が提出した購入予測量について，実施権者は，その一定の割合について購入義務を負うことにするのか，また実施権許諾者は，その一定の割合について供給義務を負うことにするのかの問題があ

る。また，注文書の提出については，一定の期間中（たとえば，1カ月）に購入する契約対象化合物または契約対象製品について一括して注文書を提出するのか，それとも契約対象化合物または契約対象製品のシップメントごとに提出するのか，またどの程度の期間の余裕を持って提出するのか等が問題となる。ここでは，購入予測および注文書の提出に関する規定の例を以下に示す。

(例)
"Prior to the order by Licensee of the Licensed Compound, Licensee shall give a written estimate of its purchase requirements to Licensor at least twelve (12) months prior to its requested delivery date. Thereafter, at least six (6) months prior to the requested delivery date, Licensee shall submit to Licensor any revision to the estimates, which shall constitute a firm order."

「契約対象化合物の実施権者による注文に先立ち，実施権者は，その引渡し希望日よりも少なくとも12カ月前に購入予測書を実施権許諾者に提出する。その後，希望引渡し日から少なくとも6カ月前に実施権者は，購入予測についての修正を実施権許諾者に提出し，それが確定注文となる。」

この例では，契約対象化合物の引渡し日を基準として購入予測および注文書を提出する方式を採っている。このよう方法は，購入回数が比較的少ない場合に適する方法であるが，購入回数が多い場合には，極めて煩雑なものとなるであろう。また，どの程度前もって購入予測および注文書を提出するかは，もちろん，両事当者の合意によって決まるものであるが，注文書の提出から6カ月後に契約対象化合物が引き渡されるということは，契約対象化合物の実施権者による購入量にもよるが，実施権許諾者が契約対象化合物の生産にかなりのリードタイムを必要としているといえるであろう。

第9章 契約対象化合物等の供給および購入

(例)

"At least one hundred fifty (150) days prior to the beginning of each calendar half-year commencing January 1st and July 1st, Licensee shall provide Licensor with a written estimate of its requirements of the Licensed Compound for such calendar half-year.

Licensee shall submit firm orders for the Licensed Compound to Licensor not less than sixty (60) days in advance of the date on which Licensee wishes the shipment from Licensor of the Licensed Compound. Licensor shall promptly acknowledge such orders and use its best efforts to ship the Licensed Compound to Licensee as instructed in such firm orders."

「1月1日および7月1日に始まる各半暦年の少なくとも150日前に，実施権者は，当該半暦年についての実施権者の契約対象化合物の需要量予測書を実施権許諾者に提出する。実施権者は，実施権者が実施権許諾者から契約対象化合物の出荷を希望する日の少なくとも60日以上前に実施権許諾者に契約対象化合物についての確定注文書を提出する。実施権許諾者は，当該注文書を速やかに承認し且つ当該確定注文書における指示に従って契約対象化合物を実施権者に出荷するように最善の努力をする。」

この例では，需要予測は半年ごとにまた注文は出荷ごとに提出することになっている。

(例)

"At least one hundred eighty (180) days prior to the beginning of each calendar quarter commencing January 1st, April 1st, July 1st and October 1st, Licensee shall submit to Licensor written estimates of its requirements of the Licensed Compound for each of consecutive four (4) quarters commencing such quarter.

第4節 購入予測・注文書の提出

At least ninety (90) days prior to the beginning of each calendar quarter, Licensee shall provide Licensor with the firm order for the quantities of the Licensed Compound of which Licensee wishes shipments during such calendar quarter and such quantities of the Licensed Compound shall in no event be lower than eighty percent (80%) of the quantities of the Licensed Compound indicated in the last written estimate submitted by Licensee to Licensor for such calendar quarter. In the event that the quantities of the Licensed Compound ordered by Licensee in any calendar quarter exceed one hundred twenty percent (120%) of the quantities of the Licensed Compound in the last estimate submitted by Licensee to Licensor for such calendar quarter, Licensor shall not be obligated but shall use its reasonable best efforts to supply Licensee with such quantities of the Licensed Compound which exceed one hundred twenty percent (120%)."

「1月1日，4月1日，7月1日および10月1日に始まる各暦四半期の初日から少なくとも180日前に，実施権者は，当該暦四半期に始まる連続する4暦四半期の各々について契約対象化合物の需要予測量を文書で実施権許諾者に提出する。

各暦四半期の開始日の少なくとも90日前に，実施権者は，当該暦四半期に実施権者が船積みを希望する契約対象化合物の量について確定注文書を実施権許諾者に提出する。契約対象化合物の当該量は，当該暦四半期について実施権者から実施権許諾者に提出された最後の需要予測書に書かれていた契約対象化合物量の80％を下回らない。実施権者がある暦四半期において注文した契約対象化合物量が当該暦四半期に対して実施権者から実施権許諾者に最後に提出された需要予測量の120％を超える場合，実施権許諾者は，120％を越える契約対象化合物量について供給義務を負わないが，供給するようにその合理的な最善の努力をする。」

この例では，実施権者は，連続する4暦四半期についてその最初の暦四半期の開始日から少なくとも180日前までに当該暦四半期ごとのローリングの需要予測を提出することになっている。そして，ある特定の暦四半期について最後に出された需要予測については，少なくともその80％について実施権者は購入する義務を負うことになり，また実施権者の実際の購入希望量がその最後に提出された需要予測量の120％を超える場合には，実施権許諾者は，その120％を超える部分については，供給義務を負わないことになっている。

(例)
"Between the first (1st) and the fifteenth (15th) day of each March, June, September and December during the term of this Agreement, Licensee shall submit to Licensor;

i) a final written order for the quantity of the Licensed Compound required by Licensee for the three (3) month period commencing the first (1st) day of the first calendar month following the date of such final order;

ii) a provisional written order for the quantity of the Licensed Compound required by Licensee for the three (3) month period commencing the first (1st) day of the fourth calendar month following the date of such provisional order (such quantity being subject to increase or decrease in the next final order), and

iii) a written estimate of the quantity of the Licensed Compound required by Licensee for the six (6) months period commencing the first (1st) day of the seventh calendar month following the date of such estimate."

「本契約の期間中の3月，6月，9月および12月の各月の1日と15日の間に，実施権者は，実施権許諾者に次のものを提出する：
1) 当該最終注文書の日付後の最初の暦月の最初の日から数えて3カ月の期間に実施権者が必要とする契約対象化合物の量に対する最終注文書；

2）当該仮注文書の日付後の第4番目の暦月の最初の日から数えて3カ月の期間に実施権者が必要とする契約対象化合物の量に対する仮注文書（当該量は，次の最終注文書においてなされる増減に従う）；および
3）当該予測書の日付後の第7番目の暦月の最初の日から数えて6カ月の期間について実施権者が必要とする契約対象化合物量に対する需要予測書。」

　この例は，実施権者が必要とする契約対象化合物を四半期ごとにとらえて，当該四半期に対する最終注文書，仮注文書および需要予測を各々その四半期の始まる一定期間前に実施権許諾者に提出することになっている。実施権者が最終注文書を提出してから実施権許諾者による実際の船積みまでの期間が比較的短いようであるが，実施権許諾者において問題がなければ実施権者にとっては，極めて便利であるといえる。

(例)
"As soon as possible after obtaining the health registration of the Licensed Product, Licensee shall supply Licensor with a written two (2) year estimate of its requirements of the Licensed Compound for the ensuing calendar quarter and each of the next seven (7) calendar quarters. At least ninety (90) days before each succeeding six (6) month period (i.e. April through September and October through March of the next year), Licensee shall update its previous estimate. The estimate by Licensee for the immediate ensuing quarter shall be accompanied by a firm order. Licensor shall supply Licensee and Licensee undertakes to purchase from Licensor at least seventy percent (70%) of its next following annual estimate."

「契約対象製品の製品登録が得られた後可能な限り速やかに，実施権者は，それに続く暦四半期およびその後の7暦四半期の各々について実施権者が必

要とする契約対象化合物の2年間の需要予測書を実施権許諾者に提供する。それに引き続く各6カ月の期間（即ち，4月から9月および10月から翌年3月）の開始前少なくとも90日前に，実施権者は，以前の需要予測書を更新する。その直後の暦四半期についての実施権者の需要予測は，確定注文書と共に提出される。実施権許諾者は，翌年の需要予測の少なくとも70％を実施権者に供給し，また実施権者は，これを実施権許諾者から購入する。」

　販売開始後1年位の期間についての契約対象化合物の需要予測を販売開始前に正確に行うことは一般的に容易なことではない。したがって，販売開始前に実施権者によって出された契約対象化合物の需要予測について実施権者に厳格な購入義務を課し，また実施権許諾者に厳格な供給義務を課すことはできるだけ避けるべきであろう。

第5節　供給不能

　実施権許諾契約において実施権許諾者が実施権者に対して契約対象化合物または契約対象製品の供給義務を負っているにかかわらず，実施権許諾者が何らかの理由でその義務を果たすことができない場合がある。供給できない場合としては，実施権許諾者の契約対象化合物または契約対象製品の生産能力に問題がある場合，不可抗力による場合，実施権許諾者の契約対象化合物または契約対象製品の生産技術上に問題が発生した場合等，種々の原因が考えられる。このような場合に，実施権許諾者および実施権者は，それぞれどのように対応するかまたどのような対応ができるか，以下に供給不能の場合の規定のいくつかの例を示す。

（例）

"In the event that Licensor could not supply Licensee with the requirements of Licensee, in whole or in part, for the Licensed Compound, or should Licensee be compelled to manufacture the Licensed Compound locally in any country of the

Territory due to the law or regulations by the government authorities in such country or should Licensor not be able to supply Licensee with the requirements by Licensee for the Licensed Compound at competitive conditions, Licensor or Licensee, as the case may be, shall notify the other party immediately to this effect and both parties shall as promptly as possible, but not later than thirty (30) days after the receipt by Licensor or Licensee, as the case may be, of said notification of Licensee or Licensor, as the case may be, start good faith negotiations with the aim to find a quick solution to overcome the difficulties arisen. If the parties do not come to an agreement in this respect within ninety (90) days after having started such good faith negotiations, then Licensee shall have the right either to purchase its requirements for the Licensed Compound from any third party as far as the quantities of the Licensed Compound which Licensor can not supply to Licensee are concerned or to manufacture all of its requirements for the Licensed Compound. In the event that Licensee selects to manufacture the Licensed Compound, Licensor shall grant to Licensee the right to manufacture the Licensed Compound under the Licensed Patents and under the manufacturing know-how relative to the Licensed Compound and shall at the same time provide Licensee with such manufacturing know-how which is in the possession of Licensor at that time and which is most efficient in the manufacture of the Licensed Compound, under such terms and conditions as shall then be agreed upon between the parties. Such terms and conditions shall include the payment by Licensee to Licensor of an additional royalty at the rate of one percent (1%) of the Net Sales of the Licensed Product in the Territory."

「実施権許諾者が実施権者の契約対象化合物に対する需要の全部または一部を実施権者に供給できない場合，または実施権者が契約地域の何れかの国で当該国の法律もしくは規則によって契約対象化合物を現地生産することを強制される場合，または実施権許諾者が実施権者の必要とする契約対象化合

物を競合できるような条件で実施権者に供給できない場合，実施権許諾者または場合に応じて実施権者は，他方当事者にその旨を直ちに知らせる。両当事者は，実施権許諾者または場合に応じて実施権者の前記通知を実施権者または場合に応じて実施権許諾者が受領した後可能な限り速やかにまた如何なる場合においてもその後30日以内に，発生した困難を打開するための迅速な解決策を見出すことを目的とする誠意ある交渉を開始する。当該誠意ある交渉を開始してから90日以内に解決について両当事者が合意に達しない場合，実施権者は，実施権許諾者が供給できない契約対象化合物の量について第三者から購入するか，または実施権者が必要とする契約対象化合物の全量を生産する権利を有する。実施権者が契約対象化合物を生産することを選んだ場合，実施権許諾者は，その時両当事者間で決められる諸条件の下で，許諾対象特許および契約対象化合物に関する製造ノウ・ハウに基づき契約対象化合物を製造する権利を実施権者に許諾し，且つ，同時にその時点で実施権許諾者が所有する契約対象化合物の最も有効な製造ノウ・ハウを実施権者に提供する。当該諸条件には，契約地域での契約対象製品の正味販売高の1％に相当する追加のロイヤルティを実施権者が実施権許諾者へ支払うことを含む。」

　実施権許諾者が契約対象化合物または契約対象製品を供給できない理由が戦争，暴動，地震，洪水，天災等のいわゆる不可抗力によるものである場合には，契約中に不可抗力に関する規定が存在すれば，その規定が適用され，実施権許諾者の供給不能は，契約違反とは見なされず，したがって実施権者が被る損害に対して，実施権許諾者は，実施権者に対してその損害を補償する責任を負わない。しかし，理由のいかんにかかわらず供給がストップすれば実施権者が困難に直面することに変わりはない。したがって，実施権者は，何らかの方法で供給不能の事態を解決する必要がある。

　この例での供給不能とは，実際にどのような状態になった場合についていうのか必ずしも明らかではない。たとえば，供給不能の状態が一定の期間以

上継続して初めて供給不能というのか,それとも,そのような状態がたとえ短期間でも発生したら直ちにこの例の供給できないという場合に相当するのか必ずしも明らかではない。また,この例で実施権許諾者が契約対象化合物を競合できるような条件で実施権者に供給できないというのも実際にどのような状態になった場合についていうのか必ずしも明らかではない。たとえば,供給価格がどの程度まで高騰したら競合できない状態にあるといえるかは,実施権許諾者と実施権者では判断が異なるであろう。したがって,その状態にあるか否かは,実施権許諾者および実施権者の判断に任されているといえる。しかし,実施権者がそのような状態にあると判断した場合,実施権者がこの規定に従って実施権許諾者に通知を与えると,実施権許諾者は否応なしに交渉の場に引き込まれ,交渉が成立しないと,実施権許諾者が希望すると否とにかかわらず実施権者が契約対象化合物の製造を希望すればこれに応じる必要があるのか,この規定からは必ずしも明らかであるとはいえない。したがって,実施権許諾者および実施権者の双方の立場から,どのような状態になった場合に『供給できない場合』に相当するのか,またどのような状態を『競合できない場合』に相当するのか,できるだけ詳細に規定しておく方が望ましいといえるであろう。また,実施権者の立場からは,実施権許諾者から契約対象化合物に関する製造ノウ・ハウの提供を受ける場合,この例のように,実施権許諾者が所有する最も効率的な契約対象化合物の製造方法についてのノウ・ハウを実施権許諾者から入手できるように留意する必要がある。さらに,この例では,実施権許諾者が実施権者に契約対象化合物の製造権を許諾する場合についてのみ実施権者が実施権許諾者に追加ロイヤルティを支払うことになっているが,実施権者が第三者から契約対象化合物を購入することを認める場合においても同様に実施権者に追加ロイヤルティの支払いを求めることができるであろう。また,実施権者に契約対象化合物の製造権を許諾する場合に実施権者によって支払われるロイヤルティの支払期間は,実施権許諾者から実施権者への製造ノウ・ハウの提供を伴っているので,許諾対象特許の有効期間と必ずしも連動することなく,独自の期間を

設定することも可能である。

(例)

"In the event that Licensor or the nominee designated by Licensor fails to supply Licensee with all or a substantial part of the requirements by Licensee for the Licensed Compound and such failure continues for a period of ninety (90) days after the proposed shipment dates, Licensor shall allow Licensee to purchase from the third party designated by Licensor the Licensed Compound to the extent that such failure by Licensor or its such nominee to supply Licensee with the Licensed Compound continues and as far as such quantities of the Licensed Compound that Licensor or its such nominee can not supply Licensee is concerned."

「実施権許諾者または実施権許諾者が指定する者が実施権者の要求する契約対象化合物の全量またはその実質的な部分を実施権者に供給できず且つそのような供給不能の状態が申し込まれた船積日の後90日間継続する場合，実施権許諾者は，契約対象化合物の実施権許諾者または実施権許諾者の指定者による供給不能が継続する期間また実施権許諾者または実施権許諾者の指定者が供給できない契約対象化合物の量について実施権者が実施権許諾者により指名された第三者から購入することを認める。」

この例では，いかなる状態になった場合に供給不能として実施権者が第三者から契約対象化合物を購入できるかについて，前例よりもより詳細に規定している。また，そのような場合に，実施権者が第三者から購入できる契約対象化合物の量および期間についても明記している。

(例)

"In the event that Licensor should not be able to sell the Licensed Compound at

第 5 節　供給不能

the Supply Price (hereinafter defined) or in the event that Licensor is unable to supply Licensee with the requirements of Licensee for the Licensed Compound in whole or in part and such inability continues for a period of ninety (90) days for any reason whatsoever (including force majeure), then Licensor shall allow Licensee to purchase the Licensed Compound from third parties or to manufacture the Licensed Compound.

In the event that Licensee requests in such case Licensor a license to manufacture the Licensed Compound under the manufacturing know-how and/or the Licensed Patent of Licensor, Licensor shall grant to Licensee such license on a non-exclusive basis and provide at the same time Licensee with said manufacturing know-how which is most efficient then available to Licensor under such terms and conditions as shall be agreed upon between the parties, including a payment by Licensee to Licensor of an appropriate royalty which is in no event higher than two percent (2%) of the Net Sales of the Licensed Product and shall be payable by Licensee in all countries of the Territory for a longer period of (i) until expiration of all Licensed Patents in the Territory or (ii) until expiration of seven (7) years following the commencement of commercial production by Licensee of the Licensed Compound. However, if Licensor becomes thereafter capable of offering the Licensed Compound in the quantities required at a price which complies with the Supply Price requirements, then in that event Licensee shall be obliged to continue to purchase all of its requirements for the Licensed Compound from Licensor, provided that Licensee is purchasing the Licensed Compound from a third party at that time. The Supply Price means the price per unit (gram) of the Licensed Compound to be supplied by Licensor to Licensee hereunder which shall be agreed upon from time to time between the parties but in no event exceed seventeen percent (17%) of the average Net Sales per sales presentation package of the Licensed Product in the Territory."

第9章 契約対象化合物等の供給および購入

「実施権許諾者が契約対象化合物を契約供給価格（以下に定義される）で供給できない場合，または実施権許諾者が実施権者の契約対象化合物に対する需要の全部もしくは一部を実施権者に供給できず，且つ，そのような供給不能の状態が理由の如何にかかわらず（不可抗力を含む）90日間継続した場合，実施権許諾者は，実施権者が契約対象化合物を第三者から購入することまたは契約対象化合物を製造することを認める。

そのような場合に，実施権者が実施権許諾者の製造ノウ・ハウおよび／または許諾対象特許の下で契約対象化合物を製造するための実施権の許諾を実施権許諾者に要求する場合，実施権許諾者は，両当事者間で合意される条件の下で，非独占的な当該実施権を実施権者に許諾すると同時にその時点で実施権許諾者が有する最も効率的な製造ノウ・ハウを実施権者に提供する。当該条件は，如何なる場合においても，契約対象製品の正味販売高の2％を超えず，且つ，契約地域のすべての国で以下の何れか長い期間，実施権者によって支払われる適切なロイヤルティを含む。即ち，(i) 契約地域でのすべての許諾対象特許の満了日，または (ii) 実施権者による契約対象化合物の商業ベースでの生産開始から7年間。しかし，実施権許諾者がその後契約供給価格に合致する価格で要求される量の契約対象化合物を供給できるようになった場合，実施権者は，契約対象化合物の全必全量を実施権許諾者から購入し続ける義務を負う。但し，実施権者がその時点で第三者から契約対象化合物を購入している場合に限る。契約供給価格とは，実施権許諾者から実施権者へ本契約の下で供給される契約対象化合物のグラム当たりの供給価格を意味し，当該価格は，両当事者間で随時合意され，また如何なる場合においても契約地域での契約対象製品の販売包装単位当たりの平均正味販売高の17％を超えない。」

この例において，いったん供給不能の状態に陥った実施権許諾者が再び供給できるようになった場合，実施権者がその時点で第三者から契約対象化合

物を購入している場合においてのみ，実施権者は，約対象化合物を実施権許諾者から購入し続ける義務が発生することになっている。換言すれば，実施権者がその時点で契約対象化合物を製造している場合には，実施権者は再び実施権許諾者から契約対象化合物を購入する義務はないことになる。その理由は，実施権者がその時点で契約対象化合物を実際に製造している場合においては，実施権者は契約対象化合物の製造のためにすでに設備投資を行っているものと考えられ，そのような状態で契約対象化合物の製造を中止させられるのは実施権者にとって極めて不利益となるからである。

　実施権許諾者が供給不能となった場合に，契約対象化合物または契約対象製品を製造している第三者が存在すれば，当該第三者から契約対象化合物または契約対象製品を購入することができる。しかし，そのような第三者が存在しない場合には，実施権者は，契約対象化合物の製造のための実施権を実施権許諾者から許諾してもらい契約対象化合物を自ら製造するか，または第三者に製造を委託する必要が生じる。このような場合に，実施権者が契約対象化合物の製造のための設備をすでに所有していたとしても，あるいは契約対象化合物を製造するための設備を有する第三者に製造を委託するとしても，実施権許諾者から製造ノウ・ハウを入手して，それに従って実際に実施権者または実施権者がその製造を委託する第三者が契約対象化合物を製造できるようになるまでには相当に長い期間がかかるであろう。また，実施権者が契約対象化合物の製造設備を建設する必要があるような場合には，さらに長い期間が必要となる。したがって，このような規定が実際の場面においてどの程度の意味を持つかは疑問であるが，実施権者にとっては必要な規定であろう。

第10章　契約期間および契約終了

　実施権許諾契約には，他の契約の場合と同じように，必ず契約の開始日，すなわち契約が効力を持つこととなる日および契約の終了日，すなわち，契約がその効力を失うこととなる日が存在する。契約の開始日から終了日までの期間が契約期間ということになる。契約の開始日および終了日は，それぞれ契約の中に記載されている。

　また，実施権許諾契約がその満了日以前の契約期間中において途中解約されることがある。しかし，実施権許諾契約の両当事者が合意の上で実施権許諾契約を途中解約する場合を除き，一方の契約当事者が何らの契約解除の正当な理由もないのに一方的に実施権許諾契約を解約することはもちろんできない。実施権許諾契約中に記載されている契約解約事由が発生した場合に初めて契約の途中解約が認められる。実施権許諾契約中に出てくる途中解約の事由としては，契約違反，一方当事者の破産や清算等が一般的である。

　実施権許諾契約は，両当事者が合意する場合には，実施権許諾契約の中に契約期間の延長について何らの記載がない場合においてももちろん延長することができる。しかし，実施権許諾契約をその本来の満了日を越えて延長する可能性が考えられる場合には，始めから契約期間の延長についての規定を入れておくのが一般的である。契約期間の延長の方法としては，契約満了日の少なくとも何日（または何カ月）以上前に契約当事者のいずれかが契約を終了する旨の通知を相手方当事者に与えない限り契約は自動的に延長されるとする自動延長の方式または契約満了日の少なくとも何日（または何カ月）以上前に契約当事者のいずれかが契約を延長する旨の通知を相手方当事者に与え，相手がこれに同意した場合に初めて契約が延長されるとする方式等が

考えられる。

　実施権許諾契約が終了すると両当事者の契約上の権利および義務は，契約に別段の規定がない限りすべてなくなる。しかし，実施権許諾契約が終了したら各当事者がそれまでに有していた権利および義務のすべてがなくなるとすると不都合が生じる場合がある。したがって，契約終了後においても存続することが必要とされる規定については，契約中にその旨を明記しておくことが必要である。このような規定の例としては，実施権者が未払いロイヤルティを支払う義務（実施権許諾者が未払いロイヤルティを受け取る権利）がある。実施権者が各四半期の終了後60日以内にロイヤルティを支払っている場合に，実施権許諾契約の終了と同時に両当事者の契約上の権利および義務のすべてがなくなるとすると，実施権者は，契約終了の日まで契約対象製品を販売しているような場合，契約期間の最後の四半期に販売した契約対象製品については，ロイヤルティ支払いの義務がなくなることになるからである。

　本章においては，契約期間，契約の途中解約，契約期間の延長並びに契約終了後において両当事者が有する権利および義務に関する規定について説明する。

第1節　契約期間

　実施権許諾契約の場合においても，他の契約の場合と同様に，契約締結の時に契約が有効となる。契約期間は，技術的情報の提供を伴わない純粋に特許のみについての実施権許諾契約の場合には，許諾された特許の満了日が契約の満了日となるのが一般的であるが，特許に関する実施権および技術的情報に関する実施権の両方が関係している場合には，必ずしも許諾された特許の満了日が契約の満了日となるとは限らず，許諾された特許の満了日までまたは契約地域での契約対象製品の販売開始から一定期間が満了する日までの

いずれか遅い方とされることが多いようである。以下に契約期間に関する規定の例を示す。

(例)

"This Agreement shall be effective as of the Effective Date and shall continue in full force and effect until the later of the expiration, lapse, revocation, unenforceability or invalidation of the last-to-expire Licensed Patent, on a country-by country basis, unless terminated earlier as provided in this Agreement (the "Term"). Upon expiration of this Agreement, all rights licensed hereunder shall become irrevocable upon payment of any amounts due that have accrued hereunder prior to expiration. Expiration of this Agreement shall not preclude Licensee from continuing to make, have made, use, sell, offer for sale or import the Licensed Product worldwide without further royalty payments or other remuneration to Licensor with respect to the Licensed Patent."

「本契約は，発効日に有効となり，本契約の規定に基づき早期に終了しない限り，最長許諾対象特許が最終的に満了，消滅，取消し，履行不能または無効となるまで有効に存続する（契約期間）。本契約の終了により，本契約の下で許諾された全ての権利は，終了前に発生した金銭の支払いによって取り消される。本契約の終了は，実施権者が許諾対象特許について実施権許諾者にロイヤルティの支払いまたはその他の報酬なしに契約対象製品を製造し，製造させ，使用し，販売し，販売のためにオファーしまたは輸入することを排除しない。」

この例の実施権許諾契約は，許諾の対象が特許権のみであり，それ以外には技術的情報も商標も含まれないケースである。したがって，許諾の対象となっている特許権が理由のいかんにかかわらず消滅すれば，実施権許諾契約も終了することになっている。

（例）

"This Agreement shall come into force on the date first above written and shall, unless sooner terminated pursuant to any provision of this Agreement, be in full force in each country of the Territory until the expiration date of the last-to-expire Licensed Patent in such country of the Territory or for a period of ten (10) years counting from the date of the first commercial sale by Licensee of the Licensed Product in such country of the Territory, whichever is longer."

「本契約は，冒頭記載の日に発効し，本契約の規定により早期に終了しない限り，契約地域のそれぞれの国において，契約地域の当該国での最長許諾対象特許の満了日までまたは契約地域の当該国での実施権者による契約対象製品の最初の販売の日から10年間の何れか長い期間有効に存続する。」

　この例の実施権許諾契約では，許諾の対象は特許権および技術的情報の両方である。契約期間は，契約地域の国ごとに異なり，この契約そのものは，契約地域のすべての国について契約期間が満了した時に終了する。契約期間についてこのような取り決めをした場合，実施権者が契約地域のある特定の国で契約対象製品の販売をしないと，契約そのものは永久に存在することになる。したがって，契約期間についてこのような規定をおく場合には，実施権者が契約対象製品を販売しないと実施権許諾者に通知した国あるいは実施権者が一定期間内に契約対象製品の販売を開始しない国は契約地域から自動的に除外される等の規定を入れておくことも１案であろう。また，この例では，販売開始から10年間となっているが，これをどの程度の期間にするかは，もちろん，両当事者の合意により決まるものである。

　この例のように，契約期間が国ごとに異なる場合，契約自体は継続しているが，契約地域のある国では契約が終了している状態が起きる。この場合において，実施権者は契約が終了した契約地域の国で契約対象製品をロイヤル

ティの支払いなしに自由に販売できるのかという問題があるが，実施権許諾契約での許諾の対象が特許のみの場合には，当該国では許諾対象特許が満了していることを意味するので，実施権者は契約対象製品を当該国でロイヤルティの支払いなしに自由にもちろん販売できる。しかし，実施権者が契約対象化合物または契約対象製品を契約地域のある国で製造し，それを当該国に輸出して当該国で契約対象製品を販売しているような場合，契約対象化合物または契約対象製品を製造している国では許諾対象特許が有効に存続していれば，実施権者は実施権許諾者の許諾対象特許を利用していることになる。したがって，このような場合には，当該国での契約対象製品の販売に対して，実施権者はロイヤルティの支払いが必要となる。また，実施権許諾契約での許諾の対象が特許および技術的情報の両方である場合には，当該国で契約終了後に契約対象製品をロイヤルティの支払いなしに自由に販売できるかという問題は，換言すれば，当該国で契約終了後に技術的情報を実施権者が自由に使用できるのかという問題となる。この問題に対する答えは，この例文のみからは明らかにはならず，契約地域の特定国での契約終了後に当該国での技術的情報の取扱いについて契約の中でどのように記載されているかによって変わることになる。したがって，実施権者の立場からは，契約が全体としてまたは契約地域の特定国について終了した場合，実施権者は契約地域のすべての国でまたは契約地域の当該国で技術的情報を自由に使用できる旨の規定を契約中に設けておくべきである。当該国での契約対象製品の製造および販売に技術的情報を実施権者が使用する必要がない場合には，もちろん，契約対象製品をロイヤルティの支払いなしに販売できることになる。

　また，日本および米国等においては，医薬品に関する特許期間延長の制度が設けられている。したがって，契約期間を許諾された特許の満了日までとする場合，延長された特許期間を含む旨を誤解のないよう記載しておくことも必要であろう。そのためには，たとえば，上記の例では　……expiration date of the last-to-expire Licensed Patent ……　を　…… expiration date of the last-to-expire Licensed Patent (including extended period thereof) ……とすればよい。

(例)

"This Agreement shall become effective from the effective date first above written and shall, unless sooner terminated pursuant to any provision of this Agreement, be in full force in each country of the Territory for a period of twelve (12) years from the first commercial sales by Licensee of the Licensed Product in that country or until the expiration date of the last-to-expire Licensed Patent in that country, whichever is longer, and shall thereafter continue for an indefinite period unless Licensee shall terminate this Agreement by giving Licensor one (1) year prior written notice of termination of this Agreement or unless this Agreement is terminated by any other provision of this Agreement."

「本契約は，冒頭記載の日に発効し，本契約の規定によって早期に終了しない限り，契約地域の各々の国において，実施権者が当該国で契約対象製品の販売を開始してから12年間または当該国での最長許諾対象特許の満了日までの何れか長い期間有効に存続し，その後は，実施権者が1年間の事前契約終了通知を実施権許諾者に与えて本契約を終了しない限りまたは本契約の他の規定により本契約が終了されない限り，無期限に有効に存続する。」

特許および／または技術的情報についての実施権許諾に加えて商標についても実施権者に使用許諾が与えられている場合にこのような規定が設けられることがある。実施権許諾者所有の商標について実施権者に使用権が許諾されている場合，実施権者は，契約対象製品を販売し続けるかぎり許諾対象商標を使用することを希望するので，一定の期間が経過したからという理由で実施権許諾契約が終了し実施権者がそれまで使用してきた許諾対象商標の使用ができなくなることは実施権者にとって極めて不都合なこととなる。した

がって，一定期間が経過し契約が無期限となった後に任意に契約を終了させることができるのは，実施権者のみということになっている。このような場合に，実施権許諾契約は，一定期間が経過した時点で終了することにして，その後は別途に商標権の使用許諾契約を両者間で締結するようにすることもできる。

第2節　契約の解約

　実施権許諾契約が，その契約期間の満了日以前に当事者の一方によって解約されることがある。しかし，何らの正当な事由もなしに契約当事者が一方的に実施権許諾契約を解約することはもちろんできない。実施権許諾契約は，実施権許諾契約の中に記載された解約事由が発生した場合においてのみ途中解約され得る。いかなる事由が発生した場合に実施権許諾契約を途中解約することができるとするかは，もちろん，実施権許諾契約の両当事者の話し合いによって決まることである。以下に解約事由に関する文例を示す。

(例)
"Either party may forthwith terminate this Agreement by giving a written notice of termination to the other party:

a) if the other party becomes insolvent or a petition in bankruptcy or for corporate reorganization or for any similar relief is filed by or against the other party, or a receiver is appointed with respect to any of the assets of the other party, or liquidation proceeding is commenced by or against the other party; or

b) if the whole business or majority part of the share of the other party is transferred to a third party to whom the other party has a reasonable objection, or

c) if the other party defaults in any of the provisions of this Agreement and does not remedy the default within sixty (60) days after a written notice is given requesting to remedy the default."

「下記の場合，何れの当事者も他方当事者に契約終了の通知を与えて本契約を直ちに解約することができる：
a）他方当事者が支払い不能となった，他方当事者によってまたは他方当事者に対して破産，会社更生もしくは類似の救済のための申請がなされた，他方当事者の資産について管財人が指名された，または他方当事者によってもしくは他方当事者に対して解散手続が開始された場合，または
b）他方当事者の全事業もしくは株式の主要な部分が他方当事者が合理的な反対理由を持っている第三者に譲渡された場合，または
c）他方当事者が本契約の何れかの規定に違反し且つ当該違反の是正を求める文書通知が与えられてから60日以内に当該違反を是正しなかった場合。」

　実施権許諾契約の他方当事者にこの例の a），b）または c）に列挙されたような事由が発生した場合，相手方当事者は，実施権許諾契約を解約することができるが，実際に契約を解約するか否かは相手方当事者の判断による。この例の a）は，破産・清算等の場合であり；b）は，他方当事者の意に添わない第三者に全事業または株式の大半が譲渡された場合であり；c）は，契約違反の場合である。

（例）

"Either party hereto may, without prejudice to any other remedies available to it at law or in equity, terminate this Agreement by written notice to the other party hereto in the event the other party hereto shall have become insolvent or bankruptcy or shall have made an assignment for the benefit of its creditors, or there shall have been appointed a trustee or receiver of the other party hereto for all or a substantial part of its property, or any case or proceeding shall have been commenced or other action taken by or against the other party in bankruptcy or seeking reorganization, liquidation, dissolution, winding-up, arrangement, composition or readjustment of its debts or any other relief under any bankruptcy, insolvency, reorganization or other similar act or law of any jurisdiction now or hereafter in effect, or there shall have been issued a warrant of attachment, execution, distraint or similar process against any substantial part of the property of the other party hereto, and any such event shall have continued for sixty (60) days undismissed, unbonded or undischarged."

「本契約のいずれの当事者も，法律もしくは衡平法によって得られる他のいかなる救済も損なうことなく，以下の場合には，他方当事者への文書による通知によって本契約を解約できる。他方当事者が支払い不能となった場合もしくは破産した場合，他方当事者が債権者利益のために譲渡した場合，他方当事者の財産の全部もしくは重要な部分について管財人もしくは信託人が指定された場合，他方当事者によってもしくは他方当事者に対して破産，会社更生，清算，解散，整理，和解もしくは債務の再調整もしくはその他の救済手続が現在または将来において効力を有する管轄権のある破産法，会社更生法もしくはその他の類似の法律の下で採られた場合，または，他方当事者の財産の重要に部分について差し押さえもしくはその他の類似の手続の命令書が発行された場合であって且つそのような状態が60日間解除，解放もしくは取り消されることなく継続した場合。」

この例は，いわゆる破産または清算等の場合の契約解約についての極めて詳細な規定である。ここに書かれたような状態が他方当事者に発生した場合，その相手方当事者の採りうる手段としては，契約を解約することも１つの方法であるが，契約の解約に加えてまたは契約を解約することなく，この例にも記載されているように，それ以外の法律で定められた救済（たとえ

ば，損害賠償等）を求めることももちろん可能である。

(例)

"In the event that either party hereto shall go into liquidation, a receiver or a trustee shall be appointed for the property or estate of that party, or the party makes an assignment for the benefit of creditors, and whether any of the aforesaid events shall be the outcome of the voluntary act of that party, or otherwise, the other party shall be entitled to terminate this Agreement forthwith by giving a written notice to the first party."

「本契約の何れかの当事者が清算手続に入った場合，管財人もしくは信託人が当該当事者の財産もしくは所有権について指定された場合，または当該当事者が債権者の利益のために譲渡を行った場合，それが当該当事者の自発的行為であるか否かにかかわらず，他方当事者は，最初の当事者に文書による通知を与えて本契約を直ちに解約できる。」

この例もやはり破産・清算の場合についての契約解約の例である。この例では，特に記載はないが，契約の解約と併せてまたは契約の解約をせずに法律で定められたその他の救済を求めることはもちろん可能である。

(例)

"Failure by one party hereto to comply with any of its respective obligations and conditions in this Agreement shall entitle the other party hereto to give the party hereto in default written notice requiring it to make good such default. If such default is not fully remedied within ninety (90) days after the date of such notice, the notifying party shall be entitled, without prejudice to any of its other rights conferred on it by this Agreement or by law, to terminate this Agreement by giving written notice to take effect immediately. The right of any party hereto to

第10章　契約期間および契約終了

terminate this Agreement as hereinabove provided shall not be affected in any way by its waiver of or failure to take action with respect to any previous default."

「本契約の一方当事者が本契約の義務を履行せずまたは本契約の条件に従わなかった場合，本契約の他方当事者は，当該違反を是正するよう求める文書による通知を違反当事者に与え得る。当該違反が文書による通知の後90日以内に十分に是正されなかった場合，通知を与えた当事者は，本契約または法律によってその者に与えられたその他の権利に何ら影響を与えることなく，直ちに有効となる文書通知を与えて本契約を解約することができる。上記に規定された契約解約に関する当事者の権利は，以前の違反に関してそれをその当事者が放棄したことまたはそれについて何もしなかったことによって何らの影響も受けない。」

この例は，契約違反による契約解約に関する規定である。契約の一方当事者に契約違反の事実が発生した場合，相手方当事者は，その違反の状況を是正するよう最初の当事者に文書で要求することになるが，契約違反の内容によっては是正することのできないものもあるであろう。そのような場合においても，通知を与えた当事者は，違反の状態が決められた期間（この例では90日）内に是正されない場合には，契約を解約することができる。実際に契約を解約するか否かは，通知を与えた当事者の裁量による。したがって，この例にも記載されているように，以前に相手方当事者が契約違反をしてそれに対して他方当事者がその是正を求めることを放棄したことまたはそれに対して何らの行動も起こさなかったことによって，その後に発生した相手方当事者の同様の契約違反に基づいて契約の解約ができなくなるということはない。

実施権許諾契約が一方当事者の破産・清算等により契約の継続が困難となった場合，当該実施権許諾契約に基づいて，他方当事者は，すでに契約対象

製品の開発や製造のために多大な時間と費用をかけて投資をしていることが考えられる。特に，実施権許諾者が破産・清算等によって契約の継続が困難となった場合，そのような状況にある実施権者は，大変な損害を被ることになる。このような状況を避けるために，米国においては，その破産法において，実施権の許諾が所謂"工業所有権＝Intellectual Property"に基づいたものである場合には，実施権許諾者の破産の場合においても，当該工業所有権に基づき許諾された実施権者は，当該許諾された権利を超えない範囲で，許諾された権利を実施できるように規定している。

米国においては，バイオやIT分野において多数のベンチャー企業を排出している。しかし，財務状態が脆弱であるベンチャー企業は，破産に至ることも多いと考えられる。ベンチャー企業が実施権許諾者となっている実施権許諾契約が存在し，当該実施権許諾者となっているベンチャー企業が破産した場合，当該実施権許諾契約における実施権者をいかに救済するかということが米国において問題となった。そこで，米国においては，この問題を破産法において処理することとなり，法整備がなされたものと考えられる。EU諸国においても，基本的にこの米国の破産法の考えを踏襲しているようである。日本においては，この問題についていかに対応すべきであるかについて，経済産業省を中心にいろいろと検討されているが，現時点においては，いまだ法整備はなされていない状況である。次の例は，この米国破産法に基づく規定を盛り込んだものである。

(例)
"All rights and licenses granted under or pursuant to any section of this Agreement are, and shall otherwise be deemed to be, for purposes of Section 365 (n) of the Bankruptcy Code, licenses of rights to "intellectual property" as defined under Section 101 (35A) of the Bankruptcy Code. Each party shall retain and may fully exercise all of its rights and elections under the Bankruptcy Code or

equivalent legislation in any other jurisdiction. Upon the bankruptcy of either party, the other party shall further be entitled to a complete duplicate of (or complete access to, as appropriate) any such intellectual property, and such, if not already in its possession, shall be promptly delivered to such other party, unless the party in bankruptcy elects to continue, and continues, to perform all of its obligations under this Agreement."

「本契約または本契約の何れかの条項に基づいて許諾された全ての権利および実施権は，米国破産法第365条（n）項の目的のためには，破産法第101条（35A）項の下で定義されている"工業所有権"に基づく実施権であり且つそのように見做される。各当事者は，米国破産法およびその他の管轄権の基での同様の法律の基でのその全ての権利および選択権を留保し且つ完全に実施することができる。何れかの当事者の破産に際して，他の当事者は，当該工業所有権を完全に複製（または，場合に応じて，完全にアクセス）する権利を有し且つ当該工業所有権（もし，当該当事者がすでに保有していない場合には）は，速やかに当該当事者に届けられる。但し，破産した当事者が本契約の基での全ての義務の履行を継続することを選択し且つ履行を継続した場合はこの限りではない。」

破産・清算または契約違反の場合に，実施権許諾契約を解約できるとする旨の規定を実施権許諾契約の中に入れることは極めて一般に行われている。しかし，それ以外にも各種の契約解約事由を実施権許諾契約の中に規定することがある。次の２つの例文は，破産・清算または契約違反以外の事由による契約の解約事由を示すものである。

(例)
"Licensor shall have the right by notice in writing to Licensee forthwith to terminate this Agreement if the business of Licensee is managed or controlled or

is carried on wholly or mainly for the benefit of or on behalf of any other person unless Licensee has first obtained the consent in writing of Licensor to such management control and/or business as aforesaid which consent if given may be subject to such terms and conditions as may be required by Licensor except that the amount of the royalty shall not be more onerous."

「実施権許諾者は，実施権利者の事業が全体としてまたは主として他の者の利益のためにまたは他の者のために管理されもしくは支配されもしくは行われる場合，実施権利者が当該経営支配または事業の遂行について実施権許諾者の事前の文書による同意を得た場合を除き，実施権利者に文書による通知を与えて本契約を直ちに解約できる。但し，実施権許諾者による当該同意は，それがもし与えられる場合には，実施権許諾者が要求する各種の条件（但し，ロイヤルティ額がより多くなることはない）に従うことを条件とする。」

次の例は，契約違反や破産・清算等による実施権許諾契約の解約ではなく，許諾対象製品の製品登録に問題が発生して契約を解約する場合についてのものである。

（例）
"In the event that the Health Authorities of the Territory refuse to grant the health registration of the Licensed Product, Licensee shall give full explanation and evidences of this circumstance, including the reasons alleged for such refusal, to Licensor so that Licensor may supply arguments and documentations such as to remove said refusal. In case that the Health Authorities in the Territory should maintain their position, Licensee shall have the right to terminate this Agreement forthwith by giving a written notice of termination of this Agreement to Licensor."

「契約地域の保健当局が契約対象製品について製品登録を拒絶した場合，

第10章　契約期間および契約終了

実施権者は，当該拒絶を取り除くべく反論と資料を実施権許諾者が提供できるように，当該拒絶について主張されている理由を含めて，当該状況についての十分な説明と証拠を実施権許諾者に与える。契約地域の保健当局がその立場を堅持する場合，実施権者は，実施権許諾者に本契約を解約する文書通知を与えて本契約を直ちに解約することができる。」

　次の例は，実施権者が理由のいかんにかかわらず，契約対象化合物および／または契約対象製品の開発，製造，使用または販売を中止する場合における契約の解約について規定している。実施権者は，契約対象化合物および／または契約対象製品の事業化が科学的な理由または経済的な理由のいずれであれ困難であると判断した場合には，実施権許諾者に何らの補償なしに実施権許諾契約を何時でも契約できるようにしておくことを希望するものである。次の例は，実施権者のこのような要望を満たすものといえる。

(例)
"In the event that Licensee should determine and give a written notice to Licensor to discontinue to develop, manufacture, use or sell the Licensed Compound and/or the Licensed Product in any country in the Territory for any reason whatsoever, such country shall be automatically deleted from the Territory as of the date of such notice. In the event that Licensee should determine to discontinue to develop, manufacture, use or sell the Licensed Compound and/or the Licensed Product in all countries in the Territory for any reason whatsoever, Licensee shall be at liberty at any time by notice in writing to terminate this Agreement forthwith except those provisions specifically provided for herein to survive after such termination."

「実施権者が理由の如何を問わず契約地域の何れかの国において契約対象化合物および／または契約対象製品の開発，製造，使用または販売を中止す

ること決定し且つ実施権許諾者に文書で通知した場合，当該国は，当該文書通知の日に本契約から自動的に除外される。実施権者が理由の如何にかかわらず契約地域の全ての国において契約対象化合物および／または契約対象製品の開発，製造，使用または販売を中止すること決定した場合，実施権者は，文書通知によって本契約を何時でも終了する自由を有する。但し，本契約において終了後も存続する旨明確に規定されている規定を除く。」

第3節　契約終了後の権利および義務

　実施権許諾契約が終了するとそれまで実施権許諾契約の下で実施権許諾者および実施権者が有していた権利および義務は当然のこととしてすべて終了してしまう。しかし，実施権許諾契約の終了の後も当然存続すべき規定または存続することが望ましい規定もある。そのような規定を実施権許諾契約の終了後においても存続させるためには，それらの規定が実施権許諾契約終了後においても存続する旨の規定を実施権許諾契約の中に規定しておく必要がある。そのような規定の例としては，技術的情報に関する秘密保持義務，契約期間終了前に発生し契約期間の終了後に支払期限が到来する未払いロイヤルティの支払義務，ロイヤルティ支払計算に関わる帳簿の保存義務，帳簿検査権，契約期間中に発生した事由に由来する損害賠償請求権等に関する規定である。以下に契約終了後の権利・義務に関する規定の例を示す。

(例)
"Termination of this Agreement for any reason shall be without prejudice to:
a) the obligation of confidentiality provided for in Article xx hereof;
b) the Licensor's right to receive all payments of the royalty accrued under Article yy hereof before the effective date of the termination of this Agreement;
c) the Licensor's right of inspecting books and account of Licensee relative to the royalty calculation provided for in Article zz hereof;

d) any other remedies which either party then or thereafter have hereunder or otherwise; and

f) the obligations of Licensee to provide Licensor pursuant to the provision of Article aa hereof with all of the Technical Information obtained before the termination of this Agreement."

「理由の如何を問わず本契約の終了は，以下のことに何らの影響も与えない：

a）本契約の第 xx 条に規定された秘密保持義務；

b）本契約の終了日前に本契約の第 yy 条の規定により発生したロイヤルティの支払いを受け取る実施権許諾者の権利；

c）ロイヤルティ計算に関連する帳票類を検査する本契約の第 zz 条に規定された実施権許諾者の権利；

d）何れかの当事者がその時点もしくはその後に本契約の下でまたはそれ以外において有するその他の救済権；および

f）本契約の第 aa 条の規定に従って実施権者が本契約の終了前に取得した全ての技術的情報を実施権許諾者に提出する実施権者の義務。」

この例の a) 項の『第 xx 条』とは，実施権許諾契約の中で秘密保持義務に関して規定されている条項を指し，b) 項の『第 yy 条』とは，実施権許諾契約の中でロイヤルティ支払いに関して規定する条項を指し，c) 項の『第 zz 条』とは，実施権許諾契約の中で実施権許諾者の帳簿検査権に関して規定する条項を指し，また d) 項の『第 aa 条』とは，実施権許諾契約の中で実施権者がその期間中に取得または開発した技術的情報の実施権許諾者への提供義務に関して規定する条項をそれぞれ指している。

実施権許諾契約の下で相手方から入手した技術的情報に関して，実施権許諾契約の中に『その入手者は，実施権許諾契約の契約期間およびその後一定

の期間（たとえば，5年間），相手方当事者から入手した技術的情報を秘密に保持する義務を負う』旨の規定がある場合，実施権許諾契約が終了したらそのような規定そのものも効力を失うことになるのかという疑問が生じるかも知れないので，念のためにこの例のように，秘密保持義務は，契約終了の後においても効力を有する旨を明記している。しかし，実施権許諾契約の終了時までに発生したロイヤルティの支払い義務は，特に，この例のような規定がない限り，契約終了と同時にその義務も消滅すると考えられる。また，実施権許諾契約の期間中に実施権者が取得または開発した技術的情報の実施権許諾者への提供義務および実施権者の帳簿検査権も，契約の本文中に明確な契約終了後においてもその効力を有する旨の規定がない限り，同様である。実施権許諾者の帳簿検査権は，実施権者によって支払われたロイヤルティについて，その支払いが正確になされたか否かを支払いの後に実施権者の帳票類を検査することによって確かめるものである。したがって，最後のロイヤルティ支払いが実施権許諾契約の終了後になされることもあるから，実施権許諾者は，帳簿検査権を実施権許諾契約の終了後においても保持しておく必要がある。

(例)

"In case of expiration or termination of this Agreement, following provisions shall apply and survive expiration or termination of this Agreement:

a) The expiration or termination of this Agreement shall neither impair the rights of either party nor relieve the obligations of either party which will have accrued prior to the effective date of expiration or termination, provided, however, that Licensee shall not be responsible for payments of any nature arising from such expiration or termination.

b) Licensee shall immediately return the Technical Information to Licensor without any copy and Licensee shall refrain from making use of them in case of earlier termination under Article xx hereof."

第10章　契約期間および契約終了

「本契約の満了または終了の場合，次の規定は，本契約の満了または終了の後においても存続し且つ適用される。
a）本契約の満了または終了は，本契約の満了または終了の有効日以前に発生した各当事者の権利を損なうことはなくまた各当事者の義務を解除するものでない。但し，実施権者は，かかる満了または終了から生じるいかなる性質の支払いに対しても責任を負わない。
b）実施権者は，技術的情報を実施権許諾者にコピーを残すことなく直ちに返還し，且つ実施権者は，第xx条に基づく早期の終了の場合，それらを使用しない。」

　この例のa）項に規定される実施権許諾契約の満了または終了の前に発生した権利および義務の例としては，実施権者の未払いロイヤルティの支払い義務あるいは実施権許諾者の同ロイヤルティを収納する権利，実施権者が購入した契約対象化合物や契約対象製品の未払い代金の支払い義務あるいは実施権許諾者のこれに対する債権等が考えられる。

　この例のb）項に，実施権者は，実施権許諾者に技術的情報を返還しかつ本契約が第xx条に基づき早期に終了した場合，その後これを使用することが禁止されることになっている。　また，この例の実施権許諾契約の第xx条は，一方当事者が破産・清算の状態に陥った場合または契約違反を犯した場合には，他方当事者は契約を終了できる旨の規定である。したがって，実施権者が破産・清算の状態に陥った場合または契約違反を犯した場合に，このb）項が適用されるのは，実施権者にとってもやむを得ないことである。しかし，反対に，実施権許諾者が破産・清算の状態に陥った場合または契約違反を犯した場合においてもこのような規定が実施権者に適用されることになるのは不合理であるようにも思われるが，そのような場合に，契約を解約するか否かについて決定権を持っているのは実施権者であり，その実施権者が契約を解約した場合に，この規定が適用されることになるので，実施権者

がこの規定の適用を望まないなら，実施権者は，実施権許諾契約を解約することなく，損害賠償の請求をすればよいわけであるから，必ずしも不合理とはいえないであろう。

(例)

"(a) Licensee shall not at any time after the termination of this Agreement disclose any third party any Technical Information of confidential nature disclosed to it by Licensor hereunder.

(b) Licensee shall not at any time after termination of this Agreement use any such Technical Information or manufacture or sell any products manufactured in accordance with any such Technical Information.

(c) Upon the termination of this Agreement, Licensor shall have the right to retain any royalties heretofore remitted by Licensee, and shall have the right to receive any such royalties which are accrued but unpaid on the date of such termination.

(d) Upon the termination of this Agreement, Licensee shall, if permissible under the laws of the Territory, transfer to Licensor or an Affiliate of Licensor as Licensor shall designate, all governmental authorizations, permits or licenses which it holds in connection with the Licensed Product."

「(a) 実施権者は，本契約の終了後の如何なる時点においても，実施権許諾者から実施権者へ本契約の下で開示された秘密に属する技術的情報を如何なる第三者にも開示しない。

(b) 実施権者は，本契約終了後の如何なる時点においても，当該技術的情報を使用しないし，また当該技術的情報に基づいて如何なる製品も製造しないし，さらに，当該技術的情報に基づいて製造された如何なる製品も販売しない。

(c) 本契約終了の場合，実施権許諾者は，実施権者がそれまでに送金した

ロイヤルティを保有し続ける権利を有し，また終了日前に発生しいまだ支払われていないロイヤルティを受け取る権利を有する。
　(d) 本契約終了の場合，実施権者は，契約地域の法律によって認められる場合，実施権者が保有する契約対象製品に関する全ての政府承認，許可またはライセンスを実施権許諾者または実施権許諾者の指定するその関係会社に移転する。」

　この例の (b) 項の規定により，実施権者は，契約終了後においては技術的情報を一切使用することができなくなる。日本においてはこのような規定は，当該技術的情報が公知となっているものでない限り，独占禁止法により特に問題となることはないであろう。

　この例の (d) 項に規定される契約対象製品に関する政府の許認可とは，日本では，契約対象製品についての製造販売承認等が考えられる。

　この例における実施権許諾契約では，実施権者が契約違反を犯すかまたは破産・清算の状態に陥らない限り，契約は半永久的に存続し，実施権許諾者は，契約を終了させることができないことになっている。したがって，実施権者が契約違反を犯すかまたは破産・清算の状態に陥って実施権許諾者によって実施権許諾契約が解約されない限り，実施権者は，契約対象製品の販売を継続することができることになり，換言すれば，実施権者が実施権許諾契約を終了させるときは，実施権者が契約対象製品の販売についてすでに興味を失ってしまったときであると言える。したがって，この例のように，実施権許諾契約の終了後に，実施権許諾者から入手した技術的情報を実施権者が使用できなくなってもまた契約対象製品に関する政府の許認可を実施権許諾者またはその関係会社に移転させても実施権者にとって不都合は何もない。しかし，実施権許諾契約が特許と技術的情報（ノウ・ハウ）に基づくものでありまた許諾対象特許の満了と同時に実施権許諾契約が終了することになっ

第3節　契約終了後の権利および義務

ている場合，その終了後においては，この例のように，許諾された技術的情報（ノウ・ハウ）を使用しない旨の規定または契約対象製品に関する政府の許認可を実施権許諾者またはその関係会社に移転する旨の規定が契約中に存在すると，実施権者が契約対象製品をその後も継続的に販売することに興味があっても契約対象製品の販売はできなくなるので実施権者としては十分に注意する必要がある。

　実施権許諾契約は，種々の理由によって，その本来の期間の満了日より前に早期に終了させられることがある。実施権者が契約対象製品の販売のための製品登録を取得する以前に実施権許諾契約が解約される場合もある。このような場合に，実施権者が契約対象化合物および契約対象製品について取得した技術的情報を実施権許諾者は契約地域以外で使用し，またこれをその地域での実施権者に使用させることができる旨の規定はよく見かけるが，実施権許諾者は，実施権者が契約対象化合物および契約対象製品について取得した技術的情報を契約地域内で実施権許諾契約のかかる早期終了後に使用できるかどうかについては明らかでない場合が多い。次の2つの例文は，このような場合についての規定の例である。

(例)
"In the event that this Agreement is terminated by Licensee pursuant to Article xx hereof or by Licensor pursuant to Article yy or zz hereof and Licensor or any of its Affiliates or licensees continue development work and register and market the Licensed Product in the Territory, neither Licensor nor its such Affiliates or licensees shall have any payment obligation to Licensee, provided, however, that in the event Licensee terminates this Agreement pursuant to Article xx hereof, Licensor may, after obtaining written consent of Licensee therefor, make available the Technical Information disclosed to Licensor hereunder, if any, to a subsequent licensee of Licensor in the Territory on the condition that, if such licensee utilizes

such Technical Information in registering and marketing the Licensed Product in the Territory, such licensee shall pay to Licensee the reasonable value of such Technical Information, not in excess of the Licensee's direct cost incurred by it in generating such Technical Information."

　「本契約が本契約の第 xx 条の規定に基づき実施権者によって解約された場合または本契約の第 yy 条もしくは第 zz 条の規定に基づき実施権許諾者によって解約された場合であって且つ実施権許諾者またはその関係会社もしくはライセンシーがその後契約地域において契約対象製品の開発作業を継続し，製品登録を取得しさらに販売をした場合，実施権許諾者およびにその関係会社およびライセンシーは，実施権者に対して何らの支払い義務も有しない。但し，本契約の第 xx 条に基づき実施権者が本契約を解約した場合，実施権許諾者は，実施権者からそれに対する文書による同意を得た後に，実施権許諾者に本契約の下で開示された実施権者の技術的情報を，もし存在すれば，以下の条件の下でその後の実施権許諾者の契約地域でのライセンシーに提供することができる。即ち，当該ライセンシーが当該技術的情報を契約地域での契約対象製品の製品登録および販売に使用した場合，当該ライセンシーは，実施権者が当該技術的情報を取得するに要した直接費を超えない範囲で，対価を実施権者に対して支払う。」

　この例の実施権許諾契約の中の第 xx 条は，実施権者が契約対象化合物または契約対象製品の有効性・安全性等の科学的問題で契約対象化合物および契約対象製品の開発を断念し契約を解約する場合であり，第 yy 条は，一方当事者の破産・清算等により他方当事者が契約を解約する場合であり，また第 zz 条は，一方当事者の契約違反により他方当事者が契約を解約する場合である。

（例）

第3節　契約終了後の権利および義務

"In the event of termination of this Agreement by Licensee pursuant to Article xx hereof, should Licensor elect to employ the Technical Information generated by Licensee hereunder in securing the health registration of the Licensed Product in the Territory, Licensor shall compensate Licensee for its audited out-of-pocket research and development expenses by paying a royalty of four percent (4%) of the Net Sales of the Licensed Product sold by Licensor, its Affiliate or licensee in the Territory for a period of five (5) years following the first launch of the Licensed Product in the Territory but such compensation shall not exceed in aggregate seven million United States dollars (US$ 7,000,000)."

「本契約が本契約の第xx条の規定に基づき実施権者によって解約された場合において，実施権許諾者が契約対象製品の契約地域での製品登録取得のために実施権者によって開発された技術的情報を使用することを選択した場合，実施権許諾者は，監査された実施権者の第三者に支払った研究開発費に対して，実施権許諾者またはその関係会社もしくはライセンシーによって契約地域で販売された契約対象製品の正味販売高の4％に相当するロイヤルティを契約地域での契約対象製品の最初の販売から5年間支払うことによって実施権者に補償する。但し，当該補償は，総額において700万米ドルを超えない。」

この例の実施権許諾契約の第xx条は，実施権者が契約対象製品に関わる経済的または科学的困難性を理由として契約を解約する場合に関する規定である。上記の2つの例文のいずれも，実施権者が科学的または経済的理由により契約対象製品の製品登録のための開発を途中で中止し，その後に実施権許諾者またはその関係会社やライセンシーがそれまでに実施権者が契約対象製品について取得した技術的情報を利用して契約対象製品の製品登録を取得する場合に，実施権者の当該技術的情報を実施権許諾者等が利用したことに対して，実施権許諾者または実施権許諾者の関係会社やライセンシーは実施

権者に対しいかに補償するかの問題に関するものである。

　最初の例では，実施権許諾者が実施権者の開発した技術的情報を実施権許諾者のライセンシーに利用させるには，実施権者の事前同意が必要であり，実施権者が実施権許諾者から補償を受け得る額は，実施権者が当該技術的情報を開発するに要した実施権者の直接費を超えない合理的な額についてであり，また，その支払い方法は一括払いである。この直接費には，実施権者が第三者に支払った費用はもちろんのこと当該技術的情報の開発に直接携わった人の人件費も含まれる。しかし，その人件費等をどのように計算するかについては記載がないので，その計算方法について両者の話し合いが必要となるであろう。

　２番目の例では，実施権許諾者が実施権者の開発した技術的情報を利用するのに，実施権者の事前同意は必要とせず，実施権者が実施権許諾者から補償を受け得る額は，実施権者が当該技術的情報を開発するに要した第三者支払費用のみであり，また，その支払い方法は，５年間のロイヤルティ支払いによってであり，かつその総額も一定額（700万米ドル）を超えないことになっている。

第1節　不可抗力（Force Majeure）

第11章　各種のリーガルクローズ

　実施権許諾契約においても，他の国際的契約の場合と同様に，契約の中で規定される経済的条件や許諾される権利やあるいはそれに伴う義務等とはあまり直接的な関係のない各種の総則的な規定が盛り込まれる。そのような規定は，一般にリーガルクローズといわれ，たとえば，当事者の責めに帰すことが困難な事由が発生し，そのことにより当該当事者が契約上の義務を履行できないような場合に，当事者の契約上の権利および義務をいかに解釈するかを規定する（Force Majeure：不可抗力）；契約に基づき一方当事者から他方当事者に与えられる通知の与え方およびその通知の効力発生時期等を規定する（Notice：通知）；契約をどこの国の法律に従って解釈するかについて規定する（Governing Law：準拠法）；契約上の両当事者間の各種の紛争を解決する方法および紛争解決の手段としての仲裁に関する規定（Dispute Resolution：紛争処理，Arbitration：仲裁）：契約の当事者としての地位や契約上の各種の権利・義務を譲渡できるか否か等について規定する（Assignability：譲渡性）；契約に規定されたことがその契約の内容に関する問題についての両当事者の合意のすべてであり，それ以外の両当事者間の同じ問題に関する約束事や取り決めはすべて無効であり，契約に規定されたことの変更は文書によってのみ可能である旨を規定する（Entire Agreement：完全合意）；契約の当事者に与えられた権利を行使しなかったことが，その権利の放棄とは見なされないし，その後いつでもこれを行使できる旨を規定する（Waiver：放棄）；契約の中の一部の規定が契約地域あるいは実施権許諾者の国の法律または規則に違反することとなる場合に，その規定をどのように取り扱うか等を規定する（Legality：適法性）；契約の各条項等に付したタイトルを契約の解釈上どのように取り扱うかを規定する（Title：標題）等がこれに含まれる。本章では，これらのリーガルクローズについて説明す

303

る。

第1節 不可抗力（Force Majeure）

　実施権許諾契約において各当事者はいろいろな義務を負うことになるが，その義務を履行すべき当事者のコントロールの及ばないような事由によりそれらの義務を履行することができない場合がある。このような場合（不可抗力）においても，当該当事者の義務の不履行を契約違反とすることは，その当事者にとって極めて過酷なことである。したがって，実施権許諾契約においても，他の国際的契約の場合と同様に，そのような場合には，当該当事者の義務の不履行または遅延を契約違反と見なさない旨の規定を置くことが一般的である。この場合に最も問題となるのは，いかなる事由を当事者のコントロールの及ばない事由（不可抗力）として認めるか，また不可抗力の状態が発生した場合における両当事者間の権利・義務はどのようになるかである。以下に不可抗力（Force Majeure）に関する例文を示す。

（例）

"Neither party hereto shall be liable to the other party for any failure or delay in the performance of any of its obligations under this Agreement for the period and to the extent such failure or delay is caused by riots, civil commotions, wars, hostilities, laws, orders, regulation, embargoes, actions by the government or any government agency, acts of God, earthquakes, floods, storms, fires, accidents, explosions, epidemics, quarantine restrictions, or other similar or different contingencies beyond the reasonable control of the respective parties. The party affected shall notify the other in writing of the circumstances within thirty (30) days. If the circumstances of force majeure last longer than six (6) months, the party which has not declared the force majeure shall have the right to cancel this Agreement upon thirty (30) days' prior notice to the other party."

第 1 節　不可抗力（Force Majeure）

「本契約の何れの当事者も，本契約の義務の不履行または履行遅延が暴動，動乱，戦争，戦争行為，法律，命令，規則，禁輸，政府または政府機関による行動，天災，地震，洪水，暴風，火災，事故，爆発，流行病，検疫制限，またはそれぞれの当事者の合理的なコントロールを越えたその他の類似もしくは異なる偶発事件によるものである限りその期間に限って，当該義務の不履行または履行遅延について相手方当事者に対して責任を負わない。影響を受けた当事者は，30日以内にかかる状況を相手方当事者に文書で知らせる。不可抗力の状況が6カ月以上継続する場合，不可抗力を宣言しなかった当事者は，相手方当事者に30日の事前通知を与えて本契約を解約する権利を有する。」

この例では，不可抗力の事態が発生した場合，その影響下にある当事者は，相手方当事者に30日以内にその状況を知らせることになっている。しかし，不可抗力の状況によっては，相手方当事者に通知を与えることもできない可能性があることも考えておくべきであろう。

この例において，不可抗力の具体的な事例が列挙された後に，一般包括的表現（other similar or different contingencies beyond reasonable control of the respective parties）が加えられているが，これによって当事者の意図するところは免責の範囲の全般的な拡大である。しかし，英米法の判例においては，先行して具体的に列挙された事由とその性質において同一であってそこで記載が漏れているものに限り，これに含まれるとするのが一般原則である。

（例）
"No failure or omission by the parties hereto in the performance of any obligation of this Agreement shall be deemed a breach of this Agreement nor create any liability if the same shall arise from any cause or causes beyond the control of the

parties, including but not limited to, the following which, for the purpose of this Agreement, shall be regarded as beyond the control of the party in question; act of God, acts or omissions of any government or any rules, regulations or orders of any governmental authority or any officer, department, agency or instrument thereof; fire, storm, flood, earthquake, accident, acts of the public enemy, war, rebellion, insurrection, riot, invasion, strikes, lockouts or petroleum crisis. The party invoking such force majeure rights of this Article must notify the other party in writing within a period of thirty (30) days, from the first and last day of the force majeure unless the force majeure renders such notification impossible, in which case notification will be made as soon as possible after such cause preventing from notification disappeared."

「本契約の義務の履行における本契約の当事者の不履行または怠慢は，それが当事者のコントロールを越えている事由によって生じた場合，本契約の違反と見做されないし，また何らの責任も生じさせない。以下の事由は，但しこれに限られないが，本契約の目的のためには，当事者のコントロールを越えていると見做される。天災，政府による行動または怠慢，政府の機関，役人，部局，代理人もしくは手先によるルール，規則または命令，火災，暴風，洪水，地震，事故，反動勢力による行動，戦争，反乱，暴動，騒動，侵略，ストライキ，ロックアウトまたは石油危機。本条の不可抗力の権利を求める当事者は，不可抗力の最初および最後の日から30日以内に文書で相手方当事者に知らせなければならない。ただし，不可抗力が当該通知を与えることを不可能にしている場合を除く。この場合，当該通知は，通知を不可能にしている事由が消滅した後できる限り速やかになされる。」

この例では，不可抗力の影響下にある当事者が通知を出せない状況にある場合には，そのような状況がなくなってから通知を出せばよい旨記載されている。また，不可抗力の継続をもって契約の解約が可能であるとはされてい

第1節　不可抗力 (Force Majeure)

ない点において前例とは異なっている。実施権許諾契約の中に不可抗力に関する条項を設けるに際して，その条項に該当するような事由が発生した場合に，それについてどのような効果を持たせるかは，契約の両当事者の話し合いによって決められるものである。たとえば，不可抗力の事由が継続している間は，その影響下にある当事者の契約上の義務の履行は猶予されるが，その事由が消滅したら直ちに義務の履行を要請されるとするか，あるいはその事由が消滅した後一定期間（たとえば，30日間）の経過後に義務の履行が要請されるか，さらには，不可抗力の事由が存在すればその影響を受けている当事者は，そのすべての義務について履行の猶予が認められるとするかそれとも一定の義務については猶予されないとするか（たとえば，金銭債務については，不可抗力の状況にあっても猶予されないとする）等，いろいろな方法が考えられる。しかし，実施権許諾契約は，両当事者間の継続的な契約であることから，不可抗力の場合の取り決めにおいても，このことを前提とした取り決めとすることが好ましいことは言うまでもないことである。

たとえば，金銭債務は，不可効力の状況にあっても猶予されないとするには，前例の ……The party invoking such………from such notification disappeared …… の部分を次のように変更することによって可能となる。

…… The party claiming the benefit of this Article shall give notice to the other promptly after occurrence of an event referred to herein, describing such event, and thereupon shall be excused from the performance of such of its obligations hereunder as it is thereby prevented from performing so long as it is so prevented and for a period of thirty (30) days thereafter; provided, however, that any payment obligations of Licensee hereunder can not be excused by such force majeure…….

「……本条の利益を請求する当事者は，ここに記載された出来事の発生の

後速やかにその出来事を記載して相手方当事者に通知し，そのことによって，その履行が阻害されている本契約の義務の履行がそのように阻害されている期間およびその後30日間免除される。但し，本契約の下での実施権者の支払い義務は，そのような不可抗力によって免除されない。……」

　また，不可抗力の状態が一定期間以上継続する場合には，契約をそのまま継続するか否について問題となる場合もあるであろう。そのような場合には，前例の ……The party invoking such …… from such notification disappeared…… の部分を次のように変更することも考えられる。

……Upon the occurrence of such an event, the obligations of the parties shall be suspended for the duration of the event preventing proper performance hereunder, provided, however, in the event that such suspension shall continue in excess of six (6) months, the parties shall meet and attempt to arrive at a mutually acceptable compromise within the spirit and intent of this Agreement……

「……当該状況の発生の場合，当事者の義務は，本契約の下での適切な履行を阻害している事由の存在する期間停止される。但し，そのような停止が6カ月を越える場合，両当事者は，会談して，本契約の精神と意図の範囲内で相互に受け入れうる妥協点を見つけるよう試みる。……」

　最後に，契約中に不可抗力に関する条項が規定されておらずかつ不可抗力の状態が発生した場合にはどのように解釈されるかという問題があるが，この場合には，契約中で準拠法として記載されている国の法律にどのように規定されているかによって異なることになる。この場合，英米法系の国の法律では，不可抗力は契約の効力に何らの影響も及ぼさない。すなわち，債務者は，履行義務を免れないとするのが一般原則であるが，発生した事由が一定の要件を満たす場合には，契約は消滅し，債務者はその履行を免れることが

ある。一方，日本および大陸法系の国の法律では，不可抗力（後発的履行不能）の場合，契約上の債務者の義務は消滅し，したがって，債務不履行あるいは損害賠償の問題は発生しない。また，契約中に準拠法に関する規定もない場合の解釈については，本章第3節の準拠法を参照されたい。

第2節　通知（Notice）

実施権許諾契約の下で，契約の各当事者は，各種の通知を相手方当事者に与えることが要求されることがある。国際的な契約の場合，そのような通知を相手方当事者のどの住所宛にどのような方法で与え，さらには，その通知が何時の時点で相手方当事者に有効に通知されたとするかは，当事者が互いに国を異にしているだけに大きな問題である。したがって，国際的な実施権許諾契約には，契約上において要求される通知の仕方について一定の規定を設けるのが一般的である。通知に関する条項が契約の中に存在しない場合には，準拠法の定めるところによる。以下に，通知（notice）についての例文を示す。

(例)

"Any notice required or permitted to be given under this Agreement shall be deemed to have been sufficiently given if airmailed by the registered letter, postage prepaid, addressed to the party to be notified at its address stated in this Agreement, or at such address as may hereafter be provided in writing to the notifying party."

「本契約の下で与えられることが要求されるまたは認められる通知は，書留航空郵便で切手を貼り通知を受ける当事者の本契約に記載された住所宛にまたは通知を出す当事者にその後文書で知らされた住所宛に与えられた場合，有効に与えられたものと見做される。」

この例では，通知の宛先および通知を与える方法について記載されている。さらに，当該通知は，それを書留航空郵便に付した時に相手方に与えられたものと見なされる旨記載されている。しかし，郵便が万一相手方に到達しなかった場合には，どのように解釈すればよいのであろうか。通知を与えた側は，本条に規定される方法で通知を出せば，本条の規定により，通知は有効に与えられたと考えるであろうが，通知を受ける側は，通知を実際に受け取っていないので，相手が通知を出したことすら知らない可能性があるにもかかわらず，通知は有効に与えられたと見なされるのでは大変困ることになる。この点，この規定は，本文中に（…… shall be deemed ……）と記載されているので，あくまでも見なし規定である。したがって，通知が相手方に実際に到達していないことを相手方が証明した場合には，通知は有効に与えられたとは見なされない。しかし，通知が到達していないことの証明は必ずしも容易ではないということも留意しておく必要があろう。

(例)
"Any notice required or permitted to be given under this Agreement shall be mailed by registered or certified airmail, postage prepaid, addressed to the party to be notified at its address stated below or at such address as may be furnished in writing to the notifying party. Any such notice shall be deemed to have been given when received by the party or within ten (10) days after the date of mailing, unless there is clear evidence to the contrary.

　If to Licensor;
　　(address of Licensor)
　　Attention : (name and title)

　If to Licensee:
　　(address of Licensee)
　　Attention : (name and title)"

第 2 節　通知（Notice）

「本契約の下で与えることが要求されるまたは認められる通知は，書留航空郵便または証明付航空郵便で切手を貼って通知を受ける当事者の下記の住所宛にまたは通知を出す当事者にその後文書で知らされたその他の住所に郵送される。当該通知は，相手方当事者によって受け取られた時にまたは郵便に付した日から10日以内に与えられたものと見做される。但し，これに反する明確な証拠が存在する場合は，この限りでない。

　実施権許諾者宛：
　　（実施権許諾者の住所）
　　担当者（名前およびタイトル）

　実施権者宛；
　　（実施権者の住所）
　　担当者（名前およびタイトル）」

この例においても，通知が実際に相手方に到達した場合は，それが郵便に付してから10日以上経った後であっても特に問題はないであろう。すなわち，郵便を受け取った日を証明することは，比較的簡単であるから，郵便発送の日から10日以上経過した後に郵便が相手方に到達しても，実際に相手方がそれを受け取った日を証明すれば，その日が通知がなされた日となるからである。しかし，通知を受け取る側の当事者が通知を実際に受け取っていない場合でも，通知が郵便に付された日から10日以内に通知がなされたと見なすことになっているのは多少問題があるように思われる。もちろん，これは証明の問題であるが，通知を受け取ったことの証明は簡単であるが，通知を受け取っていないことの証明は容易なことではないからである。このような問題を避ける方法としては，この例の ......Any such notice shall......, unless there is clear evidence to the contrary...... の部分を次のように変更することが考えられる。

311

第11章　各種のリーガルクローズ

......Any such notice shall be deemed to have been received when it has been delivered in the ordinary course of post......

「……当該通知は，それが通常の郵便により配達された時に受け取られたものと見做される。……」

(例)

"Any notice required to be given under this Agreement shall be considered properly served if it is sent by registered airmail or by telex or by facsimile to the address of the relevant party indicated at the beginning of this Agreement or to such other address as the addressee shall have furnished in writing to the addressor. Any notice so served shall be deemed to have been served at the time of its dispatch."

「本契約の下で与えられることが要求される通知は，それが書留航空郵便，テレックス，またはファクシミリで本契約の冒頭に記載された当該当事者の住所宛または受信人が文書で発信人に与えたその他の住所宛に送られた場合，適切になされたものと見做される。そのようになされた通知は，その発送の時になされたものと見做される。」

この例では，テレックスおよびファクシミリも通知の手段として認めている。現在においては，テレックスはほとんど使用されておらず，過去の遺物となっているように思われるが，テレックスの場合には，先方に到達したか否かをアンサーバックで発信人側において確認できるが，ファクシミリの場合には，発信人側で確かに受信人の所へ明瞭な形で送られたか否か確認することが困難であること，および受信人側で受け取っていないことの証明が困難であることを考えると，この例のように，それが発信された時に通知が有効になされたものと見なすことに問題なしともいえないが，最近の何事にも

第 2 節 通知（Notice）

スピードを要求される時代にあっては，このような規定を置くことが多くなっているようである。

(例)
"Any notice required or permitted to be given under this Agreement shall be sent by registered or certified airmail, postage prepaid, international cable or facsimile transmission or telex to the last provided address of the parties. Any notice required or permitted to be given concerning this Agreement shall be effective upon receipt or refusal thereof by the party to whom it is addressed."

「本契約の下で与えられることが要求されるまたは認められる通知は，切手を貼った書留航空郵便もしくは証明付航空郵便，または国際電報もしくはファクシミリ，またはテレックスによって当事者の最後に与えられた住所宛に送られる。本契約に関して与えることが要求されるまたは認められる通知は，それが宛てられた当事者によって受け取られた時またはその受け取りを拒絶された時に有効となる。」

この例では，郵便，ファクシミリおよびテレックスの他に電報も通知の手段として加えられている。また，通知の効力発生時点は，受取人が通知を受け取った時またはその受け取りを拒絶した時である。

また，最近においては，国際的なクーリエサービスを利用した通信も盛んに行われるようになったことから，最近の契約においては，このサービスを利用して通知することも含められている場合がある。

(例)
"All notices or other communications required or permitted to be given hereunder shall be in writing and delivered personally or by facsimile transmission (and

313

promptly confirmed by personal delivery, registered or certified airmail or courier), mailed by registered or certified air mail (return receipt requested), postage prepaid, or sent by internationally recognized courier service, addressed as follows:

 If to Licensor:

  Address:

  Attention:

  Telephone No.

  Fax No.

 If to Licensee:

  Address:

  Attention:

  Telephone No.

  Fax No.

or to such other address as the party to whom notice is to be given may have furnished to the other party in writing in accordance herewith. Any such communication shall be deemed to have been given (a) when delivered, if personally delivered or sent by facsimile transmission on a business day; (b) on the business day after dispatch, if sent by internationally recognized courier; and (c) on the third business day following the date of mailing, if sent by mail."

「本契約の下で与えられることが要求されるまたは認められる通知および連絡は，文書で且つ個人的に届けられるかまたはファクシミリで送られるか（且つ個人的に届けられるか，書留もしくは証明付航空郵便またはクーリエで速やかに確認される），切手を貼った（受取証明付の）書留もしくは証明付航空郵便で郵送されるか，または国際的に認められたクーリエサービスによって下記の住所宛に，

実施権許諾者宛：
　（実施権許諾者の住所）：
　担当者：
　電話番号：
　ファクス番号：

実施権者宛：
　（実施権者の住所）：
　担当者：
　電話番号：
　ファクス番号：

または本条の規定に従って通知が与えられる当事者に他方当事者から文書で知らされたその他の住所宛に送られる。当該通知は，(a) 個人的に届けられた場合または営業日にファクシミリで送られた場合には，届けられた時に，(b) 国際的に認知されたクーリエサービスで送られた場合には，送られた後の営業日に，(c) 郵便で送られた場合には，郵便に付された日の後の第3日目に，それぞれ送られたものと見做される。」

　契約中に通知に関する規定が存在しない場合には，準拠法の規定によることとなる。この場合，英米法は，原則が発信主義であるので，発信した時に通知は有効になされたこととなり，その効力を生じる。

第3節　準拠法（Governing Law）

　実施権許諾契約には，両当事者の合意事項が記載されるわけである。したがって，実施権許諾契約に関して疑義が生じた場合には，当然その実施権許諾契約の条項に従って解明あるいは解釈される。しかし，実施権許諾契約においてすべての事項に関して規定しておくことは到底できるものではない。

そこで，実施権許諾契約には，考え得る事柄のうち，重大な事項および契約の当事者の権利義務に直接関係する事項について規定するにとどめ，それ以外の事項に関しては，また実施権許諾契約の解釈等で疑義が生じた場合には，両当事者が合意して実施権許諾契約中に指定した特定国の法律に従って解釈するようにするのが一般的である。このように，契約の解釈に関して，特定の国の法律に準拠する旨を規定している条項が準拠法（Governing law）条項である。準拠法条項を実施権許諾契約の中に設けるか否かは，もちろん，両当事者の自由であるが，準拠法についても，両当事者の合意事項として実施権許諾契約の中に記載しておくことは，将来の両当事者間の紛争を未然に防ぐという意味からも重要である。両当事者が準拠法を決めるに際して，それぞれの当事者が自国の法律を準拠法にしたいと考えるのは当然のことであろう。自国の法律であれば理解も容易であるし，何にもまして最も慣れ親しんだものだからである。しかし，契約の両当事者が準拠法として自国の法律を共に強硬に主張して譲らなければ，準拠法について両当事者間で合意を見ることはできないことになる。このような場合に，両当事当者の自国の法律以外の両当事者にとって受け入れられる第三国の法律を準拠法とすることもあるが，しかし，これは稀な場合であると思われる。実際の実施権許諾契約において，実施権許諾者の国の法律を準拠法とする場合と実施権者の国の法律を準拠法とする場合のいずれが多いかについて特に統計があるわけではないので必ずしも明らかではないが，実施権許諾契約の交渉においては，実施権許諾者が一般に有利な立場に立つことが多いので，実施権許諾者の国の法律を準拠法とする場合が多いのではないかと思われる。しかし，実施権許諾契約の中で予定されている多くの活動は実施権者によって行われるので，実施権者の国の法律を準拠法とする方がより現実的であるとも考えられる。

(例)

"This Agreement shall be governed and interpreted under the laws of Japan."

第3節　準拠法 (Governing Law)

「本契約は，日本の法律によって支配され，且つ解釈される。」

(例)
"This Agreement is deemed to have been made under and shall be construed in accordance with the laws of Japan."

「本契約は，日本の法律に従って作成されたものと見做され，また日本の法律に従って解釈される。」

(例)
"The construction, validity and performance of this Agreement shall be governed in all respects by the laws of England."

「本契約の解釈，有効性および履行は，全ての面においてイギリスの法律によって支配される。」

　実施権許諾契約の準拠法が実施権許諾者の国の法律に従って解釈される旨実施権許諾契約の中に規定されていても，契約地域で成立している許諾対象特許を実施権許諾者の国の法律（特許法）に基づいて解釈することはできない。契約地域の国で成立している許諾対象特許の解釈は，その国の特許法に従って解釈する必要がある。したがって，実施権許諾契約の解釈が実施権許諾者の国の法律に従って解釈される場合でも，許諾対象特許の解釈については，現実的に契約地域の当該許諾対象特許が成立している国の特許法に従って解釈されることになる。

(例)
"All matters affecting the interpretation, validity, and performance of this Agreement shall be governed by the laws of Japan, but the scope and validity of the

Licensed Patents in a specific country shall be governed by the applicable laws of the country granting the patent in question."

「本契約の解釈,有効性および履行に関わる全ての問題は,日本の法律に支配される。ただし,特定国での実施権許諾者の特許の有効性および範囲は,当該特許が認められた国において適用される法律に支配される。」

また,契約中に準拠法について規定が存在する場合でも,その準拠法として指定された法律が適用されるのは,契約の解釈,成立,履行等に関してのみであり,当該契約に関して訴訟が提起された場合の訴訟手続などは,訴訟が提起された地の法律が適用され,この面での準拠法は関係がない。

契約中に規定された準拠法が問題とされるのは,当該契約に関連して両当事者間に紛争が発生した場合である。紛争の解決方法としては,国際商事仲裁による場合と訴訟による場合とがある。訴訟によって紛争を解決する場合,当該訴訟を提起された裁判所は,その所在地の国の国内法の規定に従って当該契約に適用される契約準拠法を決定し,その法律に従って裁判を行うことになる。この場合,契約の両当事者が合意した準拠法がそのまま契約準拠法として認められない場合があるので注意を要する。

各国の国際私法において,契約準拠法の決定の仕方について客観主義をとる国では,当事者の意思とは無関係にその国の国際私法の定めに従って契約準拠法が決められる。また,その決定の方法として,締結地法主義(スイス等),履行地法主義(中南米諸国),債務者の本国法主義等がある。契約準拠法の決定の仕方において主観主義をとる国(ドイツ,日本,英国,フランス等)では,契約の準拠法としては,両当事者によって契約において指定されたものが契約準拠法となる。

第4節 譲渡性（Assignability）

　実施権許諾契約の当事者にとって，実施権許諾契約そのものまたはその中の権利もしくは義務が一方の当事者によって勝手に譲渡することが可能であるとした場合，相手方当事者に思わぬ損害を及ぼすことがある。特に，実施権許諾者は，自分の製品についての実施権者を選択するに際して，相手方の同類製品についての開発力や販売力を考慮して実施権者を選ぶのが一般的である。したがって，いったん選んだ実施権者が実施権許諾者に無断で実施権許諾契約を第三者に譲渡することができることになれば，実施権許諾者は思わぬ損害を被る可能性がある。したがって，実施権許諾契約には，実施権許諾契約またはその中の権利および義務を譲渡することの可否および譲渡する場合の手続についての規定を設けることが多い。以下において，譲渡性（Assignability）に関する例文を示す。

（例）
"This Agreement and the rights herein granted shall be binding upon and inure to the benefit of the successors or interest of the respective parties. Neither this Agreement nor any interest hereunder shall be assignable by either party without the written consent of the other party which consent shall be withheld within the sole discretion of such party."

　「本契約および本契約の中で許諾された権利は，各当事者の承継者および利害関係者を拘束し且つその利益に帰する。本契約および本契約の下での利権は，相手方当事者の文書による同意なしには何れの当事者によっても譲渡されない。当該同意は，専ら相手方当事者の裁量によって差し控えることができる。」

　実施権許諾契約または実施権許諾契約の中で認められた権利の一方当事者

による譲渡は，相手方当事者に重大な影響を及ぼすことがある。したがって，このような実施権許諾契約または実施権許諾契約の中で認められた権利を譲渡する場合は，相手方当事者の同意を必要とする場合が多い。

(例)
"Neither party may assign this Agreement or right granted hereunder in whole or in part without the written consent of the other party except to a successor to or assignee of all or substantially all of the pharmaceutical interests, assets and goodwill of the assigning party,"

「何れの当事者も本契約または本契約の下で許諾された権利の全部または一部を相手方の文書による同意なしに譲渡し得ない。但し，譲渡しようとする当事者の医薬品に関わる利権，資産および暖簾の全てまたは実質的に全ての相続人または譲受人に対してはこの限りでない。」

この例の但し書の部分は，営業譲渡に関するものである。営業譲渡の場合，それぞれの資産について個別的に譲渡行為が必要であるから，相手方の同意が必要であるとした場合，営業譲渡ができなくなることがある。したがって，営業譲渡に限ってこのように例外扱いとする場合がある。

(例)
"This Agreement is personal to Licensee and neither this Agreement nor any particular rights or obligations hereunder may be assigned by Licensee without the prior written consent of Licensor."

「本契約は，実施権者の個人的なものであり，また本契約および本契約の下での如何なる権利または義務も実施権許諾者の事前の文書による同意なしには実施権者によって譲渡され得ない。」

第5節　紛争解決（Dispute Resolution）および仲裁（Arbitration）

　この例は，実施権者の譲渡についてのみ規制するものであり，実施権許諾者の意図が強く出ている規定であるといえる。

(例)

"Neither this Agreement nor any of the rights and obligations arising hereunder may be assigned or transferred in whole or in part to any third party by a party hereto without the prior written consent of the other party, and any attempted assignment in violation of this Article shall be void."

「本契約の当事者は，本契約および本契約の下で発生するいかなる権利および義務の全部または一部をも相手方当事者の事前の文書による同意なしに譲渡または移転することができない。本条に違反する如何なる譲渡の試みも無効である。」

　この例のように，契約の中で契約の移転を禁止していても，契約の一方当事者が他の法人と合併する場合には，当該当事者の契約上の権利および義務は，日本法が適用法となる場合，包括的に合併後の法人に法律の規定により移転することとなる（ただし，日本法以外の法律が適用される場合は，当該適用法国の法制度のもとで，合併により契約上の権利および義務が合併後の法人へ包括的に移転するか検討を要する）。したがって，この問題は，契約上の権利義務の譲渡禁止条項では対処しえない。これを回避する方法としては，当事者の一方が合併する場合には，相手方当事者は，契約を解約できるとしておくことであろう。

第5節　紛争解決（Dispute Resolution）および仲裁（Arbitration）

　実施権許諾契約の解釈について疑義が発生した場合あるいは実施権許諾契約に関連して紛争が発生した場合，それを解決する方法としては，まず両当

321

事者で話し合って解決することが最も望ましいことは言うまでもないことである。しかし，両当事者間の話し合いでどうしても解決できない場合には，訴訟で決着をつけるかまたは国際商事仲裁によって紛争の解決を図ることになる。すなわち，仲裁は，両当事者間の紛争解決の一手段である。同じ紛争解決の手段であっても，訴訟によって紛争を解決する場合，当事者のいずれかが裁判所に対して訴訟を提起する必要があるが，訴訟の提起そのものに相手方の同意は必要でない。

　しかし，仲裁による紛争解決の場合には，紛争を仲裁によって解決することについて両者の合意が必要となる。したがって，実施権許諾契約に関わる紛争は，可能な限り両当事者の話し合いによって解決するよう努めるが両当事者間の話し合いで紛争の解決ができない場合，紛争が発生してから仲裁でその紛争を解決することの合意をするのではなく，当該紛争をすべて仲裁で解決するあるいは仲裁によって解決することができる旨をあらかじめ実施権許諾契約の中に規定しておくことがある。

　紛争解決の手段としては，訴訟によるよりも仲裁による方が迅速でありまた費用も安いと一般的にいわれている。しかし，仲裁で紛争の解決を図る場合でも，裁判の場合と同様に，弁護士を必要とするであろうし，また仲裁によって得られた判断をさらに裁判で争うことにでもなれば，初めから裁判で争った方が時間的にも早くまた費用的にも安いということも考えられるので，一概に仲裁の方が紛争解決の手段として迅速でありまた費用も安いとはいえないであろう。仲裁の利点としては，上記の迅速でありまた費用的にも安い可能性があるという以外に，仲裁が非公開で行われるので，その秘密保持ができること，および仲裁判断について外国での執行が容易である等が挙げられる。

　国際的な商事紛争を国際商事仲裁により解決する方法としては，国際商事

第5節 紛争解決 (Dispute Resolution) および仲裁 (Arbitration)

仲裁機関を利用する方法と国際商事仲裁機関を利用しない方法とがある。また，国際商事仲裁機関を利用する場合でも，一般に公開された常設の国際商事仲裁機関による場合と標準書式を制定している業界団体の仲裁機関による場合とがある。さらに，国際商事仲裁機関を利用しない方法の場合，既存の仲裁規則による場合と既存の仲裁規則によらず，当事者が契約中に定めた仲裁手続規定による場合とがある。

国際商事仲裁機関としては，国際商業会議所 (International Chamber of Commerce)，ロンドン国際仲裁裁判所 (London Court of International Arbitration)，アメリカ仲裁協会 (American Arbitration Association) 等がある。また，これらの国際商事仲裁機関は，その仲裁規則を公表し，さらに，モデル仲裁条項も公表している。以下に，紛争解決 (Dispute Resolution) および仲裁 (Arbitration) に関する例文を示す。

(例)
"All disputes, controversies or differences which may arise between the parties hereto, out of or in relation to or in connection with this Agreement or for the breach thereof, shall be submitted for arbitration by one or more arbitrators under the Rule of Conciliation and Arbitration of the International Chamber of Commerce. Such arbitration shall be held in New York (U. S. A) if requested by Licensor or in Tokyo (Japan), if requested by Licensee. The award to be rendered shall be final and binding upon the parties."

「本契約または本契約違反に関して両当事者間に発生する全ての紛争，論争および意見の相違は，国際商業会議所の調停および仲裁に関する規則に従って1人またはそれ以上の仲裁人による仲裁に付される。当該仲裁は，実施権許諾者によって要求された場合には，ニューヨーク（アメリカ合衆国）において，また実施権者によって要求された場合には，東京（日本）において

開催される。裁定の結果は，最終的なものであり且つ両当事者を拘束する。」

　この例の実施権許諾契約は，実施権許諾者が日本の会社で，実施権者がアメリカ合衆国の会社の場合である。この例の規定によると，両当事者間の本契約に関わるすべての紛争は，仲裁によって解決されることになり，さらに，実施権許諾者（日本の会社）が仲裁を要求した場合，仲裁がニューヨークで行われ，また実施権者（アメリカの会社）が要求した場合，仲裁は東京でそれぞれ行われることになる。すなわち，この規定によれば，契約の各当事者は，仲裁を要求した場合，相手方の国で仲裁を行う必要がある。各当事者の一般的心理として，仲裁を相手方当事者の国で行うことはできるだけ避けたいと思うものであるから，各当事者は，できるだけ仲裁を避けて話し合いによって紛争の解決を図るように努力するであろうと考えられる。この例の規定は，その意味において，紛争をできるだけ話し合いによって解決するように作用する効果を持っているといえるであろう。また，仲裁によって下された判断は，最終的なものでかつ両当事者を拘束することになっている。しかし，いずれかの当事者が仲裁によって下された裁定に従わない場合には，その裁定をその当事者の国の管轄裁判所に提訴して仲裁の判断について執行判決を得ることが必要となろう。

　外国仲裁判断の承認と執行に関しては，1927年ジュネーブ条約および1958年ニューヨーク条約が存在し，現在では，日本をはじめとして多くの国がこの条約の締約国となって，相手国で出された仲裁判断を自国で執行することを保障している。

(例)
"In case any dispute arises out of this Agreement, the parties shall endeavor to settle such dispute amicably between themselves. In the event that the parties fail to agree, any such dispute shall be finally settled by arbitration according to the

第5節　紛争解決（Dispute Resolution）および仲裁（Arbitration）

Rules of Conciliation and Arbitration of the International Chamber of Commerce. If arbitration is demanded by Licensee such arbitration shall take place in Tokyo (Japan) and if demanded by Licensor in London (England)."

「何らかの紛争が本契約から発生した場合，両当事者は，両者間で当該紛争を友好的に解決すべく努力する。両当事者が合意できなかった場合，当該紛争は，国際商業会議所の調停と仲裁の規定に従って仲裁によって最終的に解決される。仲裁が実施権者によって要求された場合，当該仲裁は，東京（日本）において行われ，また実施権許諾者によって要求された場合，ロンドン（英国）で行われる。」

　これは，実施権許諾者が日本の会社で実施権者が英国の会社である場合の実施権許諾契約の中の仲裁に関する規定の例である。当該実施権許諾契約の中で準拠法は，日本法と規定されている。したがって，この例では，実施権許諾契約の解釈は，日本の法律に従って行われるであろうが，仲裁は，国際商業会議所の調停と仲裁の規定によってなされることになる。また，仲裁が国際商業会議所の調停と仲裁の規則に従ってなされる旨の記載が仲裁条項に示されているにもかかわらず，仲裁地についての指定がない場合には，仲裁地についても同規則に従って決定されることになる。

　また，国際商事仲裁機関を利用する仲裁の場合，それぞれの仲裁機関は，仲裁規則を設けている。その仲裁規則において，契約準拠法について当事者間に合意がある場合には，当事者間で合意した準拠法によることを前提とし，当事者間に準拠法について合意がない場合には，仲裁人が決定できるとしている場合（たとえば，国際商業会議所）と仲裁規則の中に契約準拠法について何らの言及のない場合（たとえば，国際商事仲裁協会）とがある。契約準拠法について何らの言及もない仲裁規則の場合，商事仲裁というものが，特定国の法律に支配されることなく，仲裁人が独自に衡平の原則に従っ

て判断するものであるとの考えによるものである。したがって，契約準拠法は，この場合意味をなさないことになる。仲裁規則の中で契約準拠法に言及している場合の仲裁についての考え方は，仲裁判断がより多くの人々を納得させうる現実的なものであるためには，特定国の法律を手がかりとして仲裁判断がなされるべきであるとの考えによるものである。

(例)

"All disputes arising in connection with this Agreement shall be finally settled under the rules of conciliation and arbitration of the International Chamber of Commerce established in Paris, by one or more arbitrators appointed in accordance with said rules. The parties submit themselves to the said arbitration, renouncing expressly to the law and jurisdiction that applicable to them. If arbitration is demanded by Licensee such arbitration shall take place in Tokyo (Japan) and if demanded by Licensor in New York (U. S. A.). The award shall be final and binding upon the parties hereto and can be enforced by any court of competent jurisdiction. The cost of the arbitration proceeding shall be allocated as directed by the arbitrators."

「本契約に関して生じる全ての紛争は，パリで設立された国際商業会議所の調停と仲裁の規定に従って当該規定に従って任命された1人またはそれ以上の仲裁人によって最終的に解決される。両当事者は，自らに対して適用される法律と管轄権を放棄して前記の仲裁に託する。仲裁が実施権者によって要求された場合，当該仲裁は，東京（日本）で開かれ，また実施権許諾者によって要求された場合は，ニューヨーク（アメリカ合衆国）で開かれる。裁定は，最終的なものであり且つ両当事者を拘束し，さらに，管轄権を有する裁判所によって執行され得る。仲裁手続の費用は，仲裁人の指示により配分される。」

第5節　紛争解決（Dispute Resolution）および仲裁（Arbitration）

　これも，実施権許諾者が日本の会社で実施権者が米国の会社であり，準拠法が，日本法である実施権許諾契約の中の仲裁に関する規定の例である。

(例)

"Any dispute between the parties hereto as to this Agreement shall be settled exclusively by arbitration. Arbitration shall be conducted in the following manner :

a)　Either party may initiate arbitration proceedings by notifying the other party in writing by registered airmail, giving the name of its appointed arbitrator;

b)　Within two (2) months after receipt of such notice, the second party so notified shall in writing by registered airmail notify the first party of the arbitrator appointed by such second party ;

c)　Within two (2) months following their appointment, the aforementioned two (2) arbitrators shall elect a third arbitrator ;

d)　All matters concerning the subject to be arbitrated shall be submitted to the arbitrators as rapidly as possible by the parties hereto, and the findings of majority of the arbitrators shall be final and binding upon the parties ;

e)　The arbitrators shall determine their rules of procedure and manner in which the arbitration expenses shall be borne."

「本契約に関する両当事者間の紛争は，仲裁によって排他的に解決される。仲裁は，下記の方法で行われる：

a) 何れの当事者も他方当事者に書留航空郵便でその指定する仲裁人を通知することにより仲裁手続を開始することができる。

b) 当該通知を受け取ってから2カ月以内に，そのように通知された2番目の当事者は，当該2番目の当事者が選んだ仲裁人を書留航空郵便で第1番目の当事者に通知する。

c) 当該指定から2カ月以内に，前記2人の仲裁人は，3番目の仲裁人を選ぶ。

d) 仲裁に付される事項に関する全ての問題は，当事者によってできるだけ速やかに仲裁人に提出される。また，仲裁人の過半数による裁定は，最終的なものであり且つ当事者を拘束する。
e) 仲裁人は，手続に関する彼らのルールおよび仲裁費用の負担方法を決める。」

　この例では，特定の仲裁機関を用いず，ここに記載された方法に従って仲裁を行うことになる。したがって，ここでは，仲裁人の選任方法，仲裁における裁定の方法，裁定の効果，裁定手続に適用するルール，仲裁費用の負担方法等が記載されている。

(例)
"In the event that any dispute arises between the parties hereto with respect to this Agreement which they are unable to settle between themselves, it shall be settled by arbitration as follows:

Either party may by written notice to the other party appoint an arbitrator. Thereupon within two (2) months after receipt of such notice the other party shall appoint another arbitrator and in default of such second appointment, the arbitrator first appointed shall be the sole arbitrator. The controversy shall be submitted to the two (2) arbitrators thus appointed for resolution. If the two arbitrators can not resolve the controversy, they shall within two (2) months after the second appointment of the arbitrator, jointly appoint a third arbitrator. The controversy shall be submitted to the arbitrators in such manner as they shall direct and their decision or the decision of the majority of them rendered in writing shall be final, conclusive and binding upon the parties and judgment may be entered thereon in any court having jurisdiction. Each party shall pay its own expenses in connection with the arbitration, but the compensation and expense of

第5節　紛争解決（Dispute Resolution）および仲裁（Arbitration）

the arbitrators shall be borne in such manner as may be specified in their decision in writing."

「本契約に関して本契約の両当事者間に両当事者では解決できない紛争が発生した場合，当該紛争は，以下のように仲裁で解決される：

何れの当事者も相手方当事者への文書通知によって仲裁人を指名することができる。相手方当事者は，当該通知を受領した後2カ月以内に，別の仲裁人を指名する。第2番目の仲裁人が指名されない場合，最初に指名された仲裁人が唯一の仲裁人となる。紛争は，そのように指名された2人の仲裁人に解決のために提出される。2人の仲裁人が当該紛争を解決できない場合，第2番目の仲裁人の指名から2カ月以内に，第3番目の仲裁人を2人の仲裁人が共同で指名する。紛争は，仲裁人の指示する方法で仲裁人に提出され，また文書によって出される彼らの決定または彼らの過半数による決定は，最終的且つ決定的であり，さらに，両当事者を拘束する。裁定は，管轄権のある裁判所に持ち込むことができる。各当事者は，仲裁に関する自らの費用を負担する。しかし，仲裁人の補償および費用は，彼等の文書による決定の中で指定された方法で分担される。」

この例も特定の仲裁機関を用いない仲裁に関するものである。この例では，仲裁の開催地および仲裁の手続法が記載されていないのが，これらはすべて仲裁人が決めることになるであろう。

(例)
"(a) The parties will in good faith endeavor to resolve any disputes or differences of interpretation of this Agreement amicably, through dialog and cooperation. In the event a dispute or difference is not promptly resolved at operational levels of the two organizations, the parties will make a good faith effort to achieve an

329

amicable resolution by referring the dispute to a senior business management level at their respective companies. Should the parties fail to reach agreement within thirty (30) days of the initiation of the dispute resolution process (or such longer period as such representatives may agree in writing), then formal proceedings for the resolution of a dispute may be commenced in accordance with arbitration separately specified. The results of such arbitration proceedings shall be binding upon the parties, and judgment may be entered upon the arbitration award in any court having jurisdiction thereof.

(b) Notwithstanding the provisions of this Section, either party may resort to judicial proceedings if (i) interim or injunctive relief from a court is necessary to prevent material and irreparable injury to one party or to third parties ; (ii) it is necessary to prevent or stop a breach of any confidentiality provision or Intellectual Property rights set forth in this Agreement; or (iii) it is necessary to avoid the expiration of any applicable statute of limitations."

「(a) 両当事者は，本契約についての紛争または解釈の相違を対話と協力によって友好的に解決するよう誠実に努力する。紛争または相違が2つの組織の担当者レベルでの解決が速やかになされない場合，両当事者は，それぞれの会社の経営陣に紛争を委ねて友好的な解決を図るよう誠実に努力する。両当事者が，紛争解決のプロセスの開始から30日（または，そのような代表者が文書で合意したより長い期間）以内に合意に至らなかった場合，紛争解決のための正式な手続が別途規定される仲裁によって開始される。仲裁手続による結果は，両当事者を拘束し，また，仲裁裁定は，当該裁定に対して管轄権を持つ裁判所に提訴できる。

(b) 本条の規定にかかわらず，何れの当事者も次の場合司法的手続を求めることができる。(i) 裁判所による仮処分決定または救済が一方当事者または第三者の重大且つ回復しがたい損害を防ぐためには必要である場合, (ii) 本契約に規定された秘密保持規定または工業所有権の違反を阻止また

は中止するために必要な場合，または（iii）制限の適用状態が終了することを避けるために必要な場合。」

第6節　完全合意（Entire Agreement）

　実施権許諾契約の両当事者は，その交渉の過程でいろいろの取り決めや約束を交わすことがある。そのような取り決めおよび約束は，文書でなされることもあればまた単に口頭でなされることもある。たとえば，実施権許諾契約の締結に至るまでに，Letter of Intent を締結し，その中で将来締結することを予定している実施権許諾契約の内容についていろいろのことを規定する場合もあるであろうし，さらに Option Agreement を締結し，その中で将来締結する予定の実施権許諾契約の各種の条件について規定することもあるであろう。また，実施権許諾契約の締結前になされたこれらの取り決めおよび約束が実施権許諾契約の内容と異なることも考えられる。このような場合に，実施権許諾契約の中に規定されていることが実施権許諾契約の対象となる問題に関するすべての両者間の合意であり，それ以前の両者間の取り決めおよび約束は，すべて無効である旨を規定するのが完全合意（Entire Agreement）条項である。実施権許諾契約が，当該実施権許諾契約の対象に関する両当事者間のすべての合意事項を含むものであって，かつ，当該実施権許諾契約が，それ以前の当該実施権許諾契約の対象に関する両当事者間の合意や取り決めに取って替わるのであるということは，当該実施権許諾契約以外には当該実施権許諾契約の対象に関する両当事者間の合意や取り決めはもちろん存在しないことになる。そこで，当然の問題として，当該実施権許諾契約を修正または変更する場合にはどのようにすればよいかという問題が発生する。したがって，完全合意条項には，当該実施権許諾契約を修正または変更する場合の手続も含んでいるのが一般的である。完全合意条項に関する例文を以下に示す。

（例）

"This Agreement represents the complete and final understanding of the parties hereto and replaces and supersedes all previously existing agreements and arrangements between parties relating to the subject matter hereof. This Agreement may be amended, modified or altered only by an instrument in writing duly executed by the parties hereto."

「本契約は，本契約の両当事者の完全且つ最終の理解を表明するものであり，本契約の対象に関する両当事者間のそれ以前に存在していた全ての合意および取り決めに取って替わるものである。本契約は，本契約の両当事者によって真正に締結された文書によってのみ変更される。」

この規定が適用されるのは，この例の中に規定されているように，本契約の対象，すなわち，実施権許諾契約の対象となっている問題についてのみであり，実施権許諾契約の対象とならないような問題に関する両当事者間のそれ以前の合意や取り決めまで取り消したり無効にしたりするものではない。

(例)
"This Agreement contains the entire understanding between the parties hereto with respect to the subject matter hereof and shall not be modified, except when confirmed in writing by the parties."

「本契約は，本契約の対象に関する本契約の両当事者間の全ての理解を含むものであり，また，両当事者によって文書で確認された場合を除き，変更されない。」

(例)
"This Agreement contains the entire understanding between the parties hereto and supersedes any and all prior negotiations, correspondences, understandings

第 6 節　完全合意（Entire Agreement）

and agreements between the parties with respect to the subject matter hereof and shall not be modified, except when confirmed in writing by the parties hereto."

「本契約は，本契約の対象に関する両当事者間の全ての理解を含むものであり，本契約の対象に関する両当事者間の以前の全ての交渉，往復書簡，理解および合意に取って替わるものであり，また，本契約の両当事者によって文書で確認された場合を除き，変更されない。」

(例)
"It is the mutual desire and intent of the parties to provide certainty as to their future rights and remedies against each other by defining the extent of their mutual undertakings as provided herein. The parties have incorporated all representations, warranties, covenants, commitments, and understandings on which they have relied in entering into this Agreement and, except as provided for herein, neither party has made any covenant or other commitment to the other concerning its future action. Accordingly, this Agreement constitutes the entire agreement and understanding between the parties with respect to the matters contained herein, and there are no promises, representations, condition, provision, or terms related thereto other than those set forth in this Agreement, and representation between the parties, written or oral relating to the subject matter hereof. The parties hereto may from time to time during the continuance of this Agreement modify, vary or alter any of the provisions of this Agreement, but only by an instrument duly executed by all parties hereto."

「本契約に規定されるように，当事者の相互の理解の程度を規定することによって，それぞれの当事者の相手方当事者に対する将来における権利および救済に関して明確に規定することが当事者の相互の希望でありまた意図でもある。両当事者は，本契約を締結するに際してそれぞれが根拠とした全て

の表明，保証，誓約，責任および理解を盛り込んだ。本契約において規定される場合を除き，何れの当事者も将来の行動に関して，他方当事者に対して誓約または約束をしたものではない。したがって，本契約は，本契約の対象に関する両当事者間の全ての合意および理解を構成するものであり，且つ本契約に規定されたもの以外，本契約に関連する約束，表明，条件，規定または期間，および本契約の対象に関する文書もしくは口頭による両当事者間の表明は存在しない。本契約の両当事者は，本契約の期間中随時，本契約の規定を修正，変更または変えることができるが，本契約の全当事者によって文書で締結されることを要する。」

第7節　その他のリーガルクローズ

今までに述べられた6種のリーガルクローズ以外にも国際的実施権許諾契約において登場するいくつかのリーガルクローズが存在する。それらのリーガルクローズについて以下に簡単に触れる。

a) 放棄 (Waiver)

実施権許諾契約の一方当事者が当該実施権許諾契約の下で有する権利を何らかの理由で一定期間内に行使しなかった場合，たとえば，契約違反をした相手方当事者に対して当該契約違反の是正を一定期間内に求めなかった場合，その一定期間内に行使しなかった権利は将来何時でも行使できるのか疑問であるが，このような問題について規定するのが放棄 (Waiver) の条項である。放棄に関する条項の例文を以下に示す。

(例)

"The failure on the part of Licensor or Licensee to exercise or enforce any rights conferred upon it hereunder shall not be deemed to be a waiver of any such rights nor operate to bar the exercise or enforcement thereof at any time or times thereafter."

「実施権許諾者または実施権者が本契約の下で実施権許諾者または実施権者に与えられた権利を実施または行使しなかったことが当該権利の放棄とは見做されないし、また、それをその後に実施または行使することの妨げとはならない。」

b）適法性（Legality）

実施権許諾契約の中の特定の規定が契約地域の国または実施権許諾者の国の法律に違反することとなる場合、いかに対処するか問題となる。すなわち、違法な条項を含む当該実施権許諾契約自体を無効なものとして取り扱うのか、または当該違法な条項のみを無効なものとしてそれ以外のものは有効なものとして取り扱うか等が問題となる。これらの問題に対する対応を規定するのが適法性（Legality）の条項である。適法性に関する条項の例文を以下に示す。

（例）
"In the event that any provision of this Agreement shall contravene the laws and/or regulations whatsoever of any country in the Territory or in the country of the Licensor, the parties shall immediately meet in order to agree any necessary amendments, provided that any provision thereby rendered unenforceable shall in no way affect the validity of this Agreement."

「本契約の何れかの規定が契約地域の何れかの国または実施権許諾者の国の何れかの法律および／または規則に違反する場合、両当事者は、必要な修正について合意するために直ちに会談する。ただし、履行不能と判断された当該規定は、本契約の有効性に何ら影響しない。」

次の例は、管轄権を有する裁判所によって無効または履行不可と判断されたような規定が、一方当事者にとって当該規定が存在しないのであれば契約

そのものの存在意義がないと思われるような規定である場合には，両当事者で協議して，当該規定を裁判所の要求および当該当事者の期待に沿うような形に変更することが規定されている。

(例)

"Any provision of this Agreement which is held invalid or unenforceable by any court having jurisdiction over this Agreement or over the parties hereto, shall be severed from this Agreement, and such provision shall not affect the validity or enforceability of any other provision of this Agreement, provided, however, that, if such provision so severed is of such importance to either party hereto that it does not wish to continue this Agreement in the absence of the provision, the parties hereto shall discuss in good faith and determine what changes shall be made to the provision to meet the requirement of such court and the reasonable expectations of the party to whom the provision is of such importance."

「本契約または本契約の当事者に対して管轄権のある裁判所によって無効または履行不可と判断された本契約の規定は，本契約から分離され，また，当該規定は，本契約の他の規定の有効性または履行性に影響を与えない。但し，そのように分離された規定が本契約の何れかの当事者にとって当該規定が存在しないのであれば本契約の継続を希望しない程に重要なものである場合，本契約の当事者は，誠実に協議し，当該裁判所の要求および当該規定がそのように重要である当事者の合理的な期待に沿う規定とするためには如何なる変更がなされるべきかについて決定する。」

c) 標題 (Captions or Titles)

実施権許諾契約の標題あるいは実施許諾契約の各条項の後の各種の標題は，契約の解釈において何らかの意味を有するか否かの問題がある。この問題については，標題 (Captions or Titles) 条項に規定されている。標題に

関する例文を以下に示す。

(例)
"The caption of this Agreement are illustrative only and shall not be used in the construction and/or interpretation of this Agreement."

「本契約の標題は，説明用のものであり，本契約の構成および／または解釈には使用されない。」

(例)
"It is agreed that the marginal headings appearing at the beginning of the numbered Articles hereof have been inserted for convenience only and do not constitute any part of this Agreement."

「本契約の番号を付された各条の始めに出てくる欄外の標題は，便宜のためのみに挿入されたものであり，本契約の如何なる部分も構成しない。」

d) 言語 (Language)
　実施権許諾契約を英語で作成する場合でも，日本語の訳文を同時に作成することがある。また，同じ実施権許諾契約を英語と日本語の両方で作成する場合もある。このような場合に，英語と日本語の実施権許諾契約において解釈が異なる場合，英語と日本語のどちらの解釈を採用するか問題となる。このような問題について規定するのが契約言語（Language）の条項である。契約言語に関する条項の例文を以下に示す。

(例)
"This Agreement shall be executed in the English language. No translation, if any, of this Agreement into Japanese or any other language shall be of any force or

effect in the interpretation of this Agreement or in determination of the intent of either of the parties hereto."

「本契約は，英語で締結される。日本語またはその他の言語への訳文は，もし存在しても，本契約の解釈または本契約の当事者の何れかの意図の決定に際し何らの効力または影響もない。」

(例)
"This Agreement shall be executed in the English language and in the Japanese language, but in the event of inconsistency or difference between the two versions of this Agreement, English version shall prevail in all respects."

「本契約は，英語および日本語で締結される。しかし，本契約の当該2つの間に矛盾または相違が出た場合，英語版が全ての面で支配する。」

e）単複形の使用（Singular／Plural）

実施権許諾契約の作成において，いろいろな場面において単数形および複数形のいずれで表現すべきかについて困ることがあるが，以下のような条文を契約書に盛り込んでおけば，そのような懸念も払拭されるのではないかと思われる。

(例)
"As used in this Agreement, singular includes the plural and plural includes the singular, wherever so required by fact or context.

「本契約において使用される場合，事実または文脈がそのように要求するところでは，単数は複数を含みまた複数は単数を含む。」

● 事項索引（英文）●

〔編注〕 英文事項から和文事項，和文事項から英文事項が検索できるように工夫されていますので，至便です。

【A】

accident　304, 306
accounting books　80
act　306
act of God　304, 306
act of the public enemy　306
action　158, 159, 161, 165
action by the government or any government agency　304
active drug substance　25
active ingredient　17, 29, 184
address　309, 310, 312, 313
adjustment　154
adverse effect　227
adverse reaction　227
advertising material　140
Affiliate　31
agent　226
air freight　210
airmail　312
American Arbitration Association　323
amicable resolution　330
animal test　175
anniversary　71, 74
Anti-Monopoly Act Guideline　218
any governmental authority　306
appeal　60, 61

approval　192
arbitration　303, 321, 323, 324, 325, 326, 327, 328
arbitration proceeding　326, 327, 330
arbitrator　323, 326, 327, 328, 329
arrangement　286
asset　320
assignability　303, 319
assignable　319
assignee　320
assignment　321
assignment for the benefit of its creditors　285, 287
Associate　31
Attest　8
attorney　224, 231
authorizations　263
authorized foreign exchange bank　80, 251
average price　245
award　154, 158, 159, 162, 165, 166, 323, 326, 330

【B】

bankruptcy　284, 285, 290
bankruptcy code　289
batch　194
best effort　233

339

事項索引（英文）

breach 108, 112, 195, 204, 305, 323, 330
business day 260, 314
business hour 201, 202

【C】

calendar day 213
calendar half year 82, 188, 266
calendar month 190, 268
calendar quarter 23, 26, 62, 65, 80, 188, 266, 267
calendar year 67, 68, 166, 187, 190, 244, 245
caption 336, 337
cash discounts 23
causation 196
central exchange rate 251
certificate analysis 252, 259
certified airmail 310, 313, 314
cGMP 202, 203
C.I.F. 246
CIF 247
civil commotion 304
claim 146, 148, 154, 165, 213, 221, 223, 224, 226, 231, 233
clinical 109
clinical trial 175
clinician 246
commercial activity 148
commercial exchange rate 82
commercial production 275
commercial supply 176
commercial term 107
commercialization 173, 174, 193

commercialize 193
commitment 333
communication 313, 314
comparative negligence 223
compensate 249, 301
compensation 105, 139, 233, 301
competent jurisdiction 35, 60, 61, 154
competitive 204, 209
competitive product 209
competitor 166
composition 286
Compound 16
compulsory license 62
conciliation 326
confidential information 108
confidentiality 293, 330
consequential loss 229
consideration 121, 127
consignment 194
construction 337
construed 153
container 131
context 338
contingency 304
contractor 226
contributory causation 196
controversy 165, 323, 328
correspondence 332
cost 29, 146, 213, 221, 223, 226, 230, 231
counsel 162, 165
counsel fee 221, 230, 231
counterclaim 162
courier 314

340

事項索引（英文）

courier service 314
court 330, 336
covenant 131, 333
credit 195
creditable 52
currency 80
custom duty 243

【D】

daily dosage 238
damage 146, 148, 213, 221, 223, 226, 229, 230, 231
death 221, 226, 229, 233
decree 158, 159, 162, 165, 166
default 227, 284, 287, 328
defectiveness 221
defend 154, 155
defense 223, 224, 231
delay 304
demands 146
detailing 186
determination 338
development 174, 240
development activity 34
development program 172, 177
development work 175, 299
difference 323, 329, 338
differentiate 207
direct cost 300
discretion 319
dispute 196, 252, 323, 324, 326, 327, 328, 329, 330
dispute resolution 303, 321, 323, 330
dissolution 286

distinctiveness 131
distribution 195
distributor 226
doctor 246
dose ranging 37
due diligence 47, 181
due performance 109

【E】

earthquake 304, 306
effective date 88, 90, 170, 280
efficacy 33, 37
embargo 304
employee 226
encumbrances 149
enforceability 336
enforcement 334
entire agreement 303, 331, 333
entire understanding 332
epidemic 304
equitable 150
equity 285
estimated price 244
estoppel by representation 10
exclusive license 13, 44, 74, 138, 166
exclusive right 46, 47, 207
exclusivity 49
ex-factory 244
ex-factory price 243
existing agreement 100
expense 146, 148, 213, 221, 223, 230, 231
expiration 280
expiration date 56, 61, 281, 282, 283

341

事項索引（英文）

expiry date　194
explosion　304

【F】

facsimile　312, 313
failure　288, 304, 305, 334
favorable financial term　79
final understanding　332
final written order　268
financial condition　207
finished dosage package form　42, 244, 245
finished package form　46, 185, 187
Finished Pharmaceutical Form　25, 26
fire　304, 306
firm order　265, 266, 267, 269
first commercial sale　52, 54, 56, 71, 73, 74, 281, 283
flood　304, 306
force majeure　275, 303, 304, 306
formulation　33
free of charge　141, 175, 177
fringe benefit　210, 212
front money　52
full calendar year　71, 72, 73, 75

【G】

GMP　200, 264
Good Manufacturing Practice　263
goodwill　139, 188, 229, 320
governing law　303, 315, 316
government authority　271
government official　200

governmental approval　34, 88, 90, 92
governmental authority　170, 179
governmental authorization　108, 112, 297
governmental regulation　108
gross receipts　23
gross sales amount　190
guarantee　73

【H】

handling charge　243
head office overhead　210
head office overhead expense　213
health authority　201, 243, 291
health registration　88, 90, 100, 170, 175, 179, 185, 207, 240, 269, 291, 301
health registrarion approval　180
health registration application　95, 96, 115, 178, 179, 180
health regulatory authority　37
hereafter　39, 95, 137
hereby　39
herein　39
hereinafter　39
hereto　39
heretofore　90, 95
higher authority　165
hospital　246
hostility　304

【I】

implied　153
IMS　68, 69, 166, 168
in consideration of　54, 58

in good faith　105, 150, 152, 196, 264, 329, 336
inconsistency　338
IND　97, 178
indemnify　146, 148, 213, 214, 221, 223, 226, 230, 231, 233
independent inspector　201
independent investigator　120, 121, 122
independent laboratory　196, 255, 260
industrial property　146
infringe　153, 154
infringement　63, 133, 146, 148, 150, 153, 158, 159, 161, 165
infringement suit　165, 166
infringer　159, 162, 166
injectable preparation　183
injunctive relief　330
injury　221, 223, 229
inlay leaflet　131, 192
insolvent　284, 285
inspect　200
inspected　201
inspection　192, 200, 201, 202, 260, 261
inspector　201
instruction　227, 229
instrument　332
insurance　243
insurrection　306
intellectual property　289, 330
interest　320
international cable　313
International Chamber of Commerce　323, 326

interpretation　317, 329, 337, 338
intrinsic nature　221
invalid　35, 149, 336
invalidation　280
invasion　306
inventory cost　29
investigation　120, 121, 122, 173
investigational new drug application　96, 178
invoice　251
irreparable injury　330

【J】
joint application　136
judgment　158, 159, 162, 165, 166, 330
judicial finding　165
judicial proceeding　330
jurisdiction　286, 326, 328, 330, 336

【K】
know-how　221

【L】
label　131, 140, 191, 216, 217
language　337
lapse　280
last-to-expire Licensed Patent　52, 54, 56, 235, 280, 281, 282, 283
law　304
legal action　155, 162, 165
legal expenses　148
legal proceeding　227
legality　303, 335
letter of intent　331

343

事項索引（英文）

letters patent 58, 60, 61, 157
liability 148, 221, 223, 226, 230, 231, 305
license 297
license agreement 207
license fees 150
Licensed Compound 16, 25, 26, 29
Licensed Patent 18, 19, 20
Licensed Product 17, 19, 20, 23, 24, 25, 28, 29
Licensed Trademark 20, 21
liquidation 286, 287
liquidation proceeding 284
list price 246
litigation 223
living 213
lockout 306
lodging expense 210
logo 216, 217
London Court of International Arbitration 323
loss 148, 213, 221, 223, 230, 231

【M】

mail 314
majority 328
makes its best endeavor 249
manufacturing cost 238
manufacturing facility 203
manufacturing know-how 271, 275
manuscript 120, 123
margin 246
marginal heading 337
market 187

market penetration 166
market share 62, 65, 66, 229
marketing 54, 186
medical use 33
metabolic 34
minimum annual royalty 73, 74, 75
minimum royalty 71, 76
monetary injury 159
most favored clause 77

【N】

National Health Insurance 249
National Health Insurance Scheme 181, 240, 246
negligence 223, 231, 233
negligent act 195, 213, 214, 227
negotiations 332
Net Sales 23, 25, 26, 28, 29, 52, 54, 56, 76, 138, 143, 166, 271, 275, 301
net value 26
new formulation 182
NHI 249
NHIS 246
non-assignable 41, 128
non-exclusive 49, 128
non-exclusive license 44, 74
non-exclusive right 96, 99, 104, 105, 207
non-sublicensable 41
non-transferable 41
notice 201, 303, 309, 310, 312, 313
notwithstanding 92

344

【O】

obligation 305
omission 195, 196, 213, 214, 227, 305, 306
option agreement 331
order 304, 306
out-of-pocket expense 229
out-of-pocket research and development expense 301
ownership 31, 93, 133, 141

【P】

package 131, 191, 216, 217
package insert 216, 217
packaging 227
partnership 31
patent application 58
patent infringement 148, 154, 162
performance 304, 305, 317
permit 297
personal injury 226, 233
petroleum crisis 306
pharmacokinetic 34
Phase II Clinical Trial 37
Phase III Clinical Trial 37
plaintiff 159
plural 338
postage 309, 310, 313
potential sale 229
preamble 10
price 175, 176, 181, 195, 235, 238, 240, 275
principal office 5
principal place of business 5

prior approval 182, 183, 184
prior notice 207
prior written consent 133, 179, 321
prior written notice 44, 202
proceeding 146, 155, 161, 165, 166, 233
process development 34
product liability insurance 233
profession 186
progress report 95
promise 333
promote 187
promotion 227
promotion plan 190
promotional material 131, 191, 192, 216, 217
proprietary information 114
prosecution 159
provisional written order 268
public accounting firm 84, 86
public domain 108, 112
publication 109, 121
purchase requirement 265

【Q】

quality assurance 34, 202
quality control 33, 34, 198, 202, 252, 257
quality control methods 33
quality control testing 198, 255
quality test 259
quarantine 304

345

【R】

readjustment of its debit 286
reasonable best effort 120, 136, 179, 180
reasonable effort 63, 187
rebate 246
rebellion 306
recall 195, 196
recalled 195
receiver 285, 287
receiving test 259, 260
recitals 5, 10
recovery 165, 166
refund 195
refundable 52
registered airmail 327
registered letter 309
registered office 5
registered user 140
registration 49, 127, 136, 140, 173, 181
registration procedure 181
registration works 47
regular accounting system 29
regulation 201, 304, 306
regulatory affair 34
reimburse 195, 213, 256, 263
relevant authority 200, 201
remedy 284, 285, 294
reorganization 286
representation 153, 333
represents 148, 154
reputation 188
resale 223

research institution 108
restriction 304
revocation 280
riot 304, 306
risk of loss 254
royalty 52, 54, 56, 138, 143, 150, 152, 165, 166, 243, 271, 275, 293, 297, 301
royalty free (royalty-free) 99, 102, 103, 104, 105
royalty rate 67
royalty statement 80, 82
rule 306
rule of conciliation and arbitration of the International Chamber of Commerce 323, 325

【S】

safety 33
salary 212, 213
sales and promotion plan 187, 188
sales demand 194
sales estimate 190
sales report 190
sample 191, 198
Scientific Information 32
scientific journal 121
secrecy agreement 12, 13, 108, 212
selling price 243
semi-exclusive license 43
semi-exclusive right 43
semi-finished pharmaceutical form 25
settlement 158, 159, 162, 165, 166

shall 38
shelf life 229, 259
shipment 251, 252, 266, 267
significance 131
singular 338
sole right 42, 43
specification 130, 198, 229, 252, 255, 257, 259, 260, 263
stability study 34
stipulation 128
stock 194, 249
stock report 188, 190
storage 195, 229
storage instruction 194
storm 304, 306
strain 118
strike 306
subject matter 332, 333
sublicense 44, 45, 96, 99, 165
sub-licensee 44, 45, 67
submarket 188
subsidiary 30
substance 16
successor 319, 320
suit 148, 155, 158, 162, 165, 166, 213, 221, 223, 224, 231
supersede 332
supply contract 138, 237, 238
supply price 238, 240, 243, 246, 249, 275
survive 118

【T】

technical assistance 210, 213

Technical Information 13, 32, 46, 88, 90, 91, 93, 96, 99, 117, 221, 294, 295, 297, 299
Technical Information and Know-How 32
technical servicing 227
technical training 212
telex 312, 313
Territory 20, 22, 23
therapeutic activity 207
thereafter 137
time-schedule 170
time-table (timetable) 173, 177, 179, 181
title 93, 254, 303, 336
tolerability 33
toxicological 34
trademark 125, 127, 161
trademark license agreement 143
training 212
transportation 243
transportation charges 23
traveling 213
trustee 285, 287

【U】

understanding 332, 333
unenforceability 280
unenforceable 35, 149, 335, 336
United States Food and Drug Administration 178
unlicensed third party 65, 68, 166
unpatentable 60, 61
use its best effort 235, 266

347

事項索引（和文）

【V】

valid　153
valid claim　35
validity　131, 155, 162, 317, 335, 336
value added tax　243
violation　321
void　321
voting stock　31

warning　227
warrants　148, 229, 255
warranty　153, 195, 333
weighted average exchange rate　251
whereas clauses　5, 6, 10, 11
wholesaler　246, 249
will　38
winding-up　286
written consent　112, 319, 320
written estimate　267
written notice　157, 161, 285, 287, 292, 328

【W】

waiver　288, 303, 334
war　304, 306
warehouse　252

● 事項索引（和文）●

【あ行】

アサイン・バック　94
新しい剤型　182, 185
アメリカ仲裁協会　323
粗収入　24
アンサーバック　312
暗示　154
安全性　34, 170, 183, 184, 197, 240, 300
安定性　170
　──試験　35
安定的供給　235
意見の相違　323
医師　247, 248
医者　248
委託者　227
一時金　51, 52, 80, 134, 243
1日投与量　239

移転　321
移転不可　42
違反　288, 321
異物混入　197
医薬候補品　35
医薬最終品　27, 28
医薬品製剤　17
医薬品製造業者　153
医療機関　241, 242
医療用医薬品　241, 242, 244, 247, 248, 249
インセンティブ　242, 244, 245
受入試験　261, 262
受取価格　244
得べかりし利益　147
売上高　22, 51
運送費　24

事項索引（和文）

運送料　244
営業時間　85, 201
営業時間内　203
営業譲渡　320
営業日　315
英単語の意味　38
英米法　315
エコノミークラス　211, 216
延長期間　209
応用技術　94, 95
応用特許　95
応用発明　94, 95
オプション契約　89, 90
親会社　31
卸売業者　250
卸売販売業者　241, 242, 244, 245, 247, 248

【か行】

会計記録　82
会計システム　30
会計帳簿　80, 85
解決　321, 322, 324, 326, 329
外国仲裁判断　324
解散　286
　——手続　285
開示義務　32
解釈　154, 316, 317, 318, 330, 336, 338
会社更生　285, 286
　——法　286
回収　195, 196, 197, 199
ガイドライン　219
開発　34, 174, 175, 178, 240
　——計画　171, 173, 174, 184

　——作業　176
　——作業　300
　——費　176
　——プログラム　177
　——力　319
解約　119, 120, 157, 180, 278, 284, 285, 286, 288, 290, 291, 305
　——事由　284, 290
改良技術　87, 94, 95
改良特許　95
改良発明　18, 19, 94, 95, 182
価格　176, 177, 236, 238
　——補償　249
科学雑誌　120, 121
書留航空郵便　309, 310, 311, 312, 313, 327
学術宣伝　186
　——宣伝用資料　216
確定注文　265
　——書　266, 267, 270
火災　305, 306
過失　224, 225, 226, 231, 232, 233, 253
加重平均交換レート　251
合併　321
過半数　328, 329
仮処分決定　330
仮注文書　269
為替差益　250
為替変動　250, 251
管轄権　36, 60, 62, 155, 286, 290, 326, 329, 330, 335, 336
管轄裁判所　324
管轄税務署　84
関係会社　31, 32

349

事項索引（和文）

関係官庁　171
管財人　285, 286, 287
関税　242, 244
完成品　234, 235
間接損害　229
完全合意　303, 331
官庁の係官　200
官報　84
管理義務　120
関連会社　31
規格　33, 34, 199, 200, 229, 230, 252,
　　 253, 256, 258, 261, 264
疑義　316, 321
企業体　31, 32
技術援助　169, 210, 211, 215
技術訓練　214
技術サービス　227
技術水準　199
技術的支援　209
技術的情報　13, 20, 21, 32, 41, 45, 47,
　　 55, 57, 87, 88, 89, 90, 92, 93, 96, 98,
　　 100, 103, 104, 111, 119, 157, 170,
　　 174, 186, 221, 222, 223, 279, 280,
　　 281, 282, 283, 293, 294, 296, 297,
　　 298, 299, 300, 301, 302
　　――の開示　87, 94
　　――の公表　120
技術的ノウ・ハウ　32
規制　201, 202
　　――当局　34, 36, 37
　　――当局対応　35
規則　201, 202, 264, 305, 306
既存の契約　101
記帳義務　80

切手　309, 311, 313
規定　325
義務の履行　38
救済　147, 286, 287, 330
救済手続　286
給与　214, 215
供給価格　176, 234, 238, 240, 243, 244,
　　 247, 248, 249, 250, 251, 273, 276
供給義務　234, 264, 268, 270
供給計画　190
供給契約　138, 139, 237, 238
供給不能　270, 272, 273, 274, 276, 277
競合　204, 205, 206, 209
競合品　169, 205, 209, 239, 240
　　――禁止　205
　　――取扱い禁止　203, 204, 209
強制実施権　60, 62, 63, 70
行政当局　87
共同研究　102
　　――契約　102
許可　298
寄与原因　197
拒絶査定　36, 61
　　――審判　61
許諾対象商標　20, 127, 129, 131, 132,
　　 133, 134, 135, 136, 137, 138, 140,
　　 141, 145, 283
許諾対象特許　18, 19, 20, 21, 45
許認可　87, 170, 298
銀行営業日　81
銀行口座　51
金銭債務　307
金銭損害　160
禁反言の法理　10

事項索引（和文）

禁輸　305
偶発事件　305
クーリエ　314
　──サービス　313, 315
グラント条項　40, 57
グラントバック　95
　──条項　102, 106
クレジット　196
クロスライセンス　221
計画表　171, 172
経口剤　184
警告　225, 228
経済効果　241
経済的活動　148
経済的条件　79, 107, 208
継続的販売　138
経費　147, 148, 214, 215, 222, 224, 228, 231
契約違反　116, 142, 204, 278, 285, 288, 290, 296, 298, 304, 323, 334
契約解除　278
　──事由　278
契約解約　286, 287, 288
契約期間　59, 278, 279, 280, 281, 282
　──延長　278, 279
　──満了日　284
契約満了日　278, 279
契約言語　337
契約準拠法　318, 325, 326
契約書の形式　1
契約書の言語　1
契約対象化合物　16, 27, 28, 29, 30
契約対象製品　17, 20, 22, 23, 24, 29
契約対象製品の販売　74

契約地域　20, 22, 23, 24, 72
契約の開始日　278
契約の終了日　278
契約の途中解約　279
懈怠　196, 197
欠陥　199, 221, 222, 229, 230
欠陥品　230
検疫制限　305
原価　242
研究開発　174, 175, 180
　──費　243
研究機関　110
研究成果　102
現金値引き　24, 29
言語　337
原稿　120, 121
健康保険支払基金　241
健康保険制度　241, 247
健康保険薬価　182, 186, 240
原告　160
検査　198, 199, 200, 201, 202, 253
　──官　201
現地通貨　81
原末バルク　25
故意　215
合意事項　331
校閲　192, 193
効果　205
交換レート　51, 81, 82
工業所有権　146, 147, 152, 289, 290, 330
　──侵害　232
航空運賃　211, 216
広告資料　141
広告宣伝用資料　216, 217

351

事項索引（和文）

合剤　24, 28, 182, 185
控除　84
洪水　305, 306
公正取引委員会　219
厚生労働省　120, 263
控訴　60, 62, 155
拘束　319
公知　109, 111, 112
工程開発　35
口頭　334
購入価格　242, 250
購入義務　234, 236, 264, 270
購入予測　234, 264, 265
購入予測書　265
購入予測量　264
購入量　177
公認会計士　85
　——事務所　85, 86
公認外国為替銀行　81, 82
公認外国為替取引銀行　251
効能　205
後発的履行不能　309
衡平法　286
公表　87, 110, 116
合理的な最善　136, 179, 180
合理的な努力　187
子会社　30, 31
国際私法　318
国際商業会議所　323, 325, 326
国際商事仲裁　318, 322
国際商事仲裁機関　322, 325
国際商事仲裁協会　325
国際電報　313
コスト　28, 29, 30

雇用期間　119

【さ行】

剤型　89, 183, 184
最恵条項（most favored clause）　51, 63, 76, 77, 208
債権者利益のための譲渡　286, 287
最高裁　61
在庫　194, 249
　——コスト　30
　——状況　185, 189
　——報告　189, 190, 191
　——補償　251
　——量　188
財産的価値　124, 128, 137
財産的損害　224, 226
再実施権　41, 46, 97, 105
再実施権許諾　95
再実施権者　46, 115
最終注文書　268, 269
最終の理解　332
最終包装形態　47
最終包装製剤　27, 42, 43
最終包装製品　245
最終包装品　28, 185, 187
最初の販売　281
最善の努力をする　266, 267
最善を尽くす　233, 236, 250
最長許諾対象特許　53, 54, 56, 57, 281, 283
裁定　155, 328
　——手続　328
　——効果　328
　——方法　328

事項索引（和文）

裁判　318
裁判所　60, 62, 67, 155, 318, 322, 326, 329, 330, 335, 336
再販売　224, 225
　――価格　248
債務　148
債務者　308, 309
　――本国法主義　318
債務の再調整　286
債務不履行　309
財務状態　289
裁量　319
査察　203
差し押さえ　286
差止め　67
差別化　131, 207
　――機能　126
残存期間　204
サンプル　175, 176, 185, 191, 192, 199, 203
恣意的　48
仕掛品　250
識別性　131
事業化　47, 114
仕切価格　241, 242
仕切書　251
事故　305, 306
資産　320
指示　228, 230
市場状況　189
市場情報　188
市場占有率　167
地震　305, 306
事前承認　122, 183, 184, 192

事前通知　85, 203, 305
事前の文書による同意　321
執行　322, 324, 326
　――判決　324
実施料　151
支払証明　84
支払い通貨　51
支払い不能　285, 286
死亡　221, 222, 225, 227, 229, 230, 233
司法的手続　330
姉妹会社　31
社章　217, 218
従業員　119, 227
重大な過失　215
重大な怠慢　215
重篤な副作用　197
宿泊費　211
主作用　222, 230
受信人　312
出荷価格　244
出願人　61
出願番号　126
出発原料　146
ジュネーブ条約　324
守秘義務　87, 107, 110, 111, 113, 116, 117, 119, 120
　――の期間　107
　――の対象　107, 111
需要予測　268, 269, 270
　――書　269, 270
　――量　267, 268
需要量予測書　266
準拠法　303, 308, 309, 315, 316, 317, 318, 325, 327

353

事項索引（和文）

上位概念　146
傷害　222, 225, 229, 230, 233
償還　241
使用義務　127
商業ベース　176
使用許諾　283
　　——契約　284
承継者　319
使用権　283
　　——許諾　125
商事仲裁　325
商事紛争　322
譲受人　320
譲渡　319, 320, 321
　　——禁止条項　321
　　——性　303, 319
　　——不可　42, 129
承認　192, 324
　　——取得　179, 180
消費税　23, 24, 27, 29
商標　124, 125, 280, 283
商標権　135, 284
　　——使用許諾　20
　　——使用許諾契約　20
商標使用許諾契約　138, 139, 143
商標登録出願番号　21
商標登録庁　136
商標法　135
商標名　21
商品化　90, 173, 174, 175, 193, 194
正味価格　27
正味販売価格　242, 243, 244
正味販売高　22, 23, 24, 25, 27, 28, 29, 53, 54, 56, 58, 76, 138, 139, 143,

167, 272, 276, 301
証明付航空郵便　311, 313, 314
消滅　280
所轄官庁　198, 200
所在地　5
序章　10
処方　34
所有権　253, 254
侵害　146, 147, 150, 151, 154, 157, 159, 160, 161, 162, 163, 164, 166, 167, 175, 232
　　——排除　135, 160, 161, 164, 168
　　——行為　160
　　——者　145, 158, 160, 164, 167
　　——者の排除　157
　　——訴訟　167
審決　166, 167
人件費　302
申請　120, 178
　　——書　97, 99, 178
人体用医薬品製剤　13
信託人　286, 287
人的傷害　221, 224, 227, 228
人的被害　223, 226
審判　159, 160, 163
新薬申請書　92
信頼　188
侵略　306
診療所　241, 247, 248
数量値引き　24, 27, 29
スケールアップ試験　35
スケジュール　172, 180
ストライキ　306
生活費　214

請求　147, 148, 154, 167, 215, 222, 225, 231, 232
税金　84
　──控除　51, 80
製剤　98
　──開発　35
　──技術　98, 101
　──費　244
清算　114, 116, 142, 278, 285, 286, 287, 288, 290, 291, 296, 298, 300
　──手続　287
精算　86
生産菌　118, 119
　──株　118, 120
生産計画　171, 264
生産高　51
生産能力　270
製造業者　241, 242, 244, 247
製造記録　203
製造禁止　169, 220
製造計画　190
製造権　220, 235, 273
製造原価　176, 237, 239, 243
製造原料　235
製造施設　202, 263
製造設備　198, 200, 201, 202, 235
製造データ　33
製造ノウ・ハウ　272, 273, 276, 277
製造販売承認　34, 36, 72, 111, 120, 169, 185, 186, 189, 192, 200, 241, 263, 298
　──申請書　263
製造販売申請書　92
製造物責任　169, 220, 221, 223, 226, 228, 232, 257
　──保険　232, 233
製造法　92, 93, 98, 170, 263
製品開発　74, 170
製品説明書　132
製品登録　34, 36, 88, 91, 93, 97, 99, 101, 120, 169, 171, 172, 173, 175, 176, 178, 179, 180, 182, 185, 186, 189, 192, 200, 239, 240, 243, 269, 291, 299, 300, 301
　──申請　97, 116, 171, 179, 180, 181, 208
　──申請書　97, 182
　──手続　182
政府機関　136
政府認可　88
政府承認　34, 113, 298
政府当局　116, 179, 243
政府の認可　91, 92, 93
政府または政府機関による行動　305
税務当局　84
誓約　334
整理　286
責任　222, 224, 231, 334
石油危機　306
設備投資　277
説明条項　5, 6, 10
設立の準拠法　5
戦争　305, 306
　──行為　305
選択権　90, 290
　──契約　90
宣伝　227
　──用資料　132

事項索引（和文）

選任方法　328
前文　4, 5
専門家　186
占有権　94
相違　330, 338
総売上高　65, 66
倉庫　252, 254
相続人　320
相対的過失　224
騒動　306
遡及的値引き　24
訴訟　147, 148, 156, 159, 160, 162, 163,
　　164, 166, 167, 168, 222, 225, 226,
　　231, 232, 318, 322
　　――手続　160, 162, 166, 233, 318
　　――費用　160, 215
損害　147, 148, 214, 215, 222, 224, 228,
　　229, 231, 232, 272, 319
損害賠償　163, 287, 297, 309
　　――金　159, 160, 163
　　――請求　135, 230
　　――請求権　293
損失　148, 214, 215, 222, 224, 231

【た行】

第II相臨床試験　36, 37
第III相臨床試験　37
対価　22, 51, 54, 58, 106
　　――の支払い　51
　　――の支払い期間　51
対価計算の対象　51
第三者支払研究開発費　301
第三者支払費用　302
代謝　34

怠慢　215, 228, 306
　　――行為　196
タイムテーブル　171, 172, 173, 174,
　　179, 181, 184
タイムスケジュール　177
大陸法系　309
代理人　49, 50, 227
単数　338
単数形　338
単複形の使用　338
単味剤　24, 28
中間体　146
仲裁　303, 321, 322, 323, 324, 325, 326,
　　327, 328, 330
　　――機関　323, 325, 328, 329
　　――規則　323, 325, 326
　　――裁定　330
　　――手続　323, 326, 327, 330
　　――人　325, 326, 327, 328, 329
　　――判断　322, 324, 326
　　――費用　328
注射剤　183, 184, 205
中心交換レート　251
注文書　234, 265
調停　155, 325, 326
帳簿検査　85, 86
　　――権　51, 84, 293, 294, 295
帳簿の保存義務　293
直接費　300, 302
貯蔵　230
治療効果　206
治療的効果　207
追加の対価　105
通貨　250

事項索引（和文）

通知　201, 303, 309, 311, 312, 313, 314
積荷　252, 253
締約国　324
締結地法主義　318
締結日　236
ディストリビューション　127, 196
ディストリビューター　227
提訴　324, 330
抵当権　149
適法性　303, 335
適用法　321
デザイン　141
手続　156, 166
　──法　329
テレックス　312, 313
天災　305, 306
添付文書　185, 192, 216, 217
東京高等裁判所　61
投稿　122
到達　310
導入部　5
投票権付き株式　30, 31, 32
動物実験　111, 176
投与　223
動乱　305
登録作業　47, 48
登録取得　49
登録使用権者　140
登録使用者　136
登録商標　21, 126, 135
登録番号　126
登録日　47
毒性　34
独占禁止法　43, 55, 57, 71, 94, 95, 104, 205, 219, 236, 237, 298
独占的　95, 98, 125
　──権利　41, 47, 48, 103, 208
　──実施権　13, 14, 41, 43, 46, 71, 72, 75, 102, 103, 180, 208
　──実施権許諾契約　40
　──使用権　138
特別価格　176
独立の研究者　120
独立の研究所　197, 256, 257, 262
独立の検査官　201
途中解約　278, 284
特許　55, 157, 283, 318
　──調査　64
　──の侵害　148
　──の満了日　59, 279, 282
　──保護　32
　──保証　145, 146
特許期間　282
　──延長　282
特許権　186, 232, 280, 281
　──侵害　64, 232
特許侵害　148, 154, 161
　──訴訟　163
特許性　61, 62
特許請求範囲　35
特許庁　136
特許法　317
取消し　280
取締役　30, 31
努力規定　180

【な行】

内在する性質　221

357

事項索引（和文）

捺印証書　7
二重課税防止条約　84
日本法　321
ニューヨーク条約　324
忍容性　34
値引き　29, 242
ノウ・ハウ　20, 21, 32, 221, 298
　　——実施権許諾契約　40
納入価格　241
暖簾　140, 141, 320

【は行】

パートナーシップ　31, 32
排除　158, 159
賠償金　166, 167
排他性　161
爆発　305
　　——事故　223, 226
　　——性　223
破産　114, 116, 142, 278, 285, 286, 287, 288, 289, 290, 291, 296, 298, 300
　　——法　286, 289, 290
パッケージ　185, 192
発効日　280
発信主義　315
発信人　312
罰則規定　189
バッチ　194
発表　87, 120, 121
流行病　305
払い戻し　196
バリデーション試験　35
バルク　27
半完成医薬品製剤　27

半完成品　234, 235
判決　159, 160, 163, 166, 167
反訴　163
反対解釈　222
反動勢力　306
半独占的権利　42
販売開始　54, 281
　　——日　57
販売価格　156, 186, 237, 239, 240, 241, 243, 245, 246, 247, 249
販売禁止　218, 219
販売計画　185, 189
販売実績　185, 188
販売需要　194
販売状況　190
販売税　24, 27, 29
販売政策　248
販売促進計画　185, 188, 189, 190, 191
販売促進政策　189, 191
販売促進用資料　191, 192
販売高　23, 29, 48
販売努力　185
販売報告　190
販売予測　190, 191
販売力　319
反乱　306
半暦年　82, 188, 266
被害　230
ビジネスクラス　211, 216
非独占権　104
非独占的　42, 95, 98, 129
　　——権利　43, 97, 105, 208
　　——実施権　45, 71, 72, 75, 180
　　——実施権許諾契約　40

事項索引（和文）

被保険者　233
秘密情報　109, 115, 254
秘密保持　111, 330
　——期間　110, 116
　——義務　114, 293, 294, 295
　——契約　12, 13, 89, 90, 110, 214
費用　214, 215, 222, 224, 231, 329
病院　241, 247, 248
評価　188
標準書式　323
標題　4, 5, 303, 336, 337
表明　149, 150, 152, 154, 334
非臨床　177
　——試験　34, 36, 122
品質　229, 234
　——維持　197
　——規格　252
　——保証　35, 203
品質管理　34, 199, 200, 258
　——基準　252
　——試験　199, 203
　——方法　33
品質検査　197, 198, 199, 202, 257, 259
　——試験　256
品質試験　35
　——結果　261
品質表示　131
　——機能　126
ファーストクラス　211, 216
ファクシミリ　312, 313, 314, 315
付加価値　25
　——税　23, 244
不可抗力　193, 270, 272, 276, 303, 304, 305, 308

副作用　195, 222, 225, 228, 230
複数　338
複数形　338
不使用義務　114
付帯給付　211, 214
不注意　228
普通名称化　130
物品税　23, 24, 27, 29
船積み　194, 251, 267
不服の申し立て　61
ブランド名　124
不履行　304, 305, 306
プロトコール　172
プロモーション　33, 127
分割出願　19
文書　157, 332, 334
　——で通知　293
分析証明書　252, 261
分析方法　254, 255
紛争　106, 197, 316, 318, 321, 322, 323, 324, 325, 326, 327, 329, 330
　——解決　321, 322, 323, 330
　——処理　303
文脈　338
平均販売価格　245
米国食料品医薬品局　178
米国破産法　290
併用　205
ペナルティ　180, 181
変異株　118, 119
弁護士　225, 231, 322
　——費用　222, 231
ベンチャー企業　289
変動相場制　82

359

事項索引（和文）

返品　27
防衛　155, 156, 224, 231
放棄　288, 303, 326, 334, 335
報告書　99
包装　132, 216, 217, 227
　——費　243, 244
法的手段　66, 67, 156
法的手続　228
法的費用　148
暴動　304, 306
暴風　305, 306
方法特許　65, 158
法律　305
　——の遵守　203
保管義務　119
保健当局　201, 291
保険料　244
保障　154, 324
補償　103, 147, 148, 222, 228, 231, 232, 233, 250, 272, 301, 302, 329
保証　73, 147, 148, 149, 152, 154, 196, 229, 256, 274
　——違反　196, 197
保存　196
ホテル代　211
本社経費　211, 215
本社所在地　5

【ま行】

前文　4, 5
マーク　141
マーケティング　33, 186
マーケットシェア　62, 63, 65, 66, 167
マージン　247, 248

マイルストーン　51
前払い金　51, 52
孫会社　31
末尾文言　7
満了　280
満了日　53, 54, 56, 57, 62, 281, 283
未知の副作用　187
ミニマムロイヤルティ　51, 70, 71, 72, 73, 75, 76, 187, 189
　——額　74
未払いロイヤルティ　279
無効　149, 157, 280, 321, 335, 336
　——審判　36
　——訴訟　164
矛盾　338
無償　106
命令　159, 160, 163, 166, 167, 305, 306
免除　308
免責　215, 222, 224, 226, 227, 231, 233, 305
モデル仲裁条項　323

【や行】

薬害　225
　——事故　187
薬剤費　241
約束　334
薬物動態　34
訳文　337
薬価　241, 242, 247, 248, 249, 250
薬局　241, 242, 248
有効期間　209, 236
有効期限　194, 229, 261
有効クレーム　35, 36

360

有効性　34, 37, 131, 155, 156, 163, 170, 183, 197, 240, 300, 317, 318, 335, 336
有効成分　17, 24, 25, 28, 92, 184, 185, 187, 263
有効薬用量　37
郵便　310, 311
譲渡人　320
輸出禁止　169, 218, 219
輸入諸掛　242, 244
容器　132
要求　147
用語の定義　16
予想販売価格　245

【ら行】

ライセンサー表示　169, 216, 217
ライセンス　298
ラベル　132, 141, 185, 192, 216, 217
ランニング・ロイヤルティ　51
リーガルクローズ　303, 334
リードタイム　264, 265
利害関係者　319
利権　320
履行　288, 317, 318
　──性　336
　──遅延　304, 305
　──不可　335, 336
　──不能　36, 149, 280, 335
履行地法主義　318
リスク　175, 253, 254
リベート　27, 242, 244, 245, 247, 248
流行病　305
旅費　214

臨床試験　34, 36, 45, 111, 121, 176
臨床評価　177
例外規定　117
暦四半期　24, 27, 28, 62, 65, 71, 80, 81, 188, 267, 268
暦月　190, 268
暦年　67, 167, 188, 190, 245
暦日　215
連絡　314
ロイヤルティ　22, 24, 51, 52, 54, 56, 57, 58, 59, 81, 82, 84, 139, 143, 151, 152, 155, 156, 157, 167, 168, 243, 244, 272, 273, 276, 281, 282, 294, 295, 296, 298, 301, 302
　──額　84, 167
　──計算　51, 83
　──収入　70, 158, 160, 248
　──送金　71, 83, 84
　──の減額　59, 60, 61, 62, 63, 66
　──報告　80
　──報告書　51, 80, 82, 83
　──無償　97, 103, 104, 105
ロイヤルティ支払い　51
　──義務　53, 55, 80, 293
　──時期　80
ロイヤルティ率　51, 53, 57, 59, 60, 61, 62, 63, 67, 77, 78, 79, 80, 239, 242
　──の減額　70
ローカル通貨　51
ロックアウト　306
論争　167, 323
ロンドン国際仲裁裁判所　323

事項索引（和文）

【わ行】

和解　159, 160, 163, 166, 167, 286
割り戻し　27, 29

【著者略歴】

中 島 憲 三（なかじま　けんぞう）

1966年京都大学薬学部卒（有機化学），同年4月藤沢薬品工業株式会社（現在，アステラス製薬株式会社）に入社。国内外の特許出願を担当後，国際法務担当とし医薬品会社等を相手としてライセンス契約，共同研究開発契約，合弁契約，M&A契約等の各種契約について契約書作成および交渉を行う。1990年スミスクライン・ビーチャム製薬株式会社（現在，グラクソスミスクライン株式会社）に入社，社長補佐，取締役法務渉外部長兼広報部長，同法務総務統括部長等を歴任。1998年株式会社そーせいに入社。代表取締役副社長，取締役会長等を歴任し，技術移転の仲介会社であった同社を創薬系バイオ・ベンチャーにビジネスモデルを転換。その後，2004年7月に同社は東京証券取引所の"マザーズ"での上場に成功した。2002年ステムセルサイエンス株式会社の代表取締役社長に就任。2004年三重大学客員教授に就任。現在，合同会社ケン インターナショナル コンサルティング CEO。

〔著　書〕

『英文ライセンス契約書の書き方』（民事法研究会，1993年12月出版）

『共同研究・開発の契約と実務』（民事法研究会，1999年3月初版，2006年11月第2版出版）

『解説実務書式大系18巻　知的財産権Ⅲ』（共著，三省堂，1996年7月出版）

『KIC e-Contract Drafting』（Ken International Consulting LLC，2009年2月出版）

〔講　演〕

ライセンス契約，共同研究開発契約，共同販売契約，共同プロモーション契約等に関して多数の講演を行っている。

英文ライセンス契約書の書き方〔第2版〕

平成21年4月1日　第1刷発行

定価　本体3,700円（税別）

著　者	中島憲三	
発　行	株式会社　民事法研究会	
印　刷	シナノ出版印刷株式会社	

発行所　株式会社　民事法研究会

〒150-0013　東京都渋谷区恵比寿3-7-16

〔営業〕TEL 03(5798)7257　FAX 03(5798)7258

〔編集〕TEL 03(5798)7277　FAX 03(5798)7278

http://www.minjiho.com/　　info@minjiho.com

落丁・乱丁はおとりかえします。　　ISBN978-4-89628-523-9　C2032　¥3700E

カバーデザイン／袴田峯男

▶321の生きた文例と検索しやすいキーワード！

活用 英文契約文例

白鷗大学 法科大学院／法学部 教授 岡本幹輝 著

Ａ５判・403頁・定価 本体 3,200円（税別）

本書の特色と狙い

▶nativeな英米人が実務で使用している実際の英文契約書から丹念に拾い集めた信頼できる生きた文例を、契約書作成の実務において必須のキーワード別に分類・整理した、使いやすい文例集／ 1800を超える「これは便利／ 和英対照キーワード」で迅速な検索が可能／

▶ 321文例 ⇨ 和訳 ⇨ 1834キーワード の順に掲載し、役立つ表現を実例の中で確認できる／

▶日々英文契約実務に携わる企業の法務・知財等の担当者はもとより、国際取引・紛争にかかわる弁護士、研究者から、法曹をめざす法科大学院の学生にも至便の書／

本書の主要内容

1. WHEREAS CLAUSES〔背景説明〕（12文例）
2. SALES AND PURCHASE〔売渡と購入〕（2文例）
3. PRICE〔価格〕（3文例）
4. ORDER AND DELIVERY〔発注と受渡〕（13文例）
5. LEASE〔賃貸借〕（2文例）
6. PLEDGE & MORTGAGE〔質権と抵当権〕（4文例）
7. LICENSE〔ライセンス〕（22文例）
8. DISCLOSURE〔開示〕（12文例）
9. DESPATCH OF ENGINEERS〔技術者派遣〕（2文例）
10. ROYALTY〔ロイヤルティ〕（17文例）
11. ROYALTY REPORT〔ロイヤルティ報告〕（5文例）
12. NET SALES PRICE〔正味販売価格〕（12文例）
13. EXPENSE〔経費〕（11文例）
14. PAYMENT〔支払〕（18文例）
15. TAX〔税〕（5文例）
16. INSPECTION〔検査〕（1文例）
17. PATENT〔特許〕（15文例）
18. OWNERSHIP〔所有権〕（5文例）
19. NEXT STEP〔ステップ移行〕（4文例）
20. WARRANTY〔保証〕（42文例）
21. APPROVAL OF GOVERNMENT〔政府認可〕（8文例）
22. COMPLIANCE WITH LAWS〔法令遵守義務〕（2文例）
23. CONFLICT OF LAW〔法の抵触〕（3文例）
24. FORCE MAJEURE〔不可抗力〕（6文例）
25. CHANGE OF CIRCUMSTANCE〔事情変更〕（3文例）
26. RESTORATION〔原状復帰〕（2文例）
27. NOTICE〔通知〕（9文例）
28. SIMILAR AGREEMENT〔類似契約〕（3文例）
29. MOST FAVORED CLAUSE〔最恵待遇〕（4文例）
30. SUCCESSORS AND ASSIGNS〔契約承継人と譲受人〕（1文例）
31. REPRESENTATION〔表明〕（3文例）
32. TERM〔期間〕（14文例）
33. EARLY TERMINATION〔早期解約〕（18文例）
34. AFTER TERMINATION〔契約終了後〕（18文例）
35. NO WAIVER OF RIGHT〔非権利放棄〕（3文例）
36. SEVERABILITY〔一部無効〕（1文例）
37. ENTIRE AGREEMENT〔完全合意〕（2文例）
38. HEADINGS〔見出し〕（3文例）
39. TERMS GENERALLY〔一般条項〕（5文例）
40. GOVERNING LAW〔準拠法〕（2文例）
41. SETTLEMENT OF DISPUTE〔紛争解決〕（3文例）
42. COUNTERPARTS〔副本〕（1文例）

これは便利／ 和英対照キーワード
・キーワード索引

発行 民事法研究会

〒150-0013　東京都渋谷区恵比寿3-7-16
（営業）TEL. 03-5798-7257　FAX. 03-5798-7258
http://www.minjiho.com/　info@minjiho.com